Tratado de Escrita Mágica Sagrada

UM CURSO DE ESCRITA MÁGICA

RUBENS SARACENI

Tratado de Escrita Mágica Sagrada

UM CURSO DE ESCRITA MÁGICA

MADRAS

© 2024, Madras Editora Ltda.

Editor:
Wagner Veneziani Costa (*in memoriam*)

Produção e Capa:
Equipe Técnica Madras

Revisão:
Vera Lúcia Quintanilha
Daniela Piantola

CIP-BRASIL. CATALOGAÇÃO-NA-FONTE
SINDICATO NACIONAL DOS EDITORES DE LIVROS, RJ

S245t
Saraceni, Rubens, 1951-
    Tratado de escrita mágica sagrada : um curso de escrita mágica / Rubens Saraceni. - São Paulo : Madras, 2024.
    il.

Inclui bibliografia

ISBN 978-85-370-0214-8

1. Sinais e símbolos - Aspectos religiosos. 2. Simbolismo. 3. Ciências ocultas. I. Título.

07-1055.	CDD: 291	
	CDU: 291	
30.03.07	04.04.07	001004

É proibida a reprodução total ou parcial desta obra, de qualquer forma ou por qualquer meio eletrônico, mecânico, inclusive por meio de processos xerográficos, incluindo ainda o uso da internet, sem a permissão expressa da Madras Editora, na pessoa de seu editor (Lei nº 9.610, de 19/2/1998).

Todos os direitos desta edição reservados pela

MADRAS EDITORA LTDA.
Rua Paulo Gonçalves, 88 — Santana
CEP: 02403-020 — São Paulo/SP
Tel.: (11) 2281-5555 – (11) 98128-7754
www.madras.com.br

ÍNDICE

Os Signos Mágicos 7
O Verbo Divino 9
A Ciência dos Símbolos Sagrados 11
Deus e o Verbo Divino 17
As Ondas Vibratórias 21
Os Tronos de Deus 37
Modelos de Ondas 49
Justificação do Uso do Nome Ondas Retas 51
Ondas Retas e Ondas Curvas 55
Energia-fator 57
As Funções de um Fator e sua Forma 61
Divindades de Deus, Seres Divinos, Seres Naturais e Seres Espirituais 71
Escrita Mágica Divina 77
Como Criar Espaços Mágicos ou "Pontos Cabalísticos" 111
Criação de Espaços Mágicos 123
Que signos e símbolos usar? 125
Ativação de um Espaço Mágico 127
Signos Mágicos 131
Procedimentos 133
Comentário sobre os Signos 137
Tábuas de Ondas Vibratórias e Signos Mágicos desenvolvidas por Rubens Saraceni, Mestre Mago Iniciador de Magias Divinas no Plano Material, assistido por seus Mestres Espirituais 139
Considerações Finais 272

Os Signos Mágicos

Quando idealizamos este livro e nos dispusemos a escrevê-lo, o fizemos movidos pelo desejo de ver um conhecimento, inédito na forma de abordagem, colocado ao alcance de todos que quisessem se aprofundar na simbologia, na escrita mágica simbólica e na magia dos símbolos sagrados.

É certo que inúmeros autores já escreveram obras magníficas sobre essa simbologia e aqui só desenvolveremos um pouco mais esse magnífico universo.

Todo o conhecimento aqui colocado só foi possível porque espíritos de alto grau evolutivo nos transmitiram uma pequena parte da ciência existente nas escolas astralinas onde a simbologia, a exemplo das ciências terrenas, nunca pára de proporcionar novas descobertas aos seus estudiosos.

O fascinante "mundo" dos símbolos é inesgotável e uma pessoa que dedicasse sua vida a estudá-los terminaria seus dias com as mesmas indagações de outros pesquisadores e deixaria esta no ar: Onde está seu início e onde você termina, infinito mundo dos símbolos?

É certo que tudo se inicia e termina em Deus. Mas, como chegar a esse início se quanto mais avançamos rumo a ele mais e mais vai se mostrando aos nossos olhos, até chegar um momento em que nossa capacidade se esgota e temos de parar e nos contentar com o que nos foi possível aprender?

Como toda ciência aqui na Terra teve início, o da simbologia pode ser atribuído a Pitágoras, que criou a Geometria e deixou um legado inesgotável para a humanidade, pois até hoje os matemáticos se servem do que ele deixou.

Mas Pitágoras não foi só um geômetra, um filósofo preocupado com as medidas! Ele também criou uma seita de iniciados muito respeitada no seu tempo, que influenciou o mundo científico, acadêmico e filosófico grego.

Os membros da seita criada por ele eram iniciados em mistérios transcendentais os quais velaram a sete chaves, só deixando aparecer aquilo que mudaria a humanidade e lhe abriria um campo de estudos indispensável a todas as outras ciências exatas:

A Geometria!

Mas, se há uma geometria terrena, que é uma ciência, também há uma geometria sagrada, que é uma ciência divina em si mesma.

Essa geometria divina já é estudada por muitos e de tempo em tempo alguém atina com alguma de suas leis ou com algum dos seus mistérios.

Sabemos muito pouco sobre a geometria divina, ainda que muito já tenha se avançado nesse terreno quase insondável.

Mas, temos certeza de que essa nossa modesta contribuição auxiliará muitos interessados a avançarem em seus campos de estudos, aumentando o entendimento terreno sobre o divino e maravilhoso mistério da escrita mágica simbólica e teremos uma melhor interpretação dos signos mágicos espalhados por todo o planeta.

Procuramos ser didáticos para que essa ciência possa ser bem compreendida e este livro se torne uma contribuição no avanço do estudo da simbologia e na compreensão de Deus, o Supremo Arquiteto do Universo.

O Verbo Divino

Deus nos fala de várias maneiras!

Ora está nos falando e ensinando por meio dos sentimentos nobres e virtuosos, ora está nos ensinando mediante as belíssimas formas encontradas em abundância na natureza terrestre.

Também nos fala por intermédio das estrelas e dos demais corpos celestes que "circulam" no Universo.

Fala-nos por meio dos elementos e dos seres que deles se servem.

Fala-nos mediante os sons e as cores!

Enfim, Deus está falando conosco o tempo todo por meio de sua criação. Mas, se é assim, no entanto há uma forma de ouvi-Lo e compreendê-Lo que é insuperável: é através do Verbo Divino ou do Seu pensamento criador, no qual tudo o que Ele pensa começa a existir.

Faça-se a luz! E a luz se fez e daí em diante começou a iluminar tudo e todos que, na escuridão da Sua ausência, seriam invisíveis.

Crie-se a água! E a água começou a existir.

Crie-se a terra! E a terra começou a existir.

E assim por diante com tudo o que Ele criou e que conhecemos como Sua criação.

A matéria, como todos sabem, só existe porque os átomos se ligam e criam moléculas, que se aglutinam e criam as substâncias, que chamamos de matéria.

- Terra é matéria, em estado sólido.
- Água é matéria, em estado líquido.
- Ar é matéria, em estado gasoso.
- Fogo é matéria, em estado energético.

Também sabemos que os átomos são formados por prótons, nêutrons e elétrons, que por sua vez são formados por partículas subatômicas.

E estas são formadas por partículas ainda menores, que são compostas por outras ainda menores, fato esse que tem levado pessoas com um saber e inteligência privilegiados a dedicarem suas vidas ao estudo e a pesquisas no inesgotável campo da Física e da Química.

Assim como existe uma ciência dos átomos e suas ligações que formam a matéria, também existe um conhecimento ou uma ciência dos símbolos sagrados.

A Ciência dos Símbolos Sagrados

Existe uma ciência espiritual que estuda os símbolos sagrados e suas funções na criação, assim como o uso adequado que podemos lhes dar.

Essa ciência nos ensina que um símbolo é formado por uma ou mais fontes emissoras de vibrações ou irradiações.

Para podermos abordar de forma compreensível essa ciência, temos de fazê-lo de forma teológica, ou seja: de uma forma interpretativa e descritiva de Deus e das suas divindades assentadas nos muitos níveis vibratórios da criação denominados "planos".

Sem isso nos é impossível compreendê-los porque os símbolos têm uma origem divina e não podem e não devem ser dissociados dos seus regentes divinos, senão se tornam apenas "logotipos" ou figuras geométricas belíssimas, mas sem nenhuma função.

Então comentaremos Deus a partir da nossa visão e entendimento:

Deus, origem, meio e fim em Si mesmo, a tudo origina, a tudo sustenta e a tudo dá uma destinação.

Tudo e todos têm origem em Deus.

Tudo e todos são sustentados por Ele.

Tudo e todos têm um fim n'Ele, ou seja, têm uma destinação e O servem segundo ela, que é o destino de cada coisa ou ser.

Quando O chamamos de "o Senhor do Destino" é porque tudo e todos, antes de serem gerados por Ele, já estão predestinados a fazer algo de um modo próprio e intransferível.

As dificuldades de adaptação e acomodação dificultam as coisas, pois estas têm de encontrar seu destino ou têm de ser conduzidas até ele.

Como o caminho é longo, pois o ser "sai" de Deus e tem de ir "avançando" pelos muitos níveis vibratórios até chegar àquele a que foi predestinado, essa longa jornada é chamada de "evolução".

Na verdade, fomos gerados plenos e com todos os nossos atributos e atribuições e nada nos falta, ainda que não saibamos o que trazemos em nós e o que qualifica nossa destinação. Essa herança nos distingue com um destino específico e intransferível.

Se em Deus tudo se origina, nossa longa jornada rumo ao nosso destino final, no entanto, é acompanhada o tempo todo por Suas divindades, que zelam para que todos em geral, e cada um individualmente, cheguem ao seu destino pessoal.

As hierarquias divinas também se originam n'Ele e O manifestam na vida dos seres o tempo todo.

Um ser divino é uma manifestação atemporal de Deus, pois sempre esteve, está e estará atuando em benefício dos seres espirituais, criando-lhes os meios adequados para que transitem livremente rumo aos seus destinos finais.

Há todo um universo divino só habitado por seres divinos.

Esse universo existe e fica em paralelo aos universos físico e espiritual. Cada um desses três universos é uma parte de um todo, denominado criação. Do universo divino nos chegam vibrações contínuas que têm por função nos amparar, assim como ao meio em que vivemos.

Saibam que tanto o universo espiritual quanto o material estão recebendo o tempo todo fluxos contínuos de vibrações, que dão sustentação a tudo e a todos, indistintamente.

Nesse universo divino vivem os seres que denominamos Tronos, Anjos, Arcanjos, etc.

Cada classe de seres divinos tem sua função como amparadores da criação, dos meios e dos seres.

Os seres divinos são denominados de divindades, e cada um desempenha uma função, só sua, na criação. Ela é intransferível, pois o ser é sua função em si mesmo.

Os seres divinos são indissociados de suas funções e de Deus, e os classificamos como divindades porque são partes d'Ele, nosso Divino Criador.

Separar um ser divino de Deus é impossível e se alguém quiser fazê-lo saiba que é um exercício inútil. Uma perda de tempo!

Por mais elaborada que seja a interpretação de um ser divino, nunca devemos nos esquecer de que é só uma interpretação humana, limitada ao entendimento de quem a fez.

Os seres divinos que algumas pessoas clarividentes conseguem ver são os manifestadores dos poderes divinos e, se assim é, isso se deve ao fato de que a eles Deus confiou a função eterna de zelarem pelos meios e pela evolução dos seres.

Nós entendemos essa distribuição de funções desta forma:
- Deus é o supremo criador e a fonte de tudo e de todos.
- Ele é pleno em Si em todos os sentidos e tem todas as funções, fato esse que O distingue como poder supremo.
- Ele manifestou-se e fez surgir o lado divino da criação e, a partir dele, aí sim, teve início o lado espiritual.
- Antes de surgir a matéria já existia o espírito. Logo, o lado espiritual independe do lado material para existir, pois teve sua origem no lado divino da criação.
- Mas, com a existência do lado espiritual, foi possível criar o lado material, que foi formado a partir da existência do espiritual.
- Toda matéria traz em si seu "lado" espiritual, que lhe facilitou se constituir originando o lado material da criação.
- Como o lado divino originou o lado espiritual e deste se originou o lado material, então, ainda que não esteja visível ou seja difícil identificá-los, todos temos essas três ligações: com o divino, o espiritual e o material.
- Se somos divinos, espirituais e materiais, nessa ordem, então podemos interagir com os três lados ao mesmo tempo e ora estamos voltados para um, ora para outro lado, sempre de acordo com nossas necessidades.

Mas, além disso, temos a possibilidade de acessar e interagir com um dos lados por intermédio do que existe em outro, pois todas as coisas existentes são indissociadas, já que um lado "apóia" os outros para que as predestinações se realizem e se tornem destinos bem definidos.

Se não, então vejamos:

Deus é em si a plenitude e cria e gera tudo e todos de si.

Esse "tudo e todos" se refere ao lado ou plano divino; ao lado ou plano espiritual e ao lado ou plano material da criação.

Esses três lados ou planos da criação criam um triângulo que deve equilibrar tudo e todos para que a harmonia existente em Deus se faça presente na sua criação e nas criaturas.

O equilíbrio é a chave da harmonia entre coisas diferentes, as quais, se equilibradas entre si, se tornam complementares e beneficiam-se mutuamente, pois são parte do todo, que é Deus.

Se uma das partes entrar em desequilíbrio, a harmonia se desfaz e as outras podem sofrer choques desestruturadores, que alterarão suas funções na criação.

Como Deus é onisciente e tudo previu, dotou tudo e todos de recursos para se reequilibrarem, então temos de estudar esses "mecanismos" reequilibradores, se quisermos ter um conhecimento e um entendimento d'Ele, de Sua criação e das criaturas.

O estudo de Deus não começou agora ou recentemente, mas seu início perde-se no tempo.

Atribuímos seu início ao lado espiritual que, por ter se originado do lado divino, quis conhecer sua origem para poder chegar a Deus.

O conhecimento já acumulado não pertence a ninguém em especial, pois é a soma do esforço contínuo de milhões de seres espirituais e engana-se quem se acreditar "dono" do conhecimento, que é acumulado desde não sabemos quando.

Sintetizando, esse conhecimento nos revela que Deus é pleno em si, tudo gera e a tudo origina.

Como Ele é em si, não sabemos de verdade, mas O vemos e O descrevemos como O entendemos. Fato esse que torna nosso entendimento tão discutível, aceitável ou não, quanto o de outros semelhantes nossos.

Mas, tal como certas leis físicas ou químicas são indiscutíveis porque se realizam por si mesmas, em já vasto conhecimento sobre Deus também há leis que se realizam por si mesmas e influenciam tudo e todos indistintamente.

Elas são inalteráveis: ou nos adaptamos a elas e as seguimos ou entramos em desequilíbrio e a desarmonia surge em nosso íntimo e à nossa volta.

De lei em lei, por serem imutáveis, tal como a lei da gravidade que só precisa que haja um corpo celeste para agir e influenciar o que ou quem esteja em seu campo gravitacional, hoje podemos descrever Deus a partir dessas leis permanentes da criação, que nos propiciam uma visão ainda parcial, mas já bastante ampla sobre Ele.

Já não discutimos algo abstrato e imponderável porque, com o tempo, leis imutáveis foram sendo descobertas, estudadas e descritas por espíritos, tão críticos quanto o mais crítico pesquisador.

Ele não foi descrito por espíritos imaginativos, mas por espíritos que vêm estudando-o racionalmente porque, ainda que não duvidem de sua existência, também não se contentam só com a crença de que Ele existe e ponto final.

Não! Se Ele existe, e existe!, então há como provar Sua existência!

Foi esse pensamento que levou incontáveis mentes argutas a estudarem o que existe e a encontrar nessa existência Deus.

Não é pecado ou proibido estudar Deus ou pesquisá-Lo a partir de sua criação.

Muito pelo contrário! Só estudando-O e pesquisando Sua existência por meio de Sua criação deixamos de nos guiar pela fé cega e passamos a nos conduzir pela fé racional, pois nessa conduta quem nos guia é a razão.

Razão é sinônimo de bom senso, equilíbrio e critério.

Uma fé criteriosa, calcada na razão, torna-nos sensatos e equilibrados, e evita muitos dissabores, tanto no lado material quanto no espiritual, e nos facilita uma interação permanente com o lado divino da criação, que é em si Deus.

A busca constante das leis imutáveis e aplicadas a todos, seu estudo, suas aplicações em nossa vida nos levaram a descobertas importantíssimas que, daí em diante, facilitaram a descoberta de outras, tão importantes quanto as já conhecidas.

Uma dessas leis nos revela que tudo o que é "concreto" tem sua origem em micropartículas que foram nomeadas pelos seus descobridores espirituais como fatores de Deus.

Os estudiosos dos fatores, após a descoberta do primeiro, vêm descobrindo outros de tempo em tempo. E todos são tão importantes quanto os elementos químicos da tabela periódica ou uma das muitas leis físicas.

Hoje podemos discutir Deus a partir dos seus fatores de forma didática e descrevê-lo com uma precisão muito maior do que há milênios, quando era descrito de forma miraculosa, fantástica ou sobrenatural.

Hoje podemos abordar Deus a partir dos sentimentos, das cores, dos sons... e dos verbos.

Verbos!

Eis aí uma forma de comentar e descrever Deus racionalmente.

Sim, porque verbo é ação, é realização e é a expressão da razão, pois um verbo é sinônimo de algo concreto, tal como "Eu ando! Eu estou andando!"

Andar é mover-se. Estar andando é estar movendo-se.

Andar é uma função. Estar andando é estar exercendo-a.

Eu escrevo! Eu estou escrevendo!

Escrever é uma função. Estar escrevendo é estar exercendo-a.

Verbo é função. É ação. É algo concreto.

Deus realiza a si mesmo e às Suas ações mediante muitos meios, mas se muitos existem, então este é tão legítimo e verdadeiro quanto os outros, que são usados desde tempos imemoriais no plano espiritual.

Os verbos e os fatores de Deus fornecem-nos os meios discursivos e descritivos de um Deus dinâmico, ativo, criativo, atuando permanentemente sobre tudo e todos a partir de Si, dos lados divino, espiritual e material da Sua criação.

Afinal, Deus não só está no que criou mas também é em si Sua criação.

Algo ou alguém só subsiste porque preexiste em Deus.

O que não tiver preexistência em Deus não subsiste, não adquire existência própria e não se individualiza em meio a tantas criações.

Então passemos aos comentários sobre Deus — Verbo Divino.

Deus e o Verbo Divino

Deus é, em si, ação.
Toda ação é verbo.
Logo, Deus é verbo.

Essas afirmações formam um silogismo, não?
Pois é isso mesmo!
Deus é verbo.
Verbo é fator.
Deus é fator.

Deus é verbo.
Verbo é som.
Som é energia.
Logo, Deus é energia.

Deus é verbo, que é ação, que é som, que é fator, que é a energia emanada pela sua fala divina.

Saibam que cada verbo é em si uma energia realizadora de uma ação. E, tal como na língua portuguesa um verbo tem suas letras, na fala divina o mesmo acontece, só que suas letras são diferentes.

Como na fala divina um verbo se aplica a tudo e a todos, pois Deus, quando fala, fala a tudo e a todos ao mesmo tempo, temos de primeiro identificar as letras que formam um verbo, que é som, que é ação, que é fator, que é energia realizadora de alguma coisa.

Verbo, som, ação, fator, energia e realização são sinônimos. E se usarmos uma dessas palavras ou outra, estaremos dizendo a mesma coisa.

Um verbo, que é som, tem uma sonoridade só sua e flui por meio de ondas sonoras de um comprimento específico.

Outro verbo, que também é som, já tem outra sonoridade e flui mediante outras ondas sonoras com outro comprimento, só seu.

Correr, pronunciado corretamente, é um som que pode ser emitido em qualquer timbre que sempre indicará a mesma ação: deslocamento rápido!

Sentar já não indica deslocamento, mas seu oposto, pois a pessoa ficará parada.

Assim, se cada verbo indica uma ação específica, e verbo é fator, que é energia, então temos tudo de que precisamos para podermos comentar a simbologia e os signos mágicos.

A simbologia pode ser comparada a um dicionário de verbos divinos.

Os signos mágicos podem ser comparados às letras do alfabeto da língua divina falada por Deus, que formam os Verbos-Símbolos.

Como o som é energia que flui por intermédio de ondas sonoras que são vibrantes, então temos ondas sonoras vibratórias transportadoras de energias, que são fatores de Deus.

Os fatores são a energia realizadora das ações divinas, desencadeadas pela fala de Deus, sempre realizadora de algo.

Logo, os fatores sempre realizam algo, uma ação! E eles fluem para tudo e todos ao mesmo tempo por meio de ondas vibratórias específicas que formam "a escrita sagrada da fala de Deus", ou "do verbo divino", que são em si Deus em ação realizadora.

Pode parecer difícil, mas não é.

O som dos verbos flui mediante ondas sonoras vibratórias e elas têm seus comprimentos e suas formas específicas, formando desenhos só seus que, se desenhados, formam uma tela vibratória, que é multidimensional e interpenetra tudo e todos ao mesmo tempo, influindo sobre tudo e todos, pois a energia que desprende e satura tudo e todos é realizadora da ação descrita pelo verbo que a origina ao ser emitido ou sonorizado por Deus.

Tomemos como exemplo o verbo equilibrar. Equilibrar significa dar equilíbrio a algo ou alguém e é um tipo específico de ação, que exige um tipo específico de energia para ser realizada.

Como cada energia-fator flui de uma forma diferente, então cada uma flui por meio de uma rede específica de transmissão e distribuição energética-fatoral.

Uma rede transmissora tem o nome de tela vibratória multidimensional porque está presente e atuando em toda a criação desde o nível micro até o macrocósmico.

Ela está em um átomo e em todo o Universo.

E a energia-fator que ela transporta se espalha e satura tudo e todos com micropartículas fatorais.

Essa fatoração se assemelha a um pigmento derramado dentro de um copo de água, tingindo-a com sua cor.

Só que o fator, em vez de tingir, realiza sua ação no ser ou no átomo saturado por ele.

Como estamos falando de fatores, falemos do fator equilibrador: ele satura um ser ou um átomo e o equilibra ou permite que se mantenha em equilíbrio, para que possa realizar seu destino ou função na criação.

Como a fala ou o verbo divino alcança tudo e todos ao mesmo tempo e durante todo o tempo, então tudo e todos estão recebendo continuamente uma carga fatoral equilibradora.

É essa carga fatoral equilibradora que faz com que tudo e todos tenham seu ponto de equilíbrio e possuam ou mantenham sua forma específica.

Mas, caso aconteça um desequilíbrio de qualquer natureza, então entra em ação um outro verbo denominado reequilibrador.

Equilibrar e reequilibrar!

Dois verbos ou ações parecidas mas não iguais.

Dois sons parecidos mas não iguais.

Duas ondas sonoras parecidas mas não iguais.

Duas energias sonoras parecidas mas não iguais.

Dois fatores parecidos mas não iguais.

Duas telas vibratórias parecidas mas não iguais.

Dois símbolos parecidos mas não iguais.

Duas palavras parecidas mas não iguais, ainda que a maior parte das letras que as formam sejam as mesmas.

Verbos são palavras que são símbolos, pois simbolizam algo ou alguém.

Letras são signos mágicos que formam as palavras, que formam os símbolos.

Logo, letras são pedaços de palavras e signos são pedaços de símbolos que, por sua vez, são pedaços de algo maior, denominado telas vibratórias.

Portanto, a tela vibratória equilibradora, seu símbolo e seus signos mágicos são parecidos com a tela, o símbolo e os signos reequilibradores, mas não são iguais.

São essas pequenas diferenças nas telas, símbolos e signos mágicos que dão origem à ciência da simbologia ou da escrita mágica sagrada ou da "geometria divina".

Essas pequenas diferenças têm levado mentes interrogativas a estudarem com afinco e dedicação as funções dos fatores-energia e elas têm tido importantíssimos avanços no estudo de Deus — Verbo Divino.

É certo que estudar e conhecer Deus dessa forma científica torna sua interpretação racionalista e tira d'Ele seu lado poético ou encantador. Mas isso é assim mesmo.

Afinal, no Paraíso não habitam só os poetas e os líricos encantadores, pois nele predominam os seres racionalistas dotados de uma verborragia encantadora, que faz com que pareçam encantadores líricos, tal o poder das suas palavras, que denotam uma força de vontade encontrada nos que conhecem Deus por intermédio do Verbo Divino.

As Ondas Vibratórias

Toda ação flui por intermédio de um meio, que a conduz até seu destino final.
Uma carta flui por meio dos correios.
Um telefonema flui mediante cabos telefônicos.
A programação de uma estação de rádio flui por meio das ondas emitidas pela sua antena transmissora.
A água de um reservatório flui por intermédio de canos.
Enfim, tudo tem seu meio de fluir e chegar ao seu destino final.
Não poderia ser diferente com a "energia fator" liberada com o verbo divino.
Esse meio são ondas denominadas vibratórias.
Temos ondas vibratórias fatorais, essenciais, elementais, mistas, compostas, complexas, etc.
Se vários são os nomes das ondas vibratórias transportadoras da energia-fator realizadoras das ações determinadas pelos verbos, então tem de haver algo que diferencie umas das outras, certo?
E há?
Cada onda tem seu desenho ou sua forma de crescimento.
São tantos os modelos de ondas vibratórias existentes que não podemos afirmar quantas existem.
O fato é que existem e realizam suas funções na criação alimentando tudo e todos com a energia-fator transportada por cada uma delas.
Cada modelo de onda vibratória que realiza uma só função ou trabalho é classificada como pura; se realiza duas ou mais funções, é mista ou dupla; se realiza várias funções, é composta; se realiza muitas funções, é complexa.

As ondas vibratórias espalham-se por toda a criação de Deus, desde o mais sutil e elevado plano até o mais denso e baixo, chegando à "matéria" já como sua qualidade, que diferencia uma coisa de outra.

Existem ondas com traços retos e ondas com traços curvados.

As ondas "retas" dividem-se em retas propriamente ditas; em zigue-zague; em angulações; em retráteis; em cruzadas, etc.

As ondas curvadas dividem-se em curvas propriamente ditas; em ondeantes; em espiraladas; em entrelaçadas, etc.

O desenho formado no fluir de uma onda determina sua classificação, mas ondas com traçados muito parecidos desempenham funções diferentes.

Nós, para facilitar o entendimento sobre esse mistério de Deus, simplificamos a classificação das ondas em dois grupos:

• Ondas retas ou que formam ângulos.
• Ondas curvas ou que formam arcos.

Ondas retas, aqui, são aquelas que têm seus desenhos formados por traços retos.

Ondas curvas, aqui, são aquelas que têm seus desenhos formados por traços arqueados ou curvados.

Exemplos:

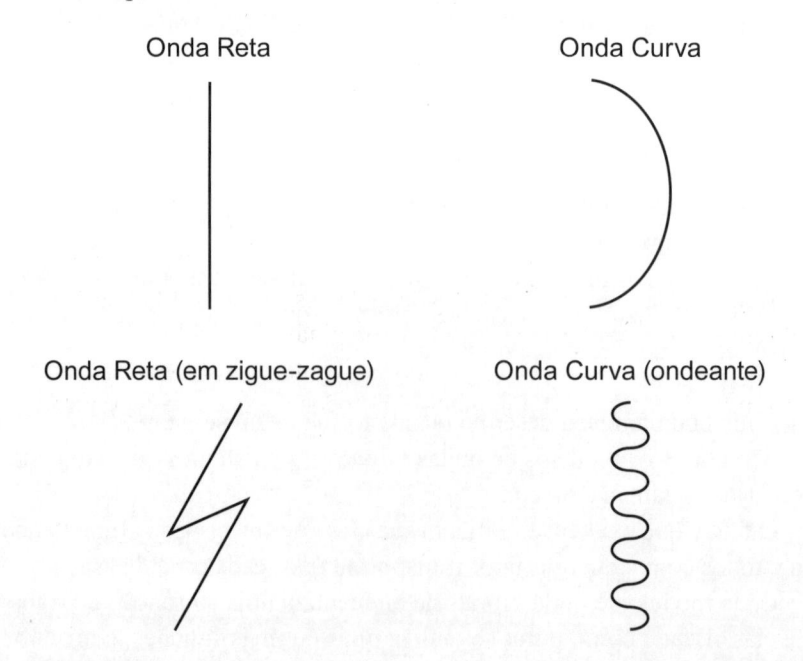

Onda Reta Onda Curva

Onda Reta (em zigue-zague) Onda Curva (ondeante)

A simplificação visa a um melhor entendimento, para que todos possam entender e se servir desse mistério de Deus.

As ondas retas são chamadas de temporais porque seguem o fluir expansionista da criação e "nascem" ou aparecem no primeiro dos sete planos da vida e avançam, alcançando os outros planos.

As ondas curvas são chamadas de atemporais porque nascem ou aparecem em todos os planos da vida e, a partir de onde nasceu, avançam para todos os outros.

Assim, temos um tipo de onda (as angulares) que são estáveis, permanentes e formam uma base sustentadora da criação.

E temos outro tipo de onda (as curvas) que são cíclicas, pois tanto aparecem de repente assim como desaparecem para, mais adiante, reaparecerem.

As ondas retas ou temporais são estáveis, permanentes e criam o "espaço" em cada um dos sete planos da vida, dando estabilidade a tudo e a todos, criando o ritmo.

As ondas curvas ou atemporais são instáveis, cíclicas e criam o movimento em cada um dos sete planos da vida, criando o tempo e os ciclos.

• Ritmo e ciclo;
• Cadenciamento e alternância;
• Perenidade e transformação;
• Som e notas musicais; etc.

Os muitos modelos das ondas vibratórias já identificados são englobados em dois grandes grupos, porque todos os já estudados revelam funções que, se retas, têm a ver com o espaço e, se curvas, têm a ver com o tempo.

Retas e curvas, espaço e tempo, ritmo e ciclos.

Cada uma dessas ondas, retas ou curvas, formam uma tela ou rede que se espalha por toda a criação, alcançando tudo e todos, e saturando-os com a energia-fator que transportam e liberam o tempo todo.

Também há outro mistério envolvendo essas ondas: Elas são encontradas em todas as posições possíveis e imagináveis!

Vemos a tela de uma onda fluindo horizontalmente e vemos a mesma tela fluindo verticalmente. E a vemos em todos os graus de inclinação ou obliqüidade em relação a essas duas.

Podemos compará-las aos raios solares que avançam para o espaço infinito em todas as direções, só que uma onda vibratória transportadora de energia-fator não procede como um raio solar, pois este flui ou avança sem multiplicar-se ou abrir-se.

Já as ondas sobre as quais comentamos, estas avançam um pouco e criam um micropólo magnético que as multiplica em todas as direções.

Elas são algo difícil de descrever com um recurso gráfico tridimensional porque são multidimensionais.

Nós desenvolvemos na tela plana uma forma de descrever o crescimento de uma onda vibratória transportadora de energia fator, ainda que seja limitadíssimo.

Observem esses modelos:

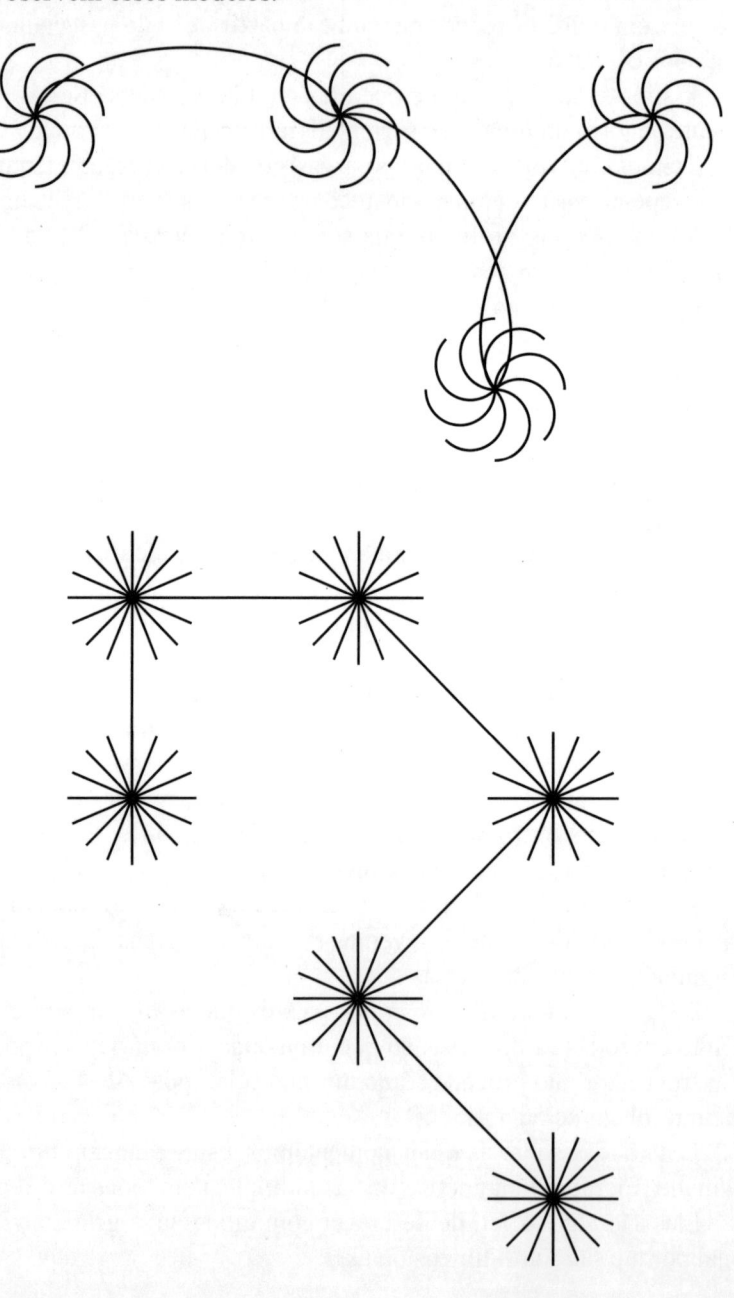

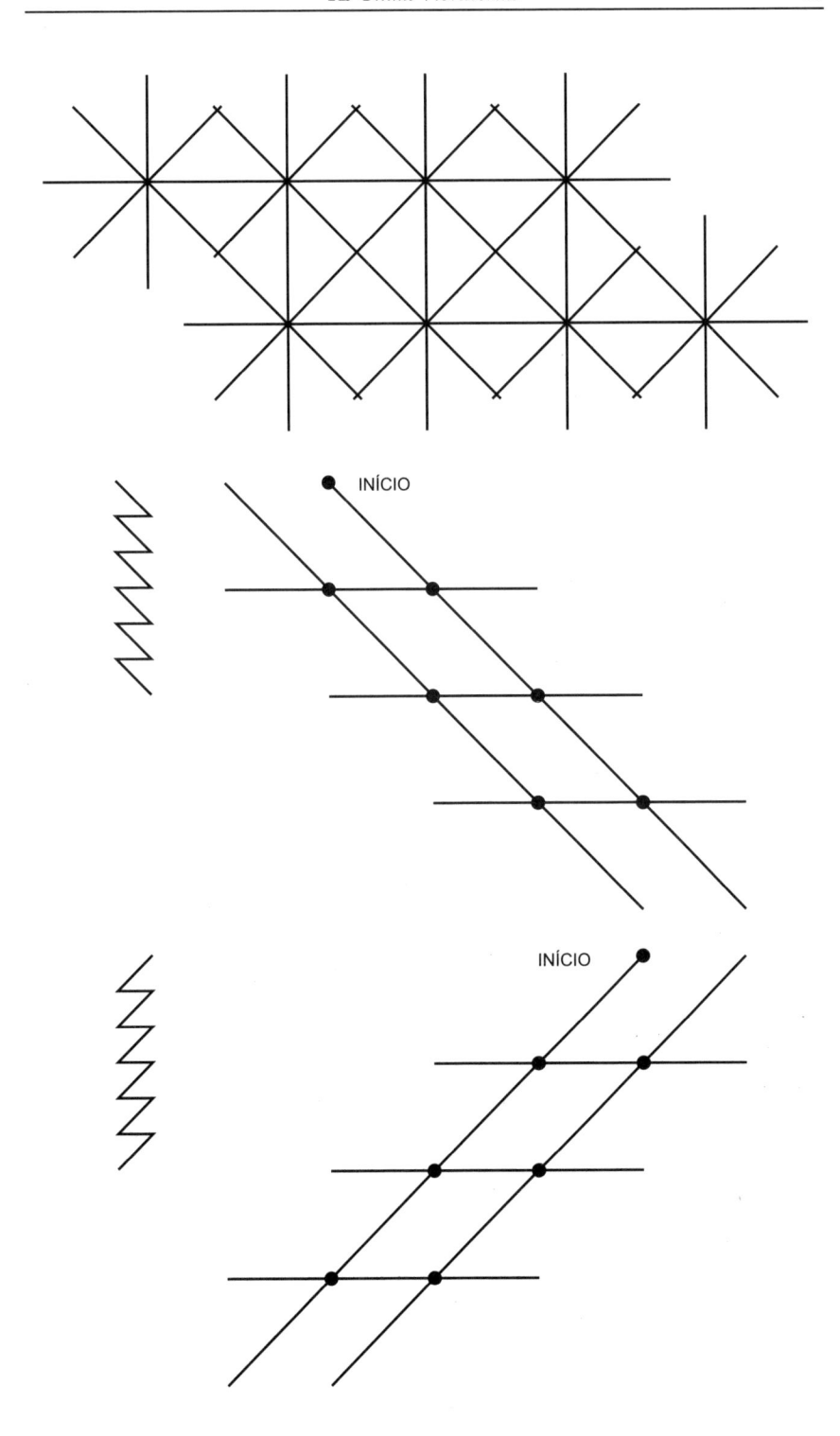

As Ondas Vibratórias

INÍCIO

INÍCIO

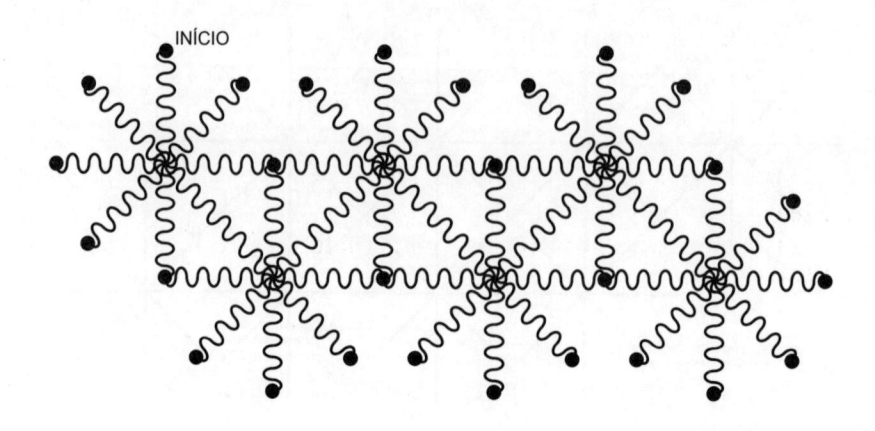

Nesses modelos de telas só são mostradas partes delas, pois cada multiplicação aumenta o entrelaçamento ou o entrecruzamento, chegando a um ponto em que é quase impossível separá-las ou desemaranhar seus desdobramentos.

Aqui só mostramos uma multiplicação simplificada e em um plano. Imaginem se as multiplicações fossem multidimensionadas.

As formas das telas são infinitas e cada uma vibra em um grau só seu, não tocando em nenhuma outra, criando uma rede única em toda a criação.

Essas telas vibratórias são chamadas de permanentes porque mantêm suas funções inalteradas, dando perenidade à criação divina.

Elas formam uma base para que, sobre ela, tal como sobre um alicerce, Deus possa construir tudo e abrigar todos nessa sua construção infinita.

Ainda não sabemos quantas dessas ondas vibratórias transportadoras de fatores-funções existem.

No decorrer dos tempos, espíritos estudiosos vêm pesquisando esse campo e já descobriram quase 12 mil ondas vibratórias, suas telas, seus fatores-funções e boa parte da simbologia formada por elas, já que é impossível desenvolver a simbologia completa de uma onda, pois são infinitas as possibilidades.

Além das telas há o estudo dos símbolos formados por elas e há o desenvolvimento de um "signário" próprio de cada uma.

Então temos isso:
• Ondas vibratórias
• Telas vibratórias
• Símbolos
• Signos

As ondas formam as telas.
As telas formam os símbolos.
Os signos são retirados dos símbolos e são partes ou pedaços das ondas.
Os símbolos são pólos eletromagnéticos emissores de energia-fator que realizam trabalhos gerais.
Os signos são emissores de energia-fator que realizam trabalhos específicos.
Os símbolos realizam muitos trabalhos ao mesmo tempo e os signos realizam apenas alguns.
Mas, combinando signos, conseguimos criar novos símbolos, que realizam novos trabalhos.
Tal como a ligação de átomos diferentes geram moléculas diferentes, a ligação de signos diferentes gera símbolos capazes de realizar novos trabalhos na criação sem que percam suas funções originais.
Um signo que tem esta forma ⌐, unido ou ligado a outro que tem esta forma ⌒ criam este outro ⌐⌒, denominado de duplo, pois tem dupla função.
Este ⌐ tem uma função e este outro ⌒ outra função.
Esta ligação ⌐⌒ tem novas funções. Mas se a ligação for diferente, ainda que use os mesmos signos, aí novas funções são criadas e novos trabalhos são realizados.
Observem:

⌐, ⌒ → signos isolados ⌐ ⌒

⌐⌒ → signos ligados ⌐⌒

⌐⌒⌐⌒⌐⌒⌐⌒ → signos entrelaçados

signos fundidos → ⌐⌒⌐⌒⌐⌒⌐⌒

Cada um desses signos duplos realizam trabalhos diferentes, ainda que conservem suas funções originais.
Vamos dar funções a esses dois signos para que possamos entender o que estamos comentando.

⌐ = Signo graduador telúrico. Este signo foi retirado do símbolo formado pela tela vibratória graduadora telúrica. Sua função é graduar as coisas por meio da energia telúrica.

⊂ = Signo expansor eólico. Este signo foi retirado do símbolo formado pela tela vibratória expansora eólica. Sua função é expandir as coisas por meio da energia eólica.

A onda vibratória graduadora telúrica tem este modelo:

Seu Signo: ⌐

O crescimento dessa onda gera esta tela vibratória:

Seu crescimento:

INÍCIO

Tela Vibratória graduadora Telúrica

SÍMBOLO GRADUADOR
TELÚRICO DUPLO

SIGNO GRADUADOR
TELÚRICO SIMPLES

Onda Vibratória Expansora Eólica

Seu Signo: ⊂

Seu crescimento:

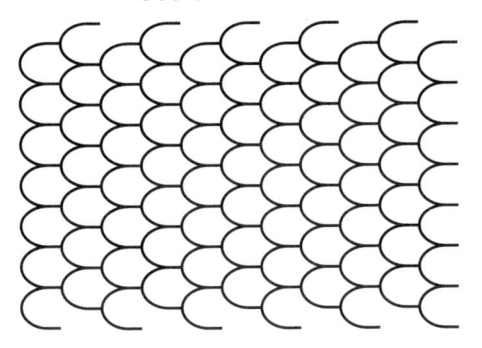

Signos compostos:

Tendo dois signos e sabendo suas funções, podemos desenvolver novas funções ou novos campos nos quais elas se realizam.

Vejamos:

Signo Graduador Telúrico ⏋

Signo Expansor Eólico ⊂

Signo Duplo Graduador-expansor ⏋⊂

Este signo gradua à esquerda e expande à direita.
Se ele gradua à esquerda, o que ele está graduando?
Se ele expande à direita, o que ele está expandindo?
As explicações são estas:

⏌ → Signo Graduador Telúrico. Este signo tem por função graduar o comportamento dos seres para que se mantenham dentro de uma faixa tolerável, proporcionando-lhes uma evolução estável.

⊂ → Signo Expansor Eólico. Este signo tem por função expandir os campos de ações dos seres, permitindo-lhes que evoluam continuamente.

⏌⊂ → Unindo os dois ou fundindo-os, temos um signo com dupla função, pois ao mesmo tempo em que gradua o comportamento evolucionista de um ser à esquerda, também lhe abre novos campos à direita por meio dos quais evoluirá continuamente.

Esses dois signos estão nos dizendo muitas coisas porque são representadores de funções divinas indispensáveis à evolução dos seres.

Agora, se o signo graduador é telúrico, ele tem a regência de um Trono, que é o da Evolução.

E, se o signo expansor é eólico, ele tem a regência de outro Trono, que é o da Lei.

Por meio desse signo duplo ou com dupla função, dois poderes estão atuando ao mesmo tempo, graduando os comportamentos à esquerda e expandindo os campos de ações à direita dos seres.

Quando falamos em "à esquerda", estamos nos referindo às dimensões da vida existentes à esquerda da dimensão humana.

Quando falamos em "à direita", estamos nos referindo às dimensões da vida existentes à direita da dimensão humana, que é a nossa, onde vivemos e evoluímos.

Agora, existem outras ondas graduadoras e expansoras, tais como:
• Graduadora Ígnea
• Graduadora Aquática
• Graduadora Vegetal
• Graduadora Eólica
• Graduadora Mineral
• Graduadora Cristalina
• Graduadora Atemporal

Existem outras ondas expansoras:
• Expansora Mineral
• Expansora Aquática
• Expansora Ígnea

- Expansora Telúrica
- Expansora Cristalina
- Expansora Vegetal
- Expansora Atemporal

Aqui, no nosso exemplo, só mostramos uma onda vibratória graduadora e outra expansora.

Mas, para expandirmos o entendimento sobre a simbologia, mostraremos uma nova onda vibratória, seu crescimento e seu signo:
- Onda Vibratória Cristalizadora Reta (Cristalina).
- Cristalizar = modelagem = acabamento
- Cristalina = cristal = firmeza
- O Trono regente da onda vibratória cristalizadora reta cristalina é o Trono masculino da fé.

Então, a onda vibratória cristalizadora reta cristalina é regida pelo Trono da Fé e tem por função modelar e dar um acabamento ou uma forma estável à religiosidade de um ser.

Onda Vibratória Cristalizadora Reta:

Seu crescimento:

Seu signo: ——

Esta onda se mostra sempre na horizontal e cresce emitindo ou projetando réplicas de si mesma.

Aqui, na tela plana, só podemos mostrar suas reproduções para cima e para baixo. Mas ela, tal como um eixo central, projeta réplicas em todas as direções.

Imaginem uma circunferência, e seus 360°, e um eixo que passe pelo seu centro e projete réplicas idênticas para 360 direções diferentes, uma para cada grau dela.

É isso que essa onda vibratória cristalizadora reta cristalina faz ao reproduzir-se.

Esta é a sua forma de crescimento, pois há outras formas de crescimento para outras ondas cristalizadoras retas, tais como:

- Cristalizadora Reta Mineral
- Cristalizadora Reta Vegetal
- Cristalizadora Reta Ígnea
- Cristalizadora Reta Telúrica
- Cristalizadora Reta Aquática
- Cristalizadora Reta Eólica

Essas outras ondas cristalizadoras retas têm outros modelos e outras formas de crescimento ou multiplicação, formando outras telas vibratórias.

E ainda há as ondas vibratórias cristalizadoras curvas, que também têm seus modelos e suas formas de crescimento.

Mas, aqui, nos limitaremos à onda vibratória cristalizadora reta cristalina para demonstrarmos como a simbologia se serve dos signos-funções para criar novos "símbolos de poder" capazes de realizar muitas funções ao mesmo tempo.

Signo Graduador Telúrico ⊐

Signo Expansor Eólico ⊂

Signo Cristalizador Cristalino ──

Signo Duplo Graduador-expansor ⊐⊂

Signo Duplo Graduador-cristalizador ⊐──

Signo Duplo Expansor-cristalizador ──⊂

Signo Composto: Graduador, Expansor, Cristalizador ⊐─⊂

Símbolo: ⊂⊐ Graduador-expansor-cristalizador, regido pelos Tronos da evolução, da lei e da fé.

Na escrita mágica simbólica, usada na Umbanda, estes dois signos duplos ⊐── ──⊂ são atribuídos ao Orixá Exu, pois são riscados ou inscritos em seus pontos riscados ou cabalísticos.

Esse é o conhecimento que têm os médiuns umbandistas e não vimos qualquer coisa diferente em todos os livros dos muitos autores que pesquisamos.

Então chegamos à conclusão de que nunca antes lhes havia sido revelado nada sobre essa ciência divina, mas que o que existe no meio umbandista é o exercício da identificação de quem riscou o ponto.

Em nossas pesquisas não encontramos o menor indício de que os autores que abordam a escrita mágica simbólica usada pelos guias espirituais soubessem da existência das ondas vibratórias que geram a Escrita Mágica Sagrada Simbólica.

O que encontramos foi muita "achologia".

Acho que é isso.

Acho que é aquilo, etc.

O fato concreto e indiscutível é que os Exus de Umbanda se servem desses e de muitos outros signos e símbolos sagrados em seus pontos riscados ou "cabalísticos", onde são chamados de "tridentes".

Então, se já sabemos que estes signos ⊐⊢ ⊣⊏ ⊐⊢⊏ não pertencem ao orixá Exu e sim aos Tronos da Evolução, da Lei e da Fé, como se explica seu uso pelos espíritos manifestadores do Orixá Exu?

Aqui vai um pouco de "Teologia de Umbanda".

Os Orixás são poderes assentados na criação e têm funções as mais diversas e muito bem definidas.

Como os Orixás são poderes e têm funções definidas, então o Orixá Exu é um poder e tem suas funções bem definidas.

O Orixá Exu, como poder, está em toda a criação e tem seus manifestadores naturais e espirituais.

Esses seus manifestadores naturais e espirituais são seres que, por manifestá-lo, também têm funções análogas à da divindade Exu.

Logo, se têm as mesmas funções, têm os mesmos campos de atuação do Orixá que os regem e por isso são chamados de Exus.

Até aí, nada demais ou excepcional porque isso acontece com tudo e todos na criação se os conhecermos "por dentro". O fato é que algumas das funções do Orixá Exu podem ser reveladas e são estas: Esgotar o que estiver atrapalhando nos meios evolucionistas (reinos, domínios, dimensões, esferas, faixas e níveis vibratórios) em que os seres vivem e evoluem, assim como tem por função esgotar os seres que estiverem agindo em desacordo com o meio onde evoluem, contrariando suas leis mantenedoras da estabilidade.

Assim sendo, então, se um Exu incorporado em seu médium riscar em seu ponto cabalístico um desses três signos, automaticamente lhes estará dando sua função esgotadora.

Logo, ⊐— esse signo duplo graduador telúrico e cristalizador reto cristalino assume a função de esgotar tudo e todos que estiverem atrapalhando os meios e os seres.

E se ele riscar este signo —⊏ que é expansor eólico e cristalizador cristalino, imediatamente assume a função de esgotar quem estiver atrapalhando a "modelagem" religiosa de alguém e o meio ou campo no qual o ser evolui.

Agora, aí vai uma grande revelação para os umbandistas:

Se esses mesmos signos forem incluídos em um ponto riscado ou cabalístico de um "caboclo de Ogum", porque Ogum tem entre suas muitas funções a de ordenar os meios e os seres, então esses signos assumem automaticamente as funções do "caboclo" que os riscou.

Tornam-se signos "ordenadores" do meio e do grau evolutivo dos seres; ordenador da expansão dos seus campos evolutivos e dos meios em que vivem.

Todo signo ou símbolo assume a qualificação ou função na criação de quem dele se servir ou riscá-lo em seus "pontos riscados".

Os signos representam poderes universais assentados na criação e estão à disposição de todos que queiram servir-se deles. Só que, sem perderem suas funções originais, eles assumem a qualificação do seu usuário.

Na magia simbólica, os nomes devem ser observados com atenção, pois por traz deles estão mistérios que recebem nomes de acordo com suas funções.

Essas funções são vibrações divinas que, por si só, realizam trabalhos específicos porque a energia-fator que transportam e irradiam têm essa finalidade. Essa interpretação tem de ser correta para que tudo assuma sentido e seja verdadeiro, senão o usuário do simbolismo não sai do lugar comum e cai no mesmo interpretativismo "poético" que mais afasta que os esclarece.

Não ajuda muito dizer que o verde simboliza isso ou aquilo.

As cores têm funções, pois estão indicando o "comprimento da onda" que transporta a energia-fator.

Se energia é energia, no entanto a cor que assume as ondas vibratórias que a transportam é o indicador de sua função ou do trabalho que realizam. E, como não são poucos os fatores que assumem uma mesma cor, então o intérprete das cores deve ficar atento às tonalidades de cada uma delas, pois cada cor também possui esse espectro de tons.

O verde-claro não realiza o mesmo trabalho que o verde-escuro. Pertencem a uma mesma "classe de tons verdes", no entanto estão agindo em campos diferentes e fazendo trabalhos específicos.

O mesmo acontece com os signos e símbolos usados na magia riscada simbólica.

Se os signos são iguais mas estão inscritos em posições diferentes, então a mesma "ferramenta" está realizando sua função original em campos e em coisas diferentes.

Se os signos são parecidos mas não são iguais na abertura de grau ou na sua curvatura, então realizam trabalhos diferentes no mesmo campo e nas mesmas coisas.

Ser igual mas estar em uma posição diferente indica trabalho em campo diferente.

Ser diferente mas estar na mesma posição indica que trabalhos diferentes estão sendo realizados ao mesmo tempo no mesmo campo.

Todos esses "matizes" devem ser observados e entendidos para que a simbologia assuma seu verdadeiro significado e importância.

Tal como as várias tonalidades de uma mesma cor indicam diferenças importantes a serem observadas, a abertura de ângulo ou a curvatura também indicam diferenças fundamentais nos signos e símbolos. Eis uma regra clara:

Serem parecidos não significa que são iguais e fazem a mesma coisa, ou seja: não têm as mesmas funções e não realizam o mesmo trabalho.

Eis outra regra:

Um signo ou um símbolo tem sua função original, que é imutável, mas sua função realiza-se no campo de ação de quem riscá-lo ou usá-lo.

Cada Trono tem seu campo de atuação na criação e, para exercê-la, tem todas funções necessárias, senão o desequilíbrio se estabeleceria. Logo, todos os Tronos são equilibradores, ordenadores, geradores, etc.

Só que cada um deles exerce essas funções ao seu modo, ou seja, por meio de sua vibração própria, emitida por ele mentalmente o tempo todo.

Equilibrar, todos equilibram. Mas um equilibra a fé, outro equilibra o amor, outro equilibra a justiça, etc.

A fé é equilibrada pelo Trono da Fé; o amor é equilibrado pelo Trono do Amor; a justiça é equilibrada pelo Trono da Justiça, etc.

Então, cada um realiza sua função equilibradora por meio de uma onda vibratória específica e com abertura de grau ou com curvatura só sua e de mais ninguém.

Logo, existem tantas ondas vibratórias equilibradoras quantos são os Tronos. No entanto, nenhuma é exatamente igual às outras, ainda que possam ser semelhantes.

Como já afirmamos, ser semelhante ou parecido não é ser igual.

Regra geral:

Todos os Tronos têm todas as funções existentes na criação e as receberam de Deus, porque cada um as exerce em um campo ou faixa de atuação específico e só seu.

Todos os Tronos exercem suas funções por intermédio de ondas vibratórias que transportam energias fatorais, que realizam trabalhos específicos, assim que tocam ou alcançam seus objetivos.

Então é preciso comentar o Mistério "Tronos de Deus" mais amplamente para que, daí em diante, ao verem um signo ou símbolo, parecidos mas não iguais, também saibam que eles têm regências e funções diferentes.

A regência é exercida por um Trono de Deus.

As funções são os trabalhos a serem realizados pelas ondas vibratórias irradiadas por eles.

Comentaremos os Tronos de Deus!

Os Tronos de Deus

Deus é em si o todo!
Mas o todo é formado por muitas partes.
Cada parte é um aspecto da criação e Deus está em todas elas ao mesmo tempo porque é Onipresente. A onipresença de Deus é incontestada e todas as religiões organizadas a têm como dogma.

O Panteísmo tem sua origem nesse fato, verdadeiro, e fundamenta sua crença de que, se Deus é onipresente e está em tudo e em todos ao mesmo tempo, e porque Ele não tem uma forma mas está em todas ao mesmo tempo, então pode-se cultuá-Lo por meio daquela com que melhor se afinizar.

Isso é verdadeiro, ainda que nunca devamos nos esquecer de que uma parte não é o todo e sim só uma de suas partes.

Um "deus" do fogo não é Deus mas uma forma de cultuá-Lo por meio de uma de suas partes, que é o elemento Fogo.

Um "deus" da água não é Deus..., é uma de suas partes, que é o elemento Água.

Um "deus" da terra não é Deus..., é uma de suas partes, que é o elemento Terra.

Um "deus" do ar não é Deus..., é uma de suas partes, que é o elemento Ar.

Um "deus" dos minerais não é Deus..., é uma de suas partes, que é o elemento Mineral.

Um "deus" dos vegetais, não é Deus..., é uma de suas partes, que são os Vegetais.

Um "deus" dos cristais não é Deus..., mas é uma de suas partes que são os Cristais.

Um "deus" do tempo não é Deus..., é uma de suas partes, que é o Tempo.

Um "deus" dos animais; dos répteis; das aves; das montanhas; dos mares; dos rios; dos lagos; das cachoeiras; dos cemitérios; da chuva; dos ventos; do sol; dos raios; etc., etc. e etc., não são Deus e sim algumas de suas muitas partes.

Deus, nosso Divino Criador, é em si tudo e todos e está em tudo e todos assim como estão Nele.

Isso já não se discute mais nos dias atuais e todos concordam que Ele é o princípio de tudo, e todos provêm Dele.

Já não se questiona a Unidade e o Princípio, no entanto todos reconhecem que há uma miríade de seres divinos espalhados pela criação e que ou são os regentes de uma de suas partes ou são guardiões dos seus mistérios sagrados.

Ninguém duvida da existência dos Anjos, pois estão descritos na Bíblia, assim como os Tronos, os Arcanjos, os Serafins, etc.

Ninguém duvida da existência dos Devas porque estão descritos nos livros sagrados hinduístas.

Ninguém duvida da existência dos Orixás porque estão descritos nos livros sagrados e na tradição oral nigeriana.

E assim com todas as atuais religiões!

Mas muitos duvidam da existência das cosmogonias antigas, tais como a egípcia; grega; babilônica ou caldéia; nórdica; caucasiana; mongólica; romana; cartaginesa; havaiana; polinésia; indígenas americanas (índios americanos e canadenses, astecas, maias, incas, índios tupis-guaranis), africanas em geral (muitas), etc.

Algumas religiões atuais atribuem a si o domínio da verdade, e é pura perda de tempo argumentar que o tempo todo Deus tem amparado a todos por meio de suas muitas divindades, não importando para Ele como isso vem acontecendo no decorrer dos tempos e das muitas culturas e religiões já desaparecidas.

Muitos denominam as religiões e culturas antigas de atrasadas, arcaicas, pagãs, selvagens, primitivas, etc., e nomeiam-se evoluídos, salvos, eleitos, privilegiados, escolhidos, etc.

Tudo nesse campo, tão concreto e tão abstrato ao mesmo tempo, obedece aos que estão comandando a humanidade e não adianta discutir quem está certo ou errado, mas devemos discutir o que nos influencia realmente e quem conduz a nós e à nossa evolução a partir do lado invisível da criação e como podemos acessá-Lo e direcionar Seus poderes em nosso auxílio e benefício. Já comentamos os Tronos de Deus em vários dos nossos livros e os temos descrito como a classe de divindades sustentadoras da criação e da evolução dos seres.

Aqui, porque se trata de um livro que comenta e descreve a magia simbólica, nós os comentaremos a partir de suas funções originais na criação para que, após entendê-los, compreendam a magia riscada simbólica e sagrada.

Comecemos por assim descrevê-los:

Os Tronos são seres divinos assentados nos muitos níveis vibratórios da criação e têm como funções divinas dar sustentação aos meios e amparar os seres nos seus muitos estágios evolutivos.

Existem Tronos para todas as funções divinas sustentadoras dos meios e dos seres.

Logo, os Tronos exercem funções e os nomeamos por elas.

O homem que constrói casa é um construtor.

Só que, para construir uma casa seu construtor precisa ter uma equipe de profissionais especializados, tais como o pedreiro, o carpinteiro, o serralheiro, o eletricista, o encanador, o pintor, etc., e cada um deles tem seus auxiliares, especializados ou não.

Cada um desses profissionais contribui com sua parcela de trabalho para que uma casa esteja pronta para ser habitada.

Com os Tronos acontece a mesma coisa e o Trono Construtor dos meios destinados aos seres é uma emanação onisciente, onipotente e oniquerente de Deus.

Um Trono é um poder. Logo, Trono e poder são sinônimos.

O Trono Construtor é uma manifestação de Deus e o temos como o responsável pela construção dos meios nos quais os seres vivem e evoluem continuamente.

Portanto, para cada grau evolutivo vencido pelo ser, um novo e mais complexo tem de estar pronto para acolhê-lo, ampará-lo e estimular suas faculdades mentais, senão ele não teria para onde ir após chegar ao fim de um ciclo evolucionista.

O Trono construtor, por ser onisciente, sabe do que o ser precisa para continuar evoluindo.

Por ser onipotente e todo poder, constrói um novo meio para os seres continuarem evoluindo.

Por ser oniquerente, basta ele querer para que um novo meio surja no vazio infinito e comece a acolher seres prontos para habitá-lo e, nele, prosseguirem evoluindo.

Seu pensamento cria o meio. E, assim que o meio é criado, sua hierarquia (ou equipe construtora) entra em ação e um faz surgir o solo; outro faz surgir nascentes, rios, lagos e oceanos; outro faz surgir os vegetais; outro "decora" o novo meio, fazendo surgir montes ou montanhas; outro faz surgir vales ou ravinas, etc.

E cada um desses seus auxiliares tem sua equipe ou hierarquia para auxiliá-lo na construção da sua parte no novo meio.

Como estamos falando de seres divinos, tudo acontece como em um "passe de mágica", fazendo surgir do "nada" e ao seu tempo tudo de que um meio precisa para acolher e abrigar os seres. Esse "passe de mágica" pode durar muito tempo!

E, quando o meio está pronto, o Trono Construtor deixa um auxiliar direto, também chamado de Trono Construtor, tomando conta do novo meio, como o chefe de um condomínio!

Então começa a ocupação do novo meio e vários outros Tronos, também oniscientes, onipotentes e oniquerentes, entram em ação e enviam membros de suas hierarquias ao novo meio para zelarem, em todos os aspectos, pelos seres e suas novas evoluções.

Um cuidará das passagens de ligação do novo meio com os anteriores e com os que surgirem posteriormente. Este vem da hierarquia do Trono das passagens.

Outro cuidará do ir e vir (do trânsito) dos espíritos que o habitarão. Este vem da hierarquia do Trono dos Caminhos.

Outro cuidará do equilíbrio no relacionamento entre os seres. Este vem da hierarquia do Trono da Justiça.

Outro virá para cuidar do amparo religioso dos seres. Este vem da hierarquia do Trono da Fé.

Outro virá para pôr ordem e conter os impulsos dos mais exaltados. Este vem da hierarquia do Trono da Lei.

Outro virá para cuidar do bem-estar dos seres. Este vem da hierarquia do Trono da Vida.

Outro virá para cuidar dos enfermos. Este vem da hierarquia do Trono Medicinal.

E assim sucessivamente com todas as funções indispensáveis para que um novo meio abrigue os seres já aptos a ocupá-lo e nele prosseguirem em suas evoluções.

Se no novo meio houver animais, para cada espécie virá um Trono responsável por ela.

Sim, cada espécie tem sua divindade protetora!

Todas as espécies vegetais, ainda que englobadas pelo Trono dos Vegetais, têm suas divindades protetoras.

Assim, se há um Trono responsável pelos vegetais no seu todo, há um Trono responsável pelas raízes, outro pelos caules, outro pelas folhas, outro pelas flores, outro pelos frutos, outro pelas sementes e outros pela pigmentação ou cores dos vegetais.

Cada um desses (e mais outros, como a seiva, etc.) são auxiliares gerais e cuidam de suas partes em todas as espécies.

Ossaiyn, para que entendam o que estamos revelando, é o "dono" das folhas no Candomblé.

Há um "dono" das raízes, outro das flores, etc., só que seus nomes não nos foram revelados pela tradição oral e fazem parte dos orixás secretos, ocultos e irreveláveis. Na Umbanda, todas essas funções estão concentradas em Oxossi, o Orixá das matas. Aqui, são denominados Tronos e agora já sabem que há um Trono das raízes, há um Trono das flores, etc., com funções gerais, ou seja: um para todas as raízes e outro para todas as flores, assim como Ossaiyn o é para todas as folhas.

Ou não é verdade que na Umbanda há guias espirituais que manifestam mistérios com esses nomes simbólicos?

Sete folhas, folha verde, folha seca, cipó, galhada, sete-galhos, quebra-galhos, rompe-matas, mata-virgem, sete-raízes, arranca-tocos, quebra-tocos, toquinho, etc.

Um guia espiritual que atende pelo nome "Arranca-tocos" é uma entidade em si e atua em um dos campos vegetais.

Um guia espiritual que atende pelo nome "folha verde" também é uma entidade em si e atua em outro campo dos vegetais.

Os espíritos-guias Arranca-tocos atuam arrancando os tocos ou restos de árvores que se quebraram, que secaram, que morreram, que foram cortadas, que se tornaram infrutíferas, etc.

Arrancar é um verbo e é uma função, logo tem um Trono na criação que tem por função divina "arrancar" tudo o que se tornou improdutivo, estéril, infrutífero, etc.

Ele tem em sua hierarquia ou equipe de trabalho todos os auxiliares de que precisa para desempenhar a contento suas funções na criação.

Então ele tem auxiliares que arrancam tudo o que estiver em desacordo com os "meios da vida" e com a evolução natural e contínua dos seres. Arrancam de um meio até os seres que estão atrapalhando a evolução dos seus pares.

Arrancar é a função desse Trono Arrancador.

Arrancar é um verbo.

O verbo arrancar é uma ação.

Os Tronos são os agentes diretos de Deus.

O Trono Arrancador, em si, está diretamente ligado a Deus e é seu agente direto onisciente, onipotente e oniquerente quando se trata de arrancar algo ou alguém do meio em que se tornou um perturbador dos meios e da evolução dos seres.

Verbo é ação e função!

Um Trono é ação e função.

Um Trono é um agente direto de Deus e tem sua função na criação e sempre age de acordo com ela.

Um Trono tem sua hierarquia ou equipe de trabalho e esta é composta por seus auxiliares diretos, pois manifestam seus mistérios ou funções.

Como um Trono tem em si todas as funções inerentes ao seu campo de atuação na criação, então sua hierarquia é gigantesca e está espalhada por toda ela.

Logo, há seres manifestadores do Mistério Arrancador espalhados por todos os sete planos da vida e atuando em todos os reinos, domínios, dimensões e realidades paralelas, sempre exercendo suas funções de arrancarem tudo o que estiver em desequilíbrio ou desequilibrando os meios e a evolução dos seres no campo em que atuam.

Os caboclos Arranca-tocos atuam nos campos do Orixá Oxossi que, na Umbanda, equivale ao Trono dos Vegetais.

Só que, o infrutífero, o infértil, o estéril, etc., já não está mais no campo de atuação de Oxossi e sim, mesmo estando dentro das "matas", entraram no campo do Orixá Omulú, pois este tem como uma de suas funções divinas acolher em seu campo os seres e os meios que estão em desacordo com suas funções ou destinos originais.

Então você, que é umbandista, ao ouvir o nome Caboclo Arranca-tocos, tem de saber interpretá-lo.

E para isso deve conhecer o Trono Arrancador e também deve saber qual dos sete Tronos o rege e a qual dos sete sentidos ele é ligado.

Esse é um exercício de interpretação simbólica, sabem?

Quando uma pessoa está causando problemas, brigas ou confusões, a quem vocês chamam para prendê-lo e retirá-lo do vosso meio?

Não é o médico, o mecânico, o oficial de justiça, o professor, o... etc., não é mesmo? E sim chamam a polícia, o policial, o soldado, certo?

Logo, o policial serve à lei e, por analogia, um Caboclo Arranca-tocos atua sob a irradiação da Lei Maior, que é um dos sete sentidos da vida e regula-a tanto nos meios quanto nos seres.

Logo, interpretando corretamente o nome Arranca-tocos temos o seguinte:

Um Caboclo Arranca-tocos é um Caboclo de Ogum (lei) que atua na irradiação de Oxossi (matas) e age nos campos de Omulú (os "tocos" ou restos de árvores outrora produtivas).

Assim entendido o simbolismo, então temos o seguinte:

Há um Trono geral denominado Trono da Lei que tem em sua hierarquia (ou equipe de trabalhos) um Trono Arrancador, cujos auxiliares diretos são os Tronos Arranca-tocos, arranca-pedras, arranca-lagos, arranca-montanhas, arranca-galhos, arranca-folhas, arranca-...., etc.

O Trono da Lei, por ser Deus em ação ordenando Sua criação em todos seus múltiplos e complexos aspectos, tem uma hierarquia enorme a seu serviço atuando em todos os campos, em todos os meios da vida, sobre todos os seres e em todos os sete sentidos da vida.

O Trono da Lei tem sua irradiação geral, que é ordenadora da criação. Mas, para cada sentido, campo ou aspecto da criação essa sua irradiação original, que é reta ou em "raios retos" (formando ângulos de 180°), mas que, ao entrar em outros campos (de outros Tronos), se dobra e determina outros ângulos e constitui, para cada campo, novo trajeto, traçado, desenho ou forma.

Daí surgem novos "desenhos" ou formas, tais como:

Onda Ordenadora Original e "Eólica" ou da Lei

Onda Ordenadora do "Fogo"

SEU ÂNGULO: 15°   SEU SIGNO:

Onda Ordenadora da "Água" ou da Geração

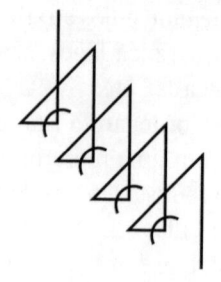

SEU ÂNGULO: 90°

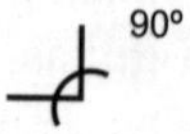

SEU SIGNO:

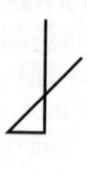

Onda Ordenadora dos "Vegetais" ou do Conhecimento

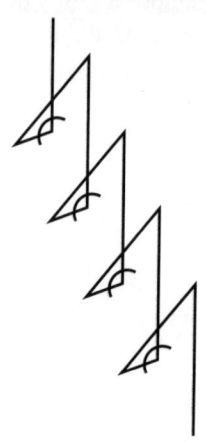

SEU ÂNGULO: 110°

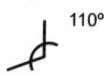

SEU SIGNO:

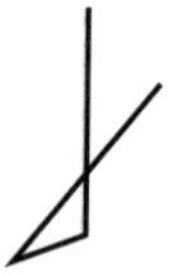

Onda Ordenadora dos "Cristais" ou da Fé

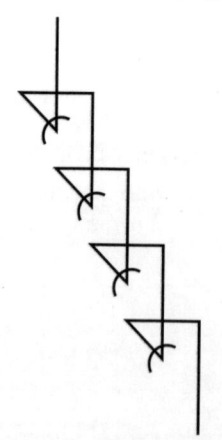

SEU ÂNGULO: 45°

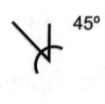

SEU SIGNO:

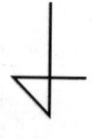

Onda Ordenadora dos "Minerais" ou do Amor

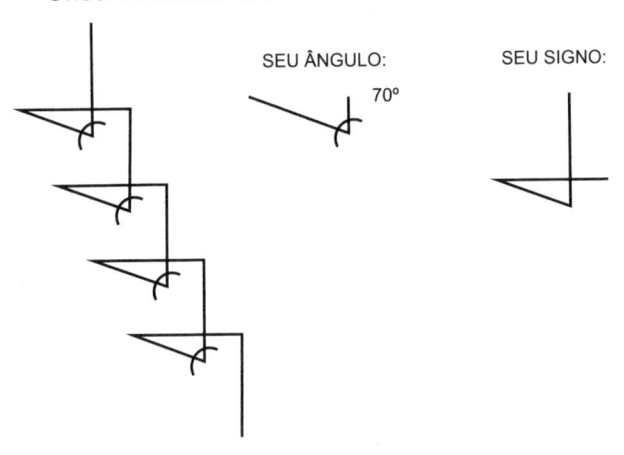

SEU ÂNGULO: 70°

SEU SIGNO:

Onda Ordenadora da "Terra" ou da Geração

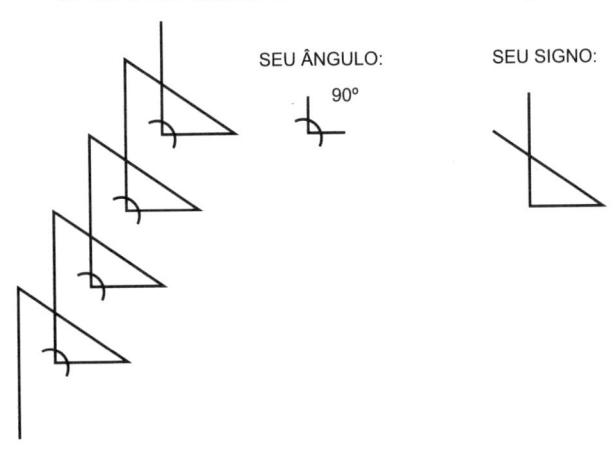

SEU ÂNGULO: 90°

SEU SIGNO:

Você já sabe como é a onda ordenadora original da lei e as dobras ou ângulos feitos ao entrar nos campos dos outros seis Tronos regentes dos outros seis sentidos da vida.

Mas, se temos essa angulação nos campos gerais quando ela entra neles para exercer sua função divina e ordenadora (e até aqui parece simples, não?), saibam que daí em diante começam a surgir dificuldades porque ela é captada por seres aplicadores da lei nos seus mais diversos aspectos e campos específicos de atuação mediante um mesmo elemento ou sentido.

Se há uma ordenação "aquática", comum a todos os líquidos, no entanto cada líquido tem sua "composição" e uns são mais densos do que outros.

Assim, a refração também é diferente.

Para resolver essa complexidade, a onda ordenadora do Trono da Lei entra no campo de irradiação da onda geracionista, funde-se a ela e, a partir daí, projeta-se para o campo interno em que deverá atuar, assumindo um terceiro modelo, forma ou desenho.

E o mesmo acontece quando ela entra nos outros elementos ou nos outros sentidos da vida.

Vamos ver como isso acontece com a onda ordenadora no elemento "água" e um dos seus desdobramentos, ou atuação, ou multiplicação, ou "fusão de funções"?

Onda Ordenadora Original da Lei   Ordenadora da Água

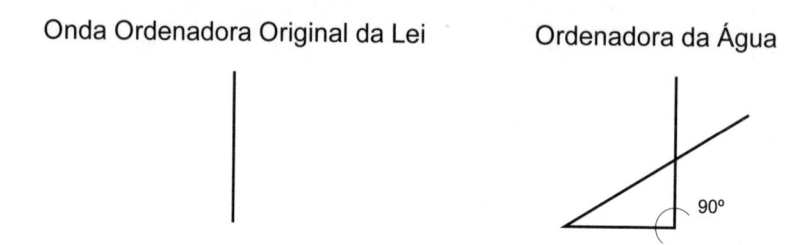

                                                                    90°

Onda Ordenadora Original da Lei atuando na
ordenação da reprodução humana regulando-a e
mantendo em equilíbrio a expansão de nossa espécie.

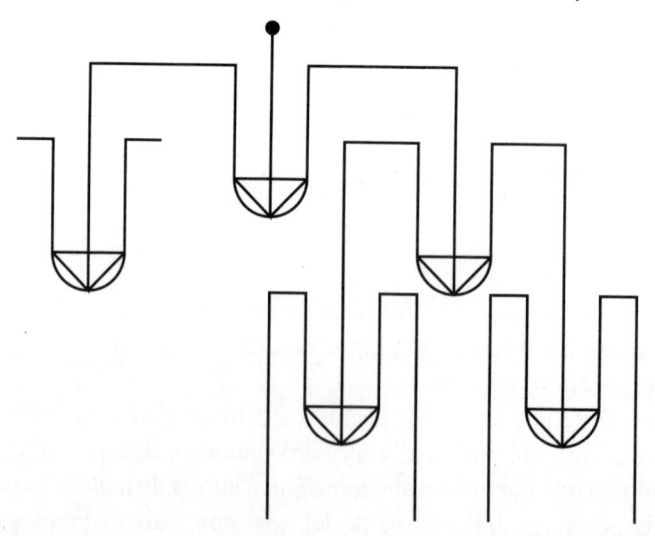

Essa onda tem por função regular a reprodução da espécie humana.

Cada onda vibratória tem sua forma de crescimento e tanto há uma original com sua função imutável quanto há ondas mistas com duplas funções, assim como há ondas complexas com múltiplas funções, impossíveis de serem desenhadas.

Até aqui vocês viram como é complexa a hierarquia dos Tronos, o simbolismo e as ondas vibratórias irradiadas por eles e que são um dos meios usados para manter os meios em equilíbrio e amparar a evolução dos seres.

Esperamos ter sido didáticos nessa descrição dos Tronos e que tenham entendido que existem tantos Tronos "puros" quanto forem as funções ou "verbos". Assim como existem os Tronos mistos ou com duas funções ao mesmo tempo, existem os complexos, com muitas funções realizadas simultaneamente.

Modelos de Ondas

Comentamos no capítulo anterior que os Tronos são uma classe de seres divinos que estão espalhados por toda a criação e que têm funções definidas, análogas às dos profissionais no plano da matéria.

Eles realizam suas funções na criação por meio de suas irradiações mentais, que são contínuas e naturais.

Portanto, sempre estão trabalhando porque tudo e todos alojados em seus campos de ação e atuação são influenciados pelas suas irradiações naturais.

Podemos compará-los ao Sol e suas funções preservadoras do nosso planeta Terra e das muitas formas de vida aqui existentes.

Os raios solares que chegam continuamente ao nosso planeta fazem um trabalho permanente de manutenção e de sustentação da vida aqui existente.

Os raios solares são feixes de ondas e cada uma tem seu comprimento e uma cor que a caracteriza e a distingue das demais, permitindo que sejam estudadas.

Em um raio vem um feixe de ondas e cada uma realiza um trabalho específico em nosso benefício e no do planeta.

Mas o Sol emite radiações que nos seriam prejudiciais se incidissem diretamente sobre nossa pele ou sobre os vegetais, os animais, os insetos, etc., essas radiações são feixes de micropartículas que não fazem um percurso reto como os raios solares e sim movimentam-se, aparentemente de forma desordenada, dificultando sua entrada através do cinturão protetor do planeta.

Esse cinturão é um campo protetor que tem por função repelir ou reter essas radiações que nos são prejudiciais, e só consegue fazê-lo porque as micropartículas nocivas são irradiadas por meio de feixes de ondas "sinuosas", denominadas por nós como ondas vibratórias curvas.

Curvadas, curveadas, curvilíneas, ondeantes, sinuosas, onduladas, espiraladas são alguns dos termos usados para designá-las.

Sintetizamos todas elas no termo "ondas curvas", para facilitar a abordagem de um assunto complexo.

Assim como sintetizamos as ondas vibratórias que formam ângulos como "ondas retas", certo?

Ondas curvas para as que não fazem um trajeto por meio de riscos retos; e ondas retas para as que, mesmo formando ângulos, sempre fluem em linha reta até multiplicar-se em novas ondas.

Justificação do Uso do Nome Ondas Retas

Na verdade, sempre que uma onda forma um ângulo, ela tem nele seu ponto de multiplicação.

Observem estas ondas "retas":

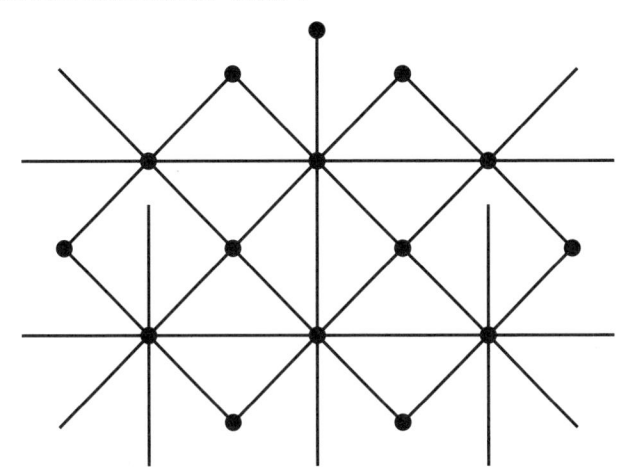

Cada ponto de multiplicação de uma onda é um pólo eletromagnético que multiplica a onda reta original e emite novos raios retos.

Há uma onda reta linear, que é a original. E há suas multiplicações, sempre iguais, que formam novas retas lineares, mas já em outras posições.

Aí está a justificação do nome ondas retas.

E o mesmo fenômeno ocorre às ondas vibratórias que, por serem curvadas, onduladas, ondeantes, etc, formam curvas, umas mais longas e mais abertas e outras mais curtas e mais fechadas.

Não queremos um livro técnico de Geometria, pois, estamos comentando da forma mais simples possível um mistério de Deus que, de tão complexo que é, no plano espiritual tem o grau de "ciência divina" e só é estudado por espíritos já com um grau evolutivo elevadíssimo.

Portanto, entendam que o uso dos termos "ondas retas" e "ondas curvas" só são recursos semânticos para tornarmos essa ciência melhor conhecida no plano material e para facilitar seu entendimento, colocando-o ao alcance de todos que apreciem a simbologia ou a utilizem em seus trabalhos mágicos.

No exemplo usado para justificarmos o uso dos termos "ondas retas" e ondas curvas, vocês viram que, ao desdobrarmos o crescimento de uma onda vibratória, foi surgindo uma tela formada por linhas retas que se cruzam.

O mesmo acontece com as "ondas curvas", que também formam telas belíssimas. Ok, certo.

As ondas retas criam entrecruzamentos e as ondas curvas, entrelaçamento nos pontos de interseção.

Exemplo:

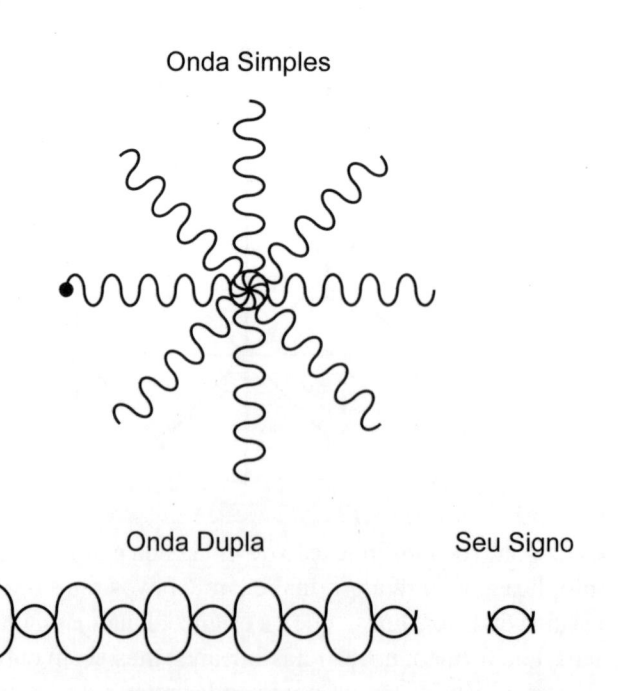

Onda Simples

Onda Dupla   **Seu Signo**

Esses modelos de ondas curvas sofrem variações, pois podem ser assim:

Seu Signo

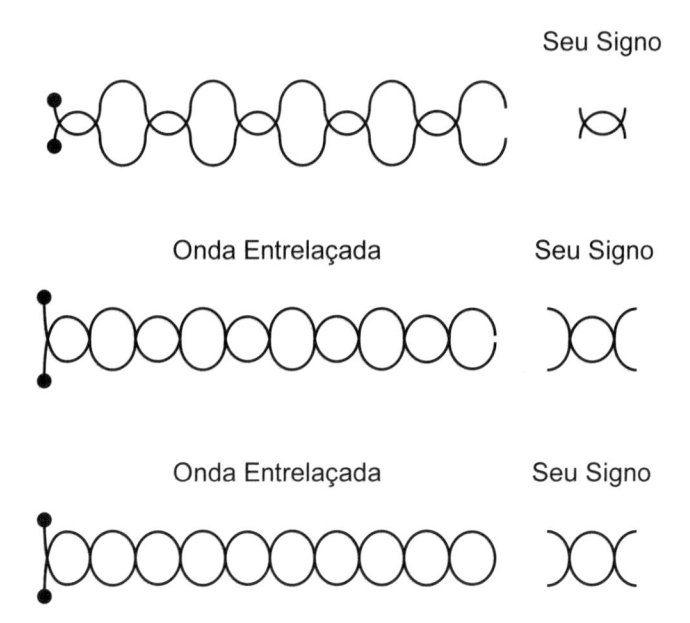

Onda Entrelaçada   Seu Signo

Onda Entrelaçada   Seu Signo

Elas possuem uma direção e têm seus pontos de interseção nos pólos multiplicadores ou entre si.

Mais adiante daremos muitos modelos de ondas vibratórias retas e curvas para que tenham uma idéia dos desenhos formados por elas e daremos alguns dos seus signos.

Ondas Retas e Ondas Curvas

As ondas, como já vimos, têm dois modelos.
Um modelo é o angular e o outro é o curvilíneo.
O angular é formado por linhas retas e o curvilíneo, por linhas onduladas.
Saibam que toda função divina é irradiada de duas formas, uma reta e outra ondulada.
As ondas retas ou anguladas são chamadas de "temporais".
As ondas curvas ou onduladas são chamadas de "atemporais".
Temporais e atemporais!
As ondas retas ou temporais nascem ou surgem no primeiro plano da vida e, a partir dele, avançam para os planos posteriores.
As ondas curvas ou atemporais nascem ou surgem em todos os planos da vida e, de onde nascem, projetam-se para todos os outros.
As ondas retas têm a função de dar estabilidade e continuidade a tudo e a todos.
As ondas curvas têm a função de dar movimento e mobilidade a tudo e a todos.
As ondas retas ou temporais seguem os planos da criação, seus ciclos e ritmos sustentando os meios e os seres em suas evoluções.
As ondas curvas ou atemporais, por não seguirem o mesmo padrão, tanto avançam de um plano para os posteriores quanto retrocedem para os anteriores.
Sintetizando, as ondas vibratórias retas ou temporais formam ângulos em suas trajetórias. E as ondas vibratórias ondeantes, curvadas, onduladas ou atemporais formam curvas em suas trajetórias.
Tão importante quanto seus modelos e as telas vibratórias que formam é a energia-fator que transportam e irradiam o tempo todo.

A onda vibratória transporta a energia-fator e esta realiza trabalhos específicos.

Agora, quem, além de Deus, gera essa energia-fator?

Seus Tronos.

Eles a geram continuamente e têm que irradiá-la, também continuamente, senão se sobrecarregam e entram em desequilíbrio gerador-irradiador, desequilibrando os meios e os seres sob suas irradiações.

Eles são assim e sempre serão, pois são suas irradiações energéticas fatorais que dão origem e sustentação aos reinos e domínios habitados pelos seres espirituais e por todas as outras formas de vida existentes.

Energia-fator

Como vimos até aqui, nos capítulos anteriores, os Tronos geram a energia-fator porque têm entre suas funções divinas a de gerar e sustentar os meios, e a de amparar e auxiliar os seres em suas evoluções.

Suas irradiações processam-se por meio das ondas vibratórias geradas pelos seus magnetismos mentais que transportam e irradiam, o tempo todo, energia fatorada que realiza trabalhos específicos.

Os fatores são as menores partículas já identificadas no plano espiritual e cada um realiza sua função-trabalho assim que toca em algo ou em alguém e é absorvido.

Como os fatores são funções divinas na criação e realizam ações, nós os associamos aos verbos, pois estes indicam ações específicas, tais como ordenar, crescer, multiplicar, estacionar, girar, mover, etc.

Sabemos que esta é mais uma forma de nomear, comentar e explicar coisas invisíveis aos nossos olhos humanos. Mas a Física e a Química também procedem desse modo com as partículas sub-atômicas, que são invisíveis.

Mas, se são invisíveis quando isolados, podemos ver os feixes de ondas que os transportam por meio da nossa visão espiritual.

Observando os feixes de ondas e vendo o que realizam quando os direcionamos para trabalhos específicos fomos descobrindo o que realizam. E porque suas ações sempre se repetem, realizando os mesmos trabalhos, foi possível classificá-los e nomeá-los usando os verbos.

Pouco a pouco foi surgindo todo um modo de entendermos Deus, associando-O às Suas funções em nossa vida.

Então vimos que Ele não descansou no "sétimo dia", mas Atua sobre tudo e todos o tempo todo por meio de seus fatores-energia viva e divina.

Os fatores-energia são tão surpreendentes que, caso lhes dermos ordens mentais, eles nos obedecem e realizam o que foi determinado, se nosso pedido for justo e estiver em acordo com suas funções na criação. Se ordenarmos a um fator específico que cresça até um tamanho que possa ser visualizado e desenhado, ele começa a crescer e a tornar-se visível à visão espiritual do seu observador.

Isso é algo que todo clarividente pode visualizar e desenhar, passando para o papel uma "estrutura fatoral".

Os espíritos ligados aos nossos estudos e pesquisas têm desenhos de milhares de estruturas-fatorais e os estudam a partir delas, descobrindo possibilidades infinitas em cada um deles, revelando-nos que uma função atua em tudo e em todos.

No peso, o grama é sua unidade básica.
Na medida, o centímetro é sua unidade básica.
Na biologia, a célula é sua unidade básica.
Na química, o átomo é sua unidade básica.
Na energia etérea, o fator é sua unidade básica.

As ciências terrenas foram estabelecendo suas unidades básicas, que daí em diante possibilitaram uma expansão e aprofundamento dos estudos e das pesquisas.

As ciências espirituais também estabeleceram suas unidades básicas.

Na energia, o fator é sua unidade básica e, diferente das unidades do plano material, ele é vivo e até obedece nossas determinações ou ordens mentais.

E tanto isso é verdade que poderá ser comprovado e confirmado por todo clarividente que quiser participar desse campo de estudos e pesquisas.

A seguir, verão alguns fatores a partir da visão de alguns médiuns clarividentes umbandistas que, instruídos por nós no mistério dos fatores, já vêm se servindo deles nos seus trabalhos de Magia Divina, beneficiando pessoas com os mais diversos problemas, tanto de ordem espiritual quanto material.

É claro que eles foram iniciados na Magia Divina e já conhecem a ação de muitos fatores quando ativados e colocados em ação para a realização de trabalhos específicos.

Visualizem agora alguns dos fatores desenhados por eles:

Energia-fator

1) Desenho de um fator em uma Tela Plana

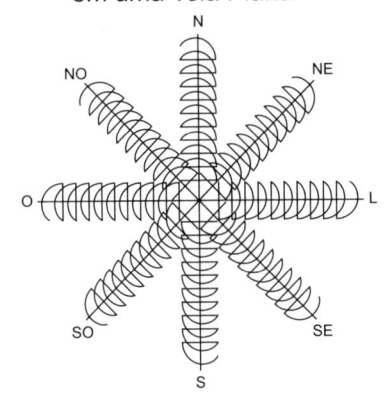

2) Desenho simplificado dele para uso magístico

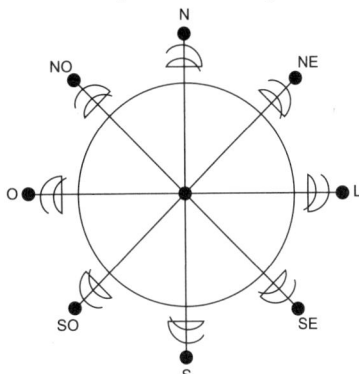

1) Desenho de um fator em uma Tela Plana

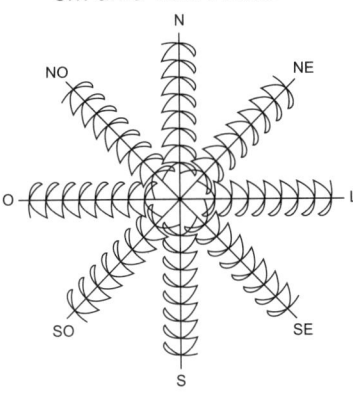

2) Desenho simplificado dele para uso magístico

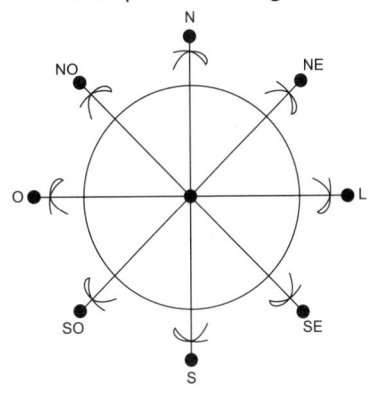

1) Desenho de um fator em uma Tela Plana

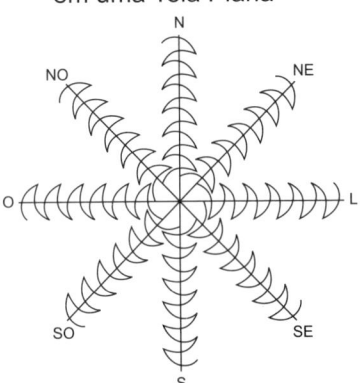

2) Desenho simplificado dele para uso magístico

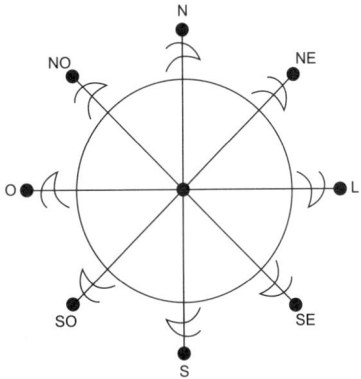

1) Desenho de um fator
em uma Tela Plana

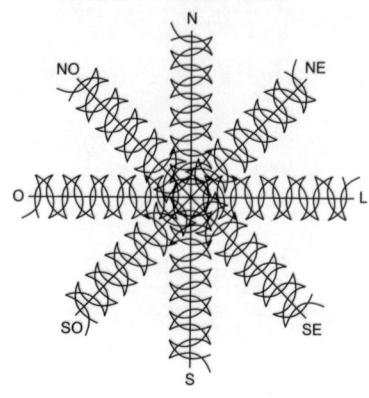

2) Desenho simplificado
dele para uso magístico

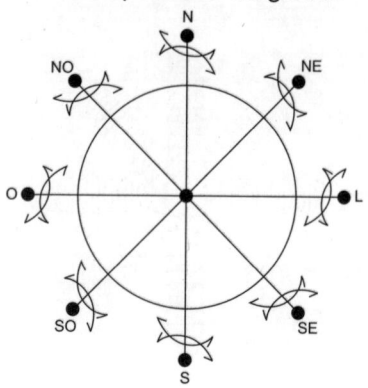

1) Desenho de um fator
em uma Tela Plana

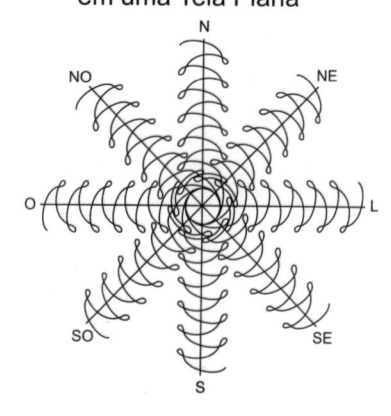

2) Desenho simplificado
dele para uso magístico

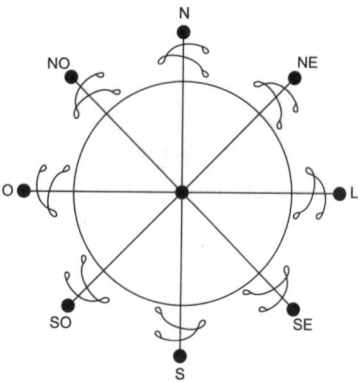

1) Desenho de um fator
em uma Tela Plana

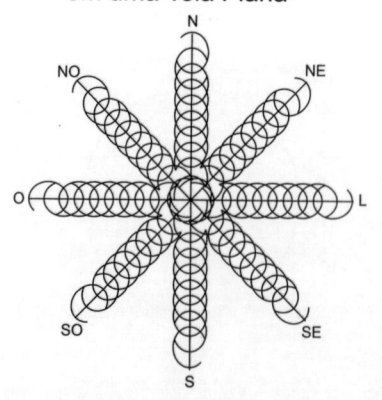

2) Desenho simplificado
dele para uso magístico

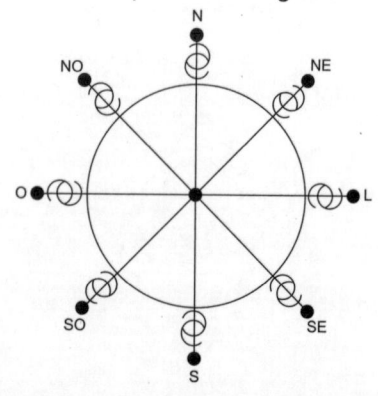

As Funções de um Fator e sua Forma

Amigos leitores, vocês já viram que um fator tem sua função e é uma forma ou estrutura energética que é, em si, um símbolo complexo.

As formas geométricas que vocês viram no capítulo anterior estão ampliadas porque, na verdade, são invisíveis nos seus estados naturais.

Apenas, por serem vivos e dotados de uma "inteligência", expandiram-se diante da visão dos clarividentes para que pudessem ser desenhados.

Pois bem, os fatores têm funções puras e só eles fazem o que fazem.

Um fator "multiplicador", só ele multiplica.

Um fator "divisor", só ele divide.

Um fator "adicionador", só ele adiciona.

Um fator "subtrator", só ele subtrai.

"Observem que recorremos às quatro operações básicas da aritmética para exemplificar ações fatorais."

Então, se só o fator multiplicador multiplica, no entanto, multiplicar é genérico e tanto pode multiplicar pães quanto peixes.

Só que pães não são peixes e vice-versa!

Portanto, para multiplicar pães ele, a partir de sua forma original, desenvolve de si mesmo nova forma para que só multiplique pães.

E, para multiplicar peixes, a partir de sua forma original, ele desenvolve de si mesmo uma nova forma para realizar essa ação multiplicadora.

Nesses dois exemplos, o fator é o mesmo, mas, como os propósitos (pães e peixes) são diferentes, sua estrutura original transmuta-se para duas novas formas geométricas que conservam algumas semelhanças com a forma original.

O homem, para multiplicar pães, precisa de farinha de trigo, fermento, sal ou açúcar, água, etc., e de um forno.

Para multiplicar peixes, o homem precisa de algumas matrizes, de um tanque ou lago, de alguns nutrientes específicos, etc.

Para cada ação também tem de haver uma pessoa especializada no seu campo de trabalho, senão serão postos a perder os pães e os peixes.

No caso do nosso fator em questão, ele tem sua especialização original, que é multiplicar. E ele traz em si uma capacidade intrínseca de transmutar-se para poder multiplicar-se segundo a ação ou o trabalho que tem de realizar.

Só há um fator multiplicador original e ele é capaz de multiplicar tudo, desde que entendam que, para ações diferentes, se mostrará com uma forma também diferente da que possui como fator multiplicador original.

Se ele multiplica tudo e cada coisa faz com que ele assuma uma forma específica, então o fator multiplicador possui tantas formas que é impossível quantificá-las.

Mas Deus, em Sua infinita sabedoria, pensou em tudo e, no caso do fator multiplicador, gerou de Si uma Divindade original geradora do fator multiplicador.

Essa Divindade de Deus é indissociada d'Ele e a classificamos como Sua qualidade ou Seu mistério multiplicador.

A essa qualidade ou mistério multiplicador de Deus damos o nome de Trono Multiplicador.

O fator multiplicador está na base da criação e está em todos os lugares, não existindo um milionésimo quadrado de centímetro que não tenha milhões de fatores multiplicadores em sua área.

Lembrem-se de que um milionésimo quadrado de centímetro ainda é uma área "mensurável", enquanto um fator é imensurável porque é a menor partícula da criação e tudo começa a existir a partir dele.

Há uma base "fechada" de fatores multiplicadores que estão em todos os lugares e na origem de tudo e de todos, dando-lhes as condições necessárias para que possam multiplicar-se ou serem multiplicadores.

Eis aí uma explicação simplificada da qualidade multiplicadora de Deus.

Deus multiplica-se no seu Trono Multiplicador, individualiza-Se nessa Sua qualidade multiplicadora e gera de Si uma de Suas divindades: o Trono Multiplicador!

O Trono Original Multiplicador é Deus em Si como qualidade original multiplicadora e é um poder manifestado e assentado na base de Sua Criação (tudo e todos).

O Trono Multiplicador é Deus manifestado, está na base da criação e está em tudo e em todos.

Portanto, o Trono Multiplicador é uma Divindade de Deus e é, em si, essa qualidade multiplicadora d'Ele!

Esse Trono não é um ser em si mas um poder: o poder multiplicador.

Logo, é em si uma divindade-mistério de Deus, pois tem na criação a função de gerar de si o tempo todo e por toda a eternidade essa sua qualidade-função, que é o fator multiplicador.

O Trono multiplicador é Deus em ação, multiplicando continuamente tudo e todos.

Logo, ele é uma ação; é um fator divino; é um Verbo Divino.

O Trono Multiplicador é em si um mistério divino e é o Verbo de Deus realizando sua função na criação: multiplicar!

A partir dessa explicação, a "Palavra de Deus" assume uma fundamentação divina, deixa de ser um recurso semântico de proselitistas religiosos e torna-se um "Verbo Criador".

O que não está escrito no Livro Sagrado está "inscrito" em tudo e em todos, pois trazemos essa qualidade ou fator multiplicador em nós e somos capazes de nos multiplicarmos nos nossos descendentes.

Uma planta também traz em si esse fator.

Uma rocha também traz em si esse fator, pois a partir de uma "célula", é possível multiplicá-la. Que digam como é os fabricantes de pedras preciosas artificiais!

Logo, um Trono de Deus é um poder assentado na base da criação, está em todos os lugares, em tudo e em todos.

Só é Divindade de Deus quem preenche esses requisitos básicos, pois geram de si e são os geradores do "fator-energia" que os distinguem como tal: uma Divindade!

E, muito importante!, realiza sua função o tempo todo e está em tudo e em todos.

Só assim "alguém" pode ser classificado como "Divindade de Deus".

O Trono Multiplicador é a Divindade de Deus, multiplicador de tudo e de todos porque é em si a base multiplicadora da criação.

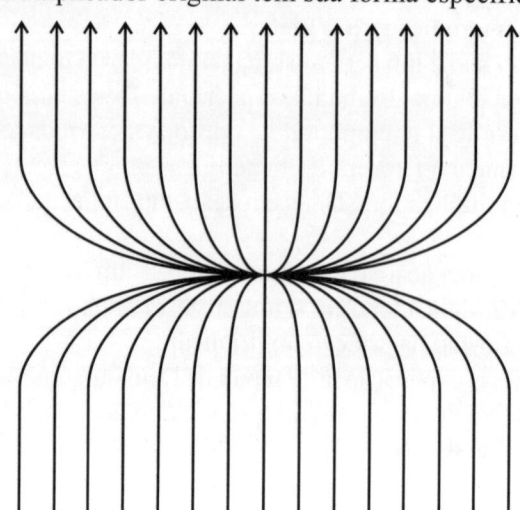

O fator multiplicador original tem sua forma específica, que é esta:

Agora, se essa é a forma original do fator multiplicador, no entanto, para multiplicar os pães (o trigo), ele assume uma nova estrutura e ela é parecidíssima com uma espiga de grãos de trigo.

Para multiplicar os peixes, assume uma forma parecida com uma espinha de peixe.

Reparem como há uma semelhança entre uma espiga de grãos de trigo e uma espinha de peixe.

Esse fator-energia "assume" uma forma diferente em cada "coisa" que multiplica.

No corpo humano, ele pode ser visualizado em nossas costelas. Talvez seja por isso que os autores da Bíblia escreveram que Deus criou a mulher a partir de uma "costela" do homem.

Poderemos visualizar sua presença em muitas coisas, mesmo que não em todas porque nem sempre estão visíveis aos nossos olhos humanos.

Mas que o fator multiplicador está em tudo e em todos, disso não tenham dúvida.

O Deus grego Netuno é uma personificação ou "humanização" dessa divindade-mistério de Deus.

Seu símbolo sagrado (um tridente) é parte do fator multiplicador, e não um símbolo "infernal" como o descreveram os cristãos de então que, não satisfeitos com a tomada do poder religioso, ainda demonizaram os ícones religiosos dos povos que conquistaram à custa de armas ou de uma suposta posse da "palavra" de Deus.

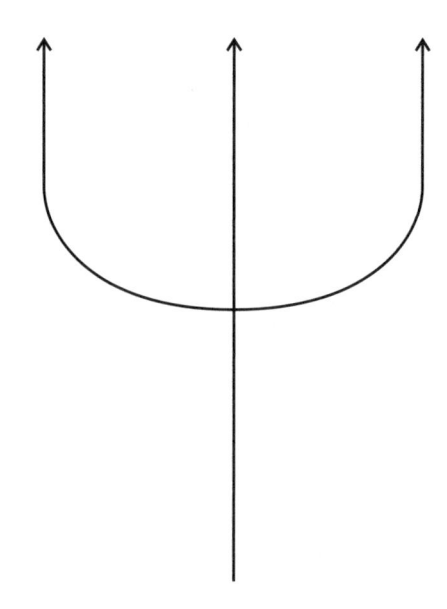

A bem da verdade, muitos ainda desconhecem o real significado do "Verbo Divino" ou da "Palavra de Deus" (os verbos realizadores de ações).

Até na Umbanda a ignorância sobre os símbolos de poder tem se mostrado, pois os Exus e as pombagiras portadores de "tridentes" são associados por alguns ao mal ou são vistos como espíritos malignos.

Na verdade, são seres semelhantes a nós que os manifestam naturalmente ou foram iniciados em mistérios ou têm por função punir quem atentar contra a multiplicação natural das coisas.

À "direita" estão os espíritos sustentadores da multiplicação natural das coisas.

À "esquerda" estão os espíritos punidores de quem atentar contra a multiplicação natural das coisas.

Agora, para proteção da sociedade é normal um judiciário e uma polícia bem aparelhadas e bem armadas para punirem os assassinos, os ladrões, etc., aqui no plano material.

Mas, no plano astral, o dos espíritos, quem irá puni-los, pois, tal como aqui, eles existem lá também?

Só que, aqui, está tudo bem!

Mas lá, que droga! Há o "diabo" para nos punir com seu perigoso tridente supressor da nossa horrível capacidade de multiplicarmos o mal e os maus, não é mesmo?

Saibam que a forma original do fator multiplicador nos mostra linhas ascendentes e descendentes.

As linhas ascendentes apontam para o alto, para a luz, para a vida, amparando sua multiplicação.

As linhas descendentes apontam para baixo, para as trevas, para a morte, suprimindo-as, recolhendo-as e punindo todos os que atentaram contra a vida.

O alto e o embaixo, trazidos para o meio, ficam à direita e à esquerda.

Portanto, quando um espírito da esquerda iniciado no mistério multiplicador estiver segurando sua "arma simbólica" (de símbolo ou fator) com a mão direita, estará sustentando a multiplicação do bem no seu campo de ação e atuação.

E, quando estiver segurando-a com a mão esquerda, estará punindo quem atentar contra a multiplicação natural das coisas.

Tudo é muito simples quando se conhece a simbologia e a função de um fator na criação.

Estavam certos os gregos antigos quando iam à beira-mar para oferendarem o deus dos mares, Poseidon, com seu tridente.

Estavam e estão errados os seguidores da cultura religiosa judaico-cristã que atribuíram e ainda atribuem ao "tridente" uma função maligna.

Só deve temer sua ação punidora quem atenta contra a multiplicação natural das coisas.

É bom mesmo que temam, pois não atentam contra o crescimento natural das outras religiões?

Não ofendem os seguidores das outras religiões?

Não imputam aos "outros" a maldade que trazem no íntimo?

Tridentes supressores para retirarem deles suas capacidades negativas de atribuírem aos outros o desequilíbrio que trazem em si, ora!

Exu manipula muito bem seu tridente, tanto para nos amparar quanto para nos punir. Afinal, foi para exercer essa função, entre tantas outras, que Deus o criou como é.

Os fatores que escreveram sobre os símbolos jamais souberam que o fator multiplicador tem essa forma original e que assume outras parecidas quando está multiplicando as coisas criadas por Deus.

O fator original multiplicador, em sua forma mostrada aqui, tem por função multiplicar tudo e todos. Mas, ao multiplicar os pães fica parecido com uma espiga de trigo e ao multiplicar os peixes fica parecido a uma espinha.

Mas, e ao multiplicar o amor?

Como é sua forma?

É esta:

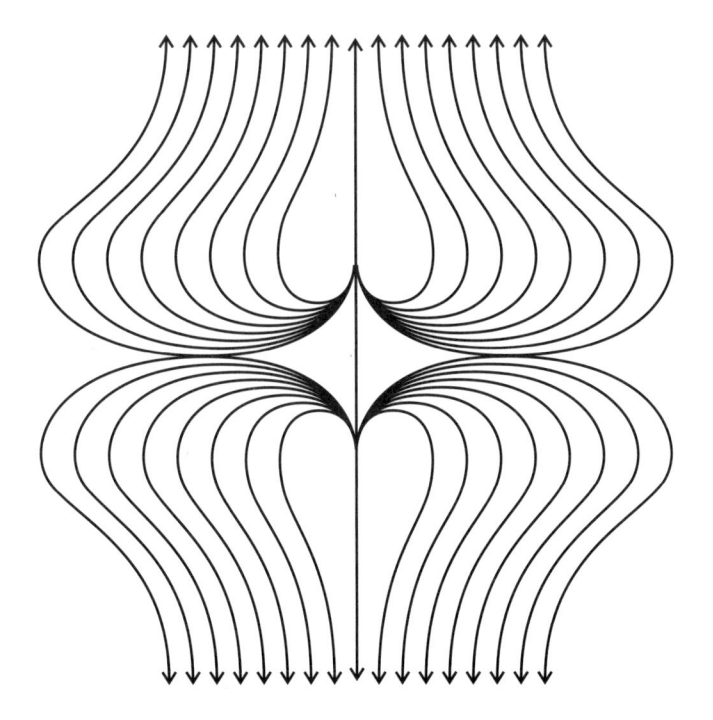

Seus Signos:

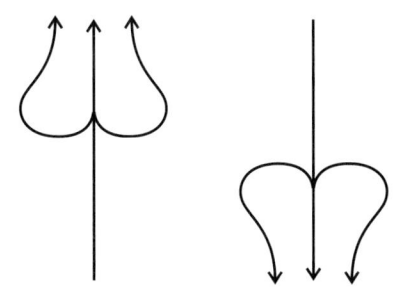

Que são diferentes dos signos multiplicadores originais, que são estes:

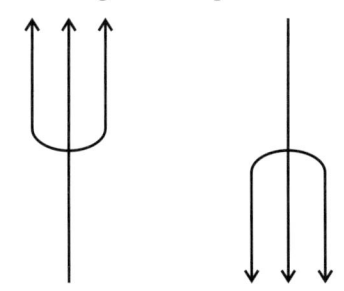

Signo Multiplicador Geral ou Original

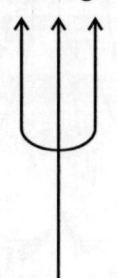

Signo Anulador das Multiplicações Nocivas à Criação

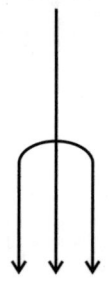

Signo Multiplicador do Amor (da Gestação Natural)

Signo Anulador das Multiplicações Nocivas ao Amor (à Gestação Natural)

Teologicamente e simbolicamente estão justificados a existência e o uso do famoso e temido "tridente", tanto por Exu quanto por outros seres!

Mas, se espíritos os usam em suas ações, como isso se justifica?

Bem, no próximo capítulo justificaremos isso também.

Divindades de Deus, Seres Divinos, Seres Naturais e Seres Espirituais

No capítulo anterior comentamos o que classificamos como uma divindade de Deus, seu fator, sua forma, seu símbolo de poder, sua forma original e geral e sua forma quando atuando como fator multiplicador do amor.

Justificamos por que o Trono Multiplicador é uma Divindade de Deus e comentamos que o temido (por quem?) deus dos mares, Poseidon, é uma "personificação ou humanização" sua para que possa ser cultuado religiosamente como um multiplicador da vida.

Oferendavam-no para que tivessem uma boa viagem ou uma farta pesca, etc.

Logo, pediam amparo para terem sucesso em suas ações sustentadoras da vida, não?

Mas seu símbolo de poder (o tridente) não foi exclusividade dos gregos antigos porque o vemos em quase todas as religiões mais antigas e em algumas das novas. Até onde conseguimos pesquisar, não encontramos comentários sobre o poder multiplicador desse símbolo e sim vimos sua ostentação dissociada de suas funções e sua associação a algo temível.

Mas isso se deve à ação dos seres responsáveis pela sustentação da multiplicação das espécies e pela punição dos que atentam contra a vida.

Foi a partir do uso para punir os responsáveis por crimes terríveis que o tridente se tornou temido e associado a seres implacáveis no exercício de suas funções mantenedoras da vida e punidoras dos que atentam contra ela.

Para que entendam os símbolos sagrados e as ações dos seus usuários é preciso nos alongarmos em nossos comentários e adentrarmos na genealogia divina e na espiritual.

Começaremos dizendo o seguinte:

A. • Deus é em Si o gerador de tudo e de todos.

• Ele gera em Si seus mistérios e os manifesta a partir de Si, criando as bases do mundo exterior ou manifestado (seu lado visível).

• Seu lado invisível (aos nossos olhos) é Ele em Si.

• Seu lado visível é Sua manifestação.

• Tudo provém do lado invisível e tudo só se mostra no lado visível.

B. • Deus, ao manifestar um mistério, torna-o uma de Suas funções originais mantenedoras da criação.

• Cada função se torna uma base e as identificamos pelo seu nome.

• Esses nomes são verbos, que são sinônimos de ações.

• Cada ação original, por ser uma base sustentadora da criação, tem uma regência divina estável e permanente; imutável e eterna; onipotente, onisciente, oniquerente e onipresente dentro dela, pois essa base é Deus manifestado Criando as condições necessárias para que a vida floresça e flua em todo seu esplendor no seu lado visível.

• Essas manifestações ou bases são regidas por mentais divinos ligados diretamente a Ele e são Seus mistérios.

• A esses mistérios damos o nome de Tronos, pois Trono é o poder manifestado e assentado em uma faixa vibratória específica.

• Os Tronos são os regentes dos mistérios originais de Deus.

• Todo mistério original tem seu Trono regente. Logo, há tantos Tronos quantos são os mistérios originais.

• Cada Trono Original, por ser um mental divino e por ser uma base sustentadora do lado visível da criação, também tem o "tamanho" da criação e, por meio de suas vibrações mentais, interage com tudo e com todos ao mesmo tempo.

• Cada Trono tem sua faixa de atuação e atua mediante suas ondas vibratórias mentais, estando ligado a tudo e a todos o tempo todo.

• Cada uma dessas bases é em si uma dimensão ou realidade de Deus.

- Deus tem em cada uma dessas Suas bases, dimensões ou realidades um berçário original do qual Se serve para acomodar seres originais, ainda inconscientes sobre si, mas já individualizados, aos quais denominamos como consciências em evolução.
- Esses berçários são como úteros e são chamados de Matrizes Geradoras ou Mães da Vida.
- Continuamente, Deus envia para dentro dessas matrizes geradoras fluxos de consciências adormecidas que permanecem dentro delas por determinado período, em um processo de maturação.
- Quando um fluxo divino maturou, sua Matriz gestadora abre-se como uma vulva e começa a contrair-se e a expelir pequenos "ovos" formados por uma energia gelatinosa.
- Dentro desses ovos estão as consciências adormecidas que pouco a pouco vão se expandindo e tornando-se semitransparentes e luminosas.
- Se alguém quiser saber como é o início da vida no lado visível e espiritual da criação, aí tem uma descrição sintetizada.
- E, como o ser original foi gestado e maturado dentro da Matriz Gestadora de uma realidade, que é um mistério de Deus em si, então esse ser original também foi imantado pelo mistério que o acolheu e, no futuro, quando alcançar uma conscientização plena sobre si, manifestará como um dom pessoal alguma das qualidades ou funções do seu mistério gestador, amparador e sustentador "por dentro" de sua evolução, pois jamais o ser em questão deixará de receber essa influência.
- Logo, como tudo e todos ainda em estado original, estão dentro de uma realidade que é em si uma base da criação e foram gestados nela, então tudo e todos, cada coisa e cada ser, estão ligado a um Trono Original.
- Como um Trono tem sua função original, no caso a de multiplicar, todos os seres originais gestados na sua matriz terão essa função (a de multiplicar). Mas multiplicar o quê?
- Aí entra a diversidade, pois uma função original (multiplicadora) tem de multiplicar tudo e todos.
- Logo uns desses seres originais multiplicadores terão como dom ou mistério original o de multiplicar o amor, outros multiplicarão a fé, outros multiplicarão o conhecimento, etc.

- As radiações mentais desses seres sairão em ondas análogas às do seu Trono gestador mais a de sua função.
- No nosso exemplo, as radiações mentais dos seres multiplicadores do amor serão iguais às do símbolo multiplicador do amor que mostramos graficamente no capítulo anterior.
- Será essa radiação mental que, no futuro, qualificará um ser multiplicador porque seu símbolo mental é imutável e eterno, é vivo e está ligado verticalmente ao seu Trono sustentador e amparador, assim como estará ligado à sua matriz gestadora.
- E, mesmo que, em sua evolução o ser venha a receber novas influências de outros mistérios, estes não alterarão o símbolo original mas acrescentarão a ele novas funções, abrindo novos campos de atuação para que possa evoluir continuamente.
- Com a evolução e a abertura da consciência, o ser outrora original vai assumindo uma "feição" ou individualização própria, mas sempre conservará em seu íntimo sua originalidade ou origem e nunca deixará de ser um multiplicador, onde quer que venha a estar.

C.
- As Matrizes Gestadoras de seres espirituais, já descrevemos. Agora, há as matrizes gestadoras de seres de natureza divina que, ao contrário dos seres espirituais, não são enviados em fluxos para dentro delas por Deus e sim são gerados por Ele e em Si dentro delas e são expelidos aos pares (macho e fêmea) assim que todo um fluxo é maturado e expelido.
- Esses pares de seres divinos saem como dois jatos de energia que vão se plasmando em suas formas divinas. E, em poucos segundos, já estão completos, trazem em si a onisciência, a onipotência, a oniquerência e a onipresença, mas sua ação será limitada a todos os seres-consciências adormecidas, pelos quais zelarão daí em diante porque serão a presença viva de Deus em suas vidas.
- Esses pares de seres divinos guardam uma correspondência direta e divina com Deus, com Suas bases sustentadoras e com Suas matrizes geradoras.
- Eles são indissociados de Deus, das Suas bases e das Suas matrizes.
- Eles são, em si, Deus manifestado por individualização.

- Deus não é macho ou fêmea. Ele é ambos em Si mesmo.
- Já os seres divinos são Deus manifestado em formas masculina e feminina.
- Nesse ponto entra a ação do Fator Divisor, pois sua função, mesmo em Deus, é dividir as coisas segundo suas naturezas e funções na criação, nos meios e na vida dos seres.
- Nas bases ou realidades originais surgem os seres divinos, que são os responsáveis diretos pelo amparo "exterior" dos seres.
- A sustentação e o amparo interior do ser é dado por Deus, seu Trono original e pela sua Matriz Gestadora.
- A sustentação e o amparo exterior é dado por esse par de seres divinos.
- Como um fluxo de seres-consciências é formado por bilhões de seres, nós os denominamos de "ondas vivas".
- Cada espécie de seres se multiplica por ondas vivas e em números astronômicos, pois são bilhões (ou mais) de cada vez.
- E, dentro de um único fluxo, vêm consciências-seres com funções individuais ou pessoais.
- Não sabemos ao certo quantas funções Deus exerce ao mesmo tempo. Apenas sabemos que Ele exerce todas.
- Logo, em um único fluxo vêm individualizadas todas elas. Cada uma em um ser, membro de uma única onda viva.
- E, mesmo que todos tenham o mesmo símbolo original dentro do seu mental, ainda assim haverá um detalhe que distinguirá um de todos seus outros irmãos de onda viva.
- Um símbolo é um código e, porque há um original e divino, ele estará nos seres espirituais com alguma nuança que distinguirá um dos demais.
- A esse símbolo damos o nome de Código Genético Divino (CGD), pois é formado por uma cadeia de fatores divinos, tal como acontece com o código genético ou genoma humano, do qual não há dois iguais.
- Os geneticistas desenharam o genoma humano com duas fitas helicoidais ligadas entre si em pontos específicos.
- O genoma divino de uma mesma espécie de seres é o mesmo para todos, mas a distribuição dos fatores obedece à individualização do ser, tal como fazem os genes no genoma humano.

- Denominamos os códigos divinos de símbolos sagrados e, se em um ser torna-o multiplicador, quando esse símbolo for riscado e ativado magisticamente, então terá a função de multiplicar.
- Mas multiplicar o quê?
- Aí se inicia a escrita mágica divina ou simbólica, assunto do próximo capítulo!

Escrita Mágica Divina

Como já comentamos, os símbolos são códigos genéticos divinos e formados por fatores de Deus.

Só que nós só podemos desenhar um símbolo sagrado em uma tela plana tridimensional. Mas eles se mostram no astral como uma forma completa em si mesmo e não uma figura "chapada". Ele é multidimensional.

Na verdade, de qualquer posição que olhemos para eles, vemos a mesma forma.

É como se, a cada grau que nos deslocamos à sua volta, víssemos a mesma coisa.

O importante é que saibam que todo símbolo surge de uma onda vibratória e que ela é sua alimentadora. E que, do símbolo, saem novas ondas iguais, mas seguindo em novas direções, e que cada uma delas irá multiplicar-se, formando uma cadeia infinita.

Essas cadeias ou telas universais já existem e realizam continuamente suas funções na criação.

Para entendermos a base da "escrita mágica sagrada" temos de isolar de uma cadeia ou tela vibratória um pedaço da sua onda formadora e, a partir dela, retirar seus signos, pois um mesmo, mas em posição diferente, estará realizando sua função original em outro campo.

Um mesmo signo, mas em posição diferente, realiza um trabalho diferente. Essas "nuanças" dentro da escrita mágica são importantíssimas e não observá-las implica em generalizar o que é específico.

Temos primeiro que saber a função original de um fator e a posição em que ele a realiza, para só então estudar todos os outros trabalhos que essa função realiza.

Tomemos como exemplo o fator procriador, cuja função na criação é procriar.

A função de criar ou criadora, é exclusiva de Deus.

Ele manifestou a função de procriar por meio do seu Trono Procriador, que é em si esse Seu poder divino exteriorizado na criação e que tem por função dar sustentação à procriação, em seu sentido amplo, geral e irrestrito, pois todas as espécies criadas por Deus "procriam-se".

Então há um poder procriador manifestado e que tem por função regular as procriações, estabelecidas para cada espécie, sua forma e o tempo necessário para procriar.

Um grão de feijão, após ser semeado no solo fértil levará, sempre, um mesmo período de tempo para se multiplicar em novos grãos de feijão.

Um grão de milho tem seu tempo.

Um grão de arroz tem seu tempo.

E assim sucessivamente com todos os grãos.

O mesmo acontece com os mamíferos, com os répteis, com os insetos, etc. A função do Trono da Procriação é controlar o tempo de procriação de cada espécie criada por Deus.

Esse Trono realiza sua função reguladora das procriações por meio de uma onda vibratória original, que transporta e irradia o fator procriador.

Se a função dessa onda e do fator procriador é dar às espécies a capacidade de procriarem, no entanto, para cada uma ela assume uma forma específica e só dela, ainda que guarde uma semelhança com a original. O fator procriador é sempre o mesmo, mas, dependendo da posição e do modelo das ondas vibratórias que o transportam, o tempo de procriação é estabelecido e permanece inalterado.

Como cada espécie tem seu tempo para procriar e é algo ou uma forma de vida em si, então o fator procriador original fez surgir telas vibratórias universais sustentadoras de cada uma delas, todas ligadas à tela original ou "tela vibratória mãe".

A quantidade de telas vibratórias universais procriadoras é tão grande que é impossível quantificá-las com precisão porque nós não sabemos quantas espécies existem na criação de Deus.

Mas, para facilitar um pouco a ordenação desse mistério, chegamos a alguns modelos padrões por intermédio dos elementos formadores dos meios em que os seres vivem e evoluem.

Fogo, Água, Terra e Ar são elementos básicos e foi possível isolar suas telas vibratórias.

Então, primeiro mostraremos uma parte da tela vibratória procriacionista original:

Onda Vibratória, Tela, Símbolos e Signos Originais Procriacionistas

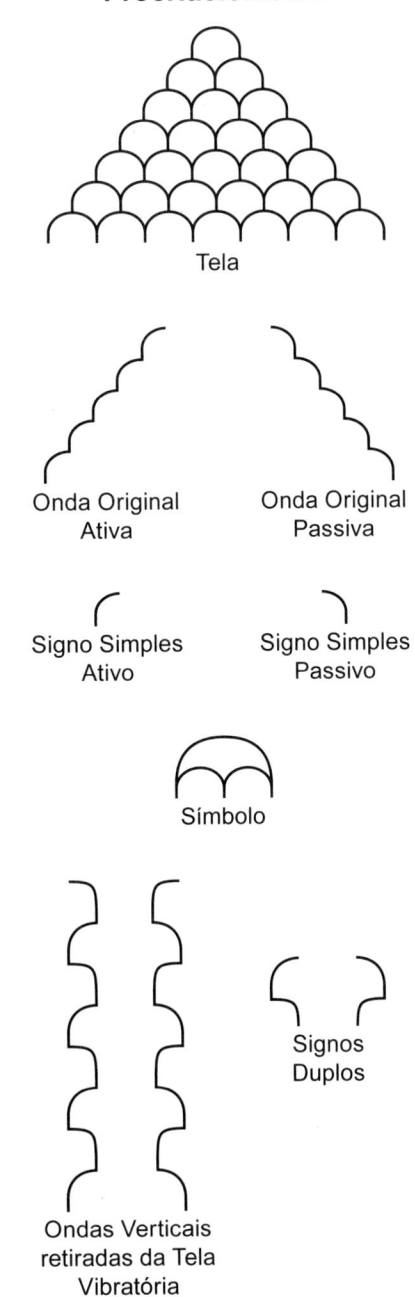

Tela

Onda Original Ativa

Onda Original Passiva

Signo Simples Ativo

Signo Simples Passivo

Símbolo

Signos Duplos

Ondas Verticais retiradas da Tela Vibratória

Ondas Vibratórias Procriacionais Ígneas Simples em Posições Oblíquas

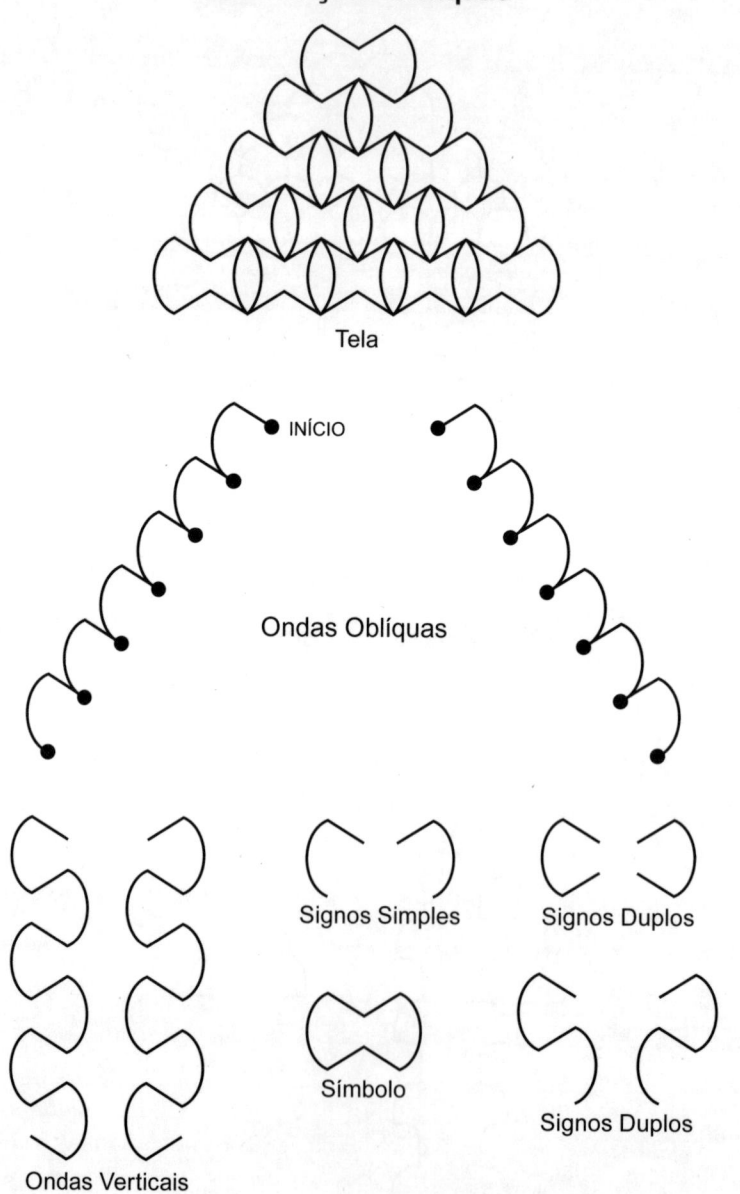

Tela

INÍCIO

Ondas Oblíquas

Signos Simples

Signos Duplos

Símbolo

Signos Duplos

Ondas Verticais

Tela Vibratória Procriacionista Aquática

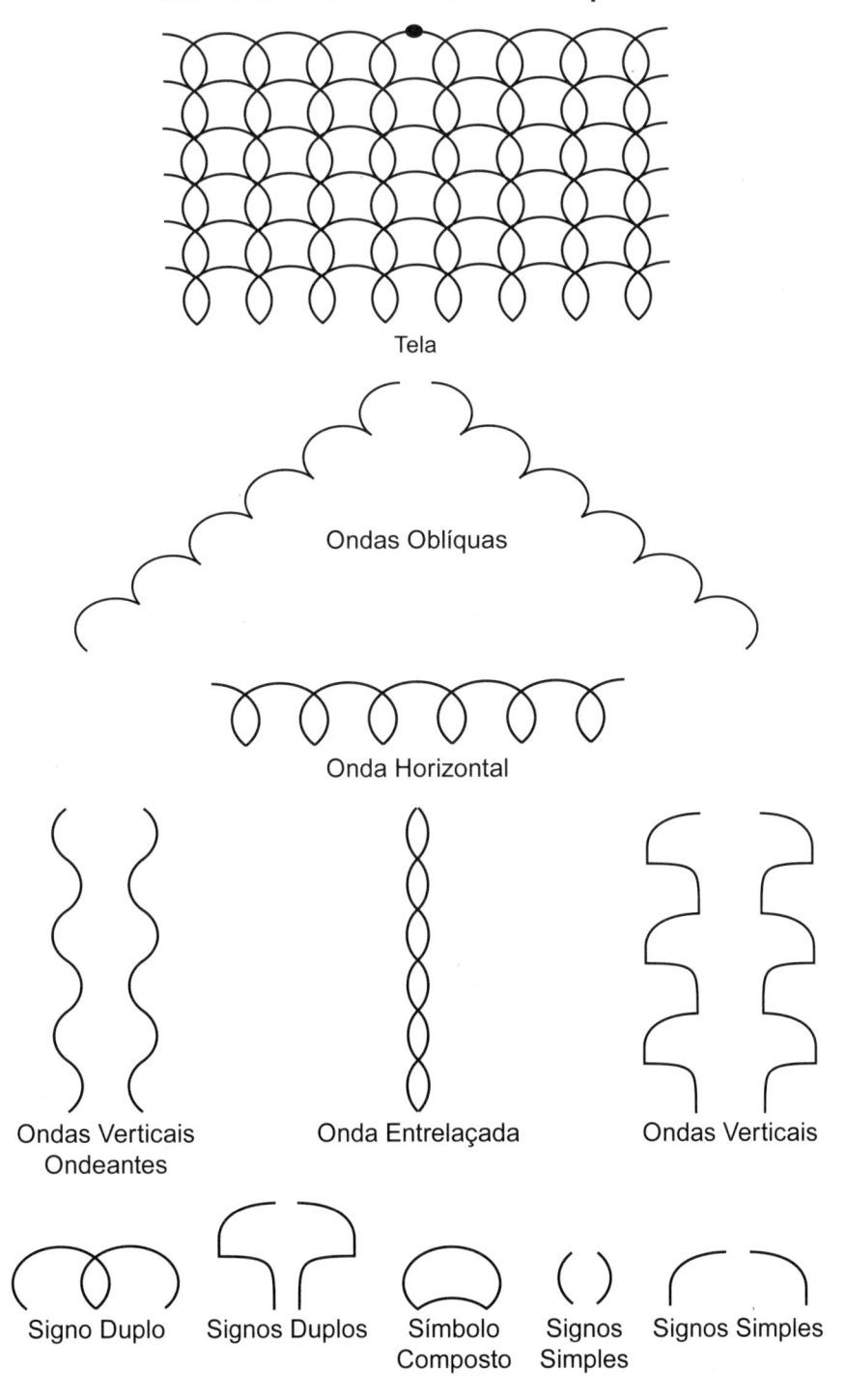

Tela

Ondas Oblíquas

Onda Horizontal

Ondas Verticais Ondeantes · Onda Entrelaçada · Ondas Verticais

Signo Duplo · Signos Duplos · Símbolo Composto · Signos Simples · Signos Simples

Tela Vibratória Procriacionista Telúrica

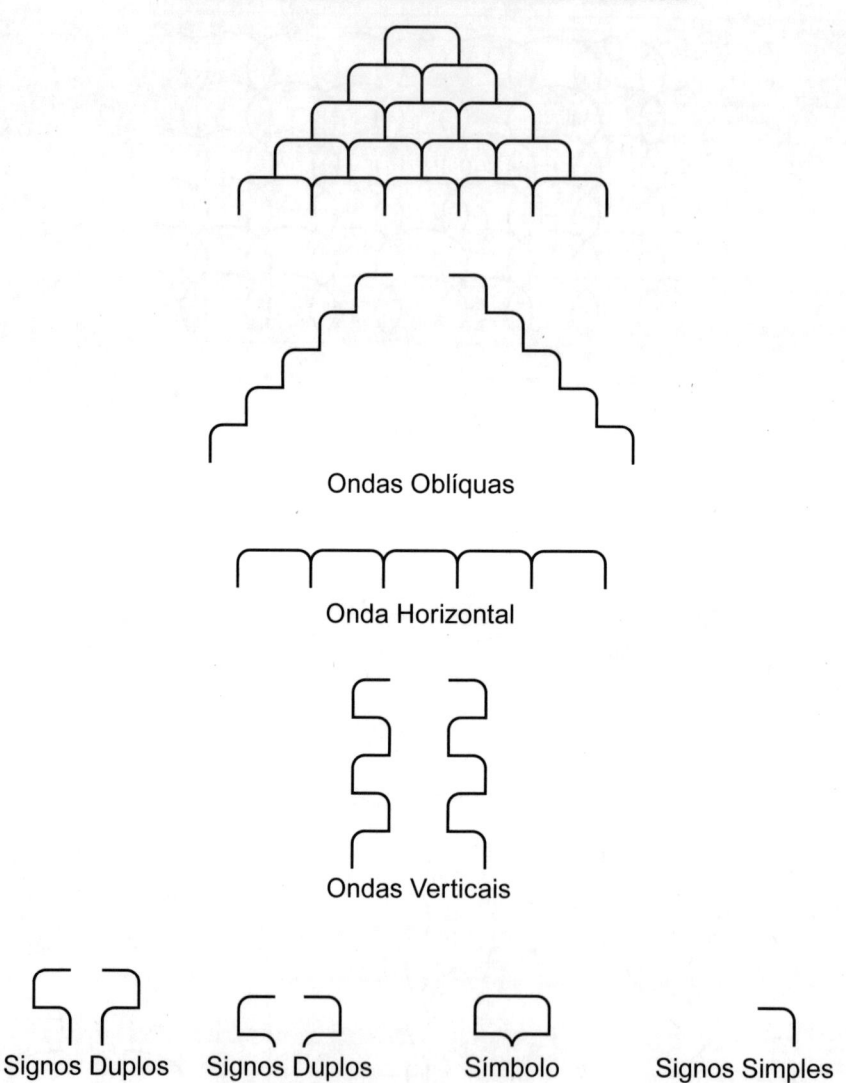

Ondas Oblíquas

Onda Horizontal

Ondas Verticais

Signos Duplos   Signos Duplos   Símbolo   Signos Simples

Tela Vibratória Procriacionista Eólica

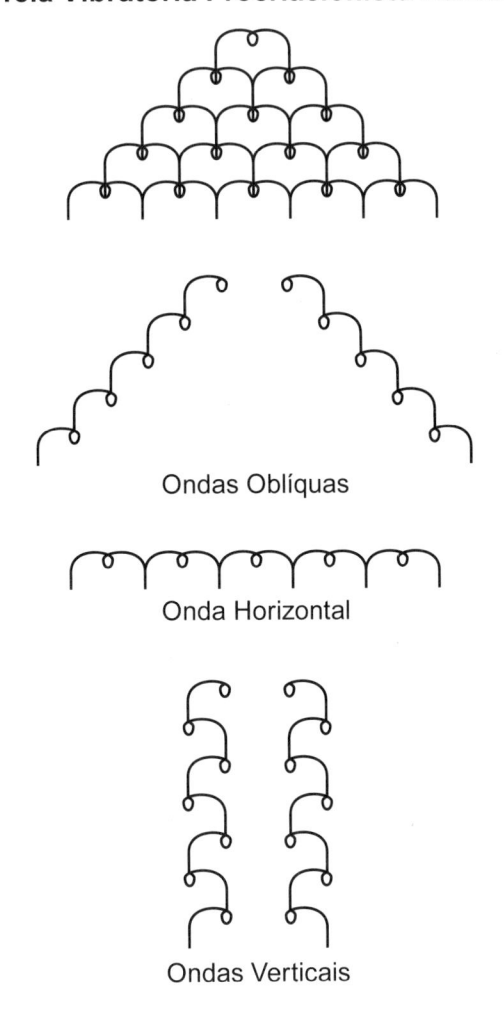

Ondas Oblíquas

Onda Horizontal

Ondas Verticais

Signos Duplos   Símbolo   Símbolo Composto   Signos Simples

Tela Vibratória Procriacionista Geral dos Vegetais

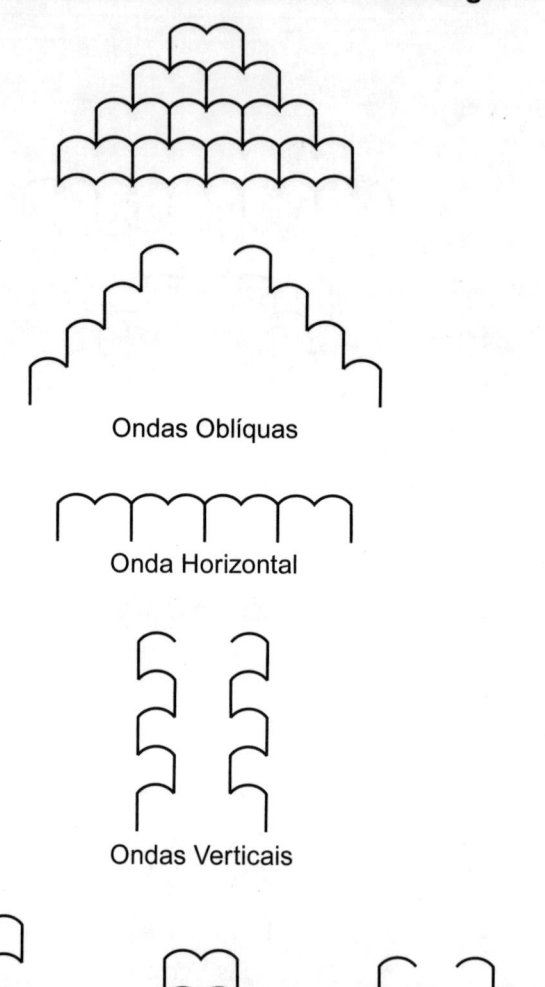

Ondas Oblíquas

Onda Horizontal

Ondas Verticais

Signos Duplos Símbolo Signos Simples

Tela Vibratória Procriacionista Geral Mineral

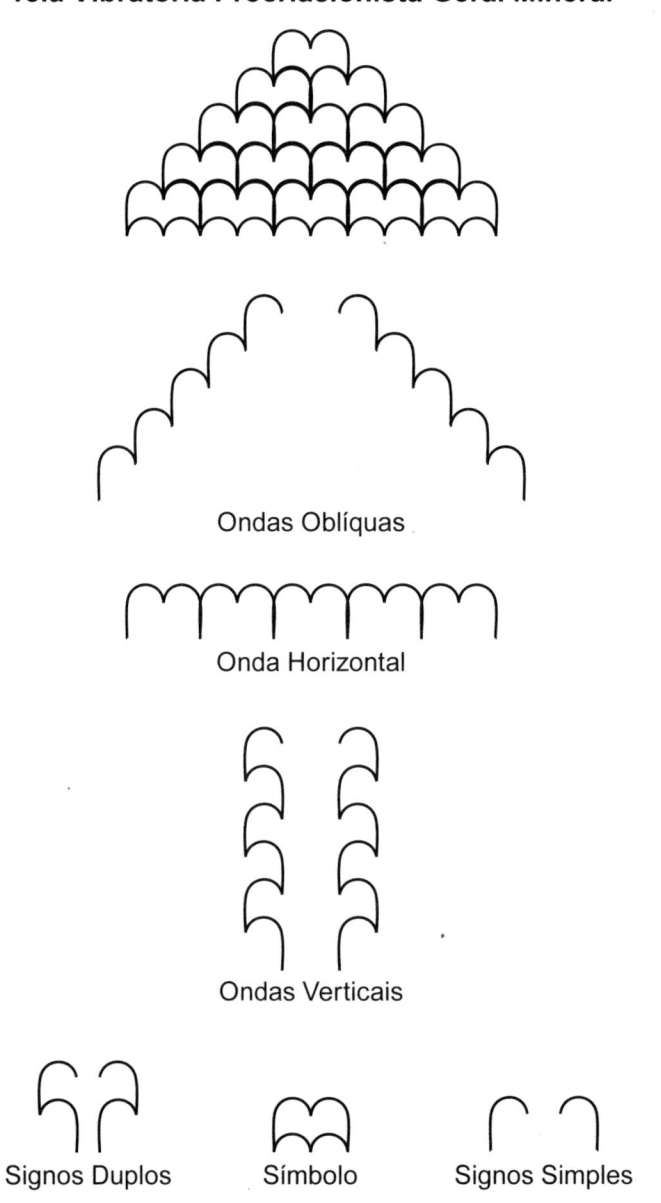

Ondas Oblíquas

Onda Horizontal

Ondas Verticais

Signos Duplos   Símbolo   Signos Simples

Tela Vibratória Procriacionista Geral Cristalina

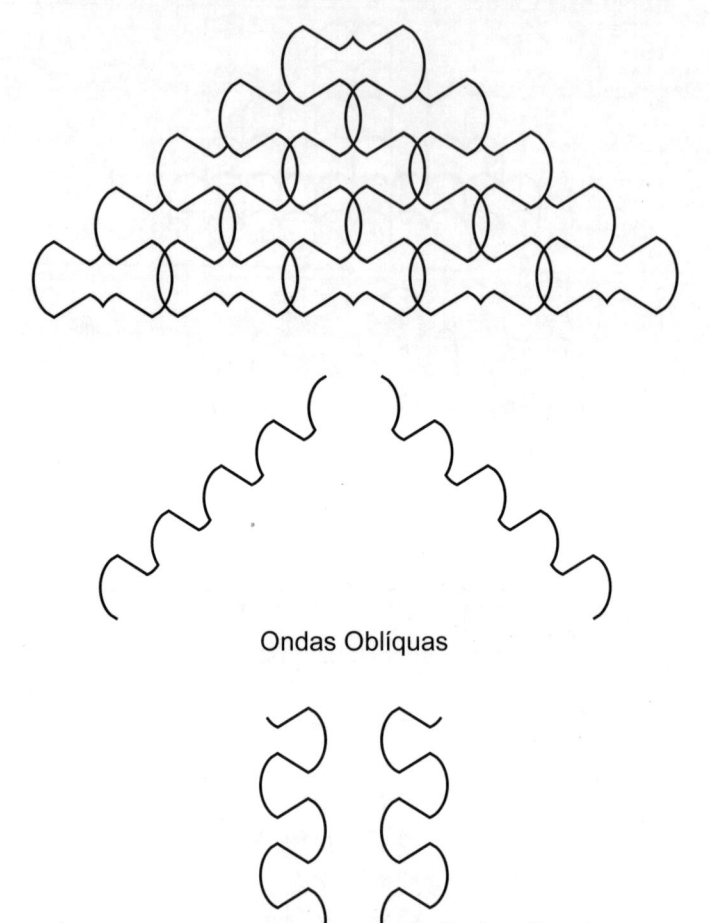

Ondas Oblíquas

Ondas Verticais

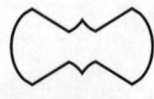

Signos Duplos   Símbolo   Símbolo   Signos Simples

Aí estão as variações das telas, das ondas, dos símbolos e dos signos procriacionistas elementares, que são variações do original.

Em cada tela a onda original se mostra com uma forma específica, ainda que todas guardem semelhança com a original.

Observem as ondas verticais:

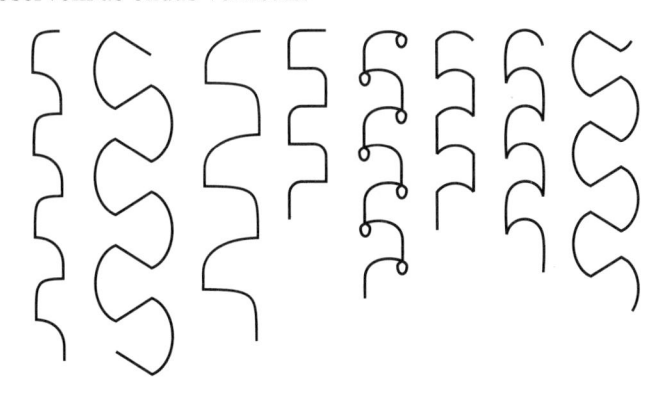

Observem as ondas oblíquas:

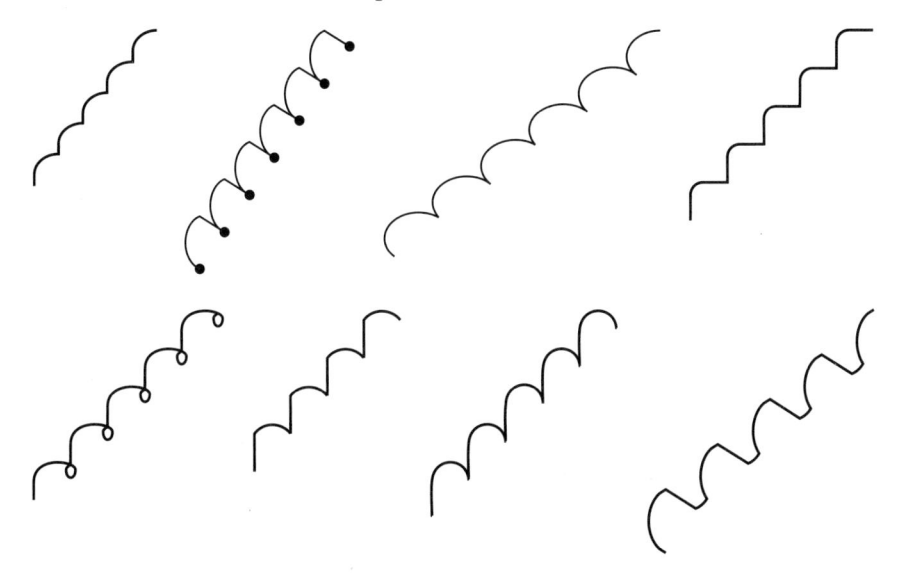

Observem os símbolos:

Observem os signos duplos:

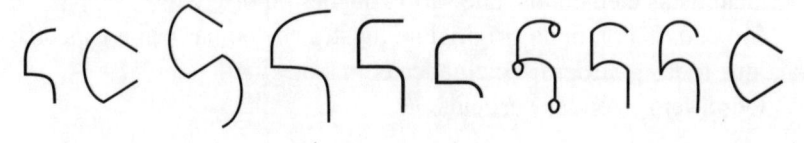

ᑕC ᑕ ᑐ ᑕ ᑕ ᑕ ᑕ ᑕ C

Observem os signos simples:

ſ ᑕ (ſ ſ ſ ſ ſ C

De cada uma dessas oito telas vibratórias saem muitos outros signos mágicos simples, duplos e complexos.

Tudo se resume a saber o desenho original formado pela sua onda vibratória, também original, assim como seu desenho quando entra nos "elementos".

Cada onda original "entra" em todos elementos e como há uma onda original para cada verbo, ação e função existente na criação, imaginem por um instante a infinita quantidade de signos e símbolos mágicos formadores da, agora compreensível, escrita mágica sagrada.

Muito já se escreveu sobre a simbologia e os alfabetos sagrados.

Muito já se discutiu sobre simbologia.

Muito já se especulou, elocubrou e imaginou sobre a simbologia.

Mas, jamais a abordaram como uma ciência divina e alcançaram o nível de explicação e de entendimento que aqui você está tendo.

Aqui, você está sorvendo o conhecimento sobre a simbologia no seu mais elevado nível: o científico!

Então, porque é ciência, observe a imensa simbologia e signário que uma única onda vibratória forma para que, aí sim, tenham uma real noção do quanto muitos já especularam sem possuir as verdadeiras chaves da simbologia, pois a interpretaram a partir do que conheciam ou somente acreditavam conhecer.

Escrita Mágica Divina 89

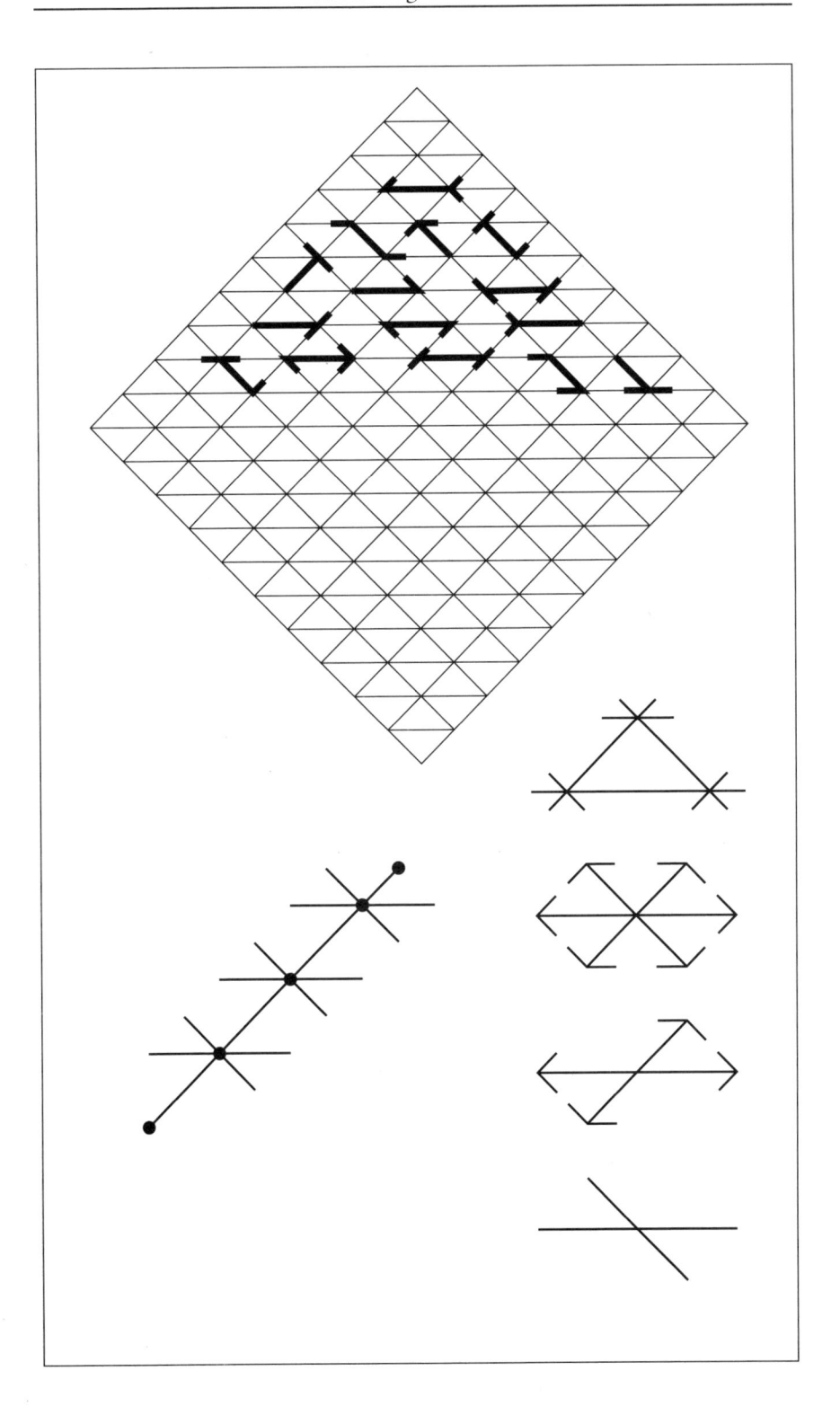

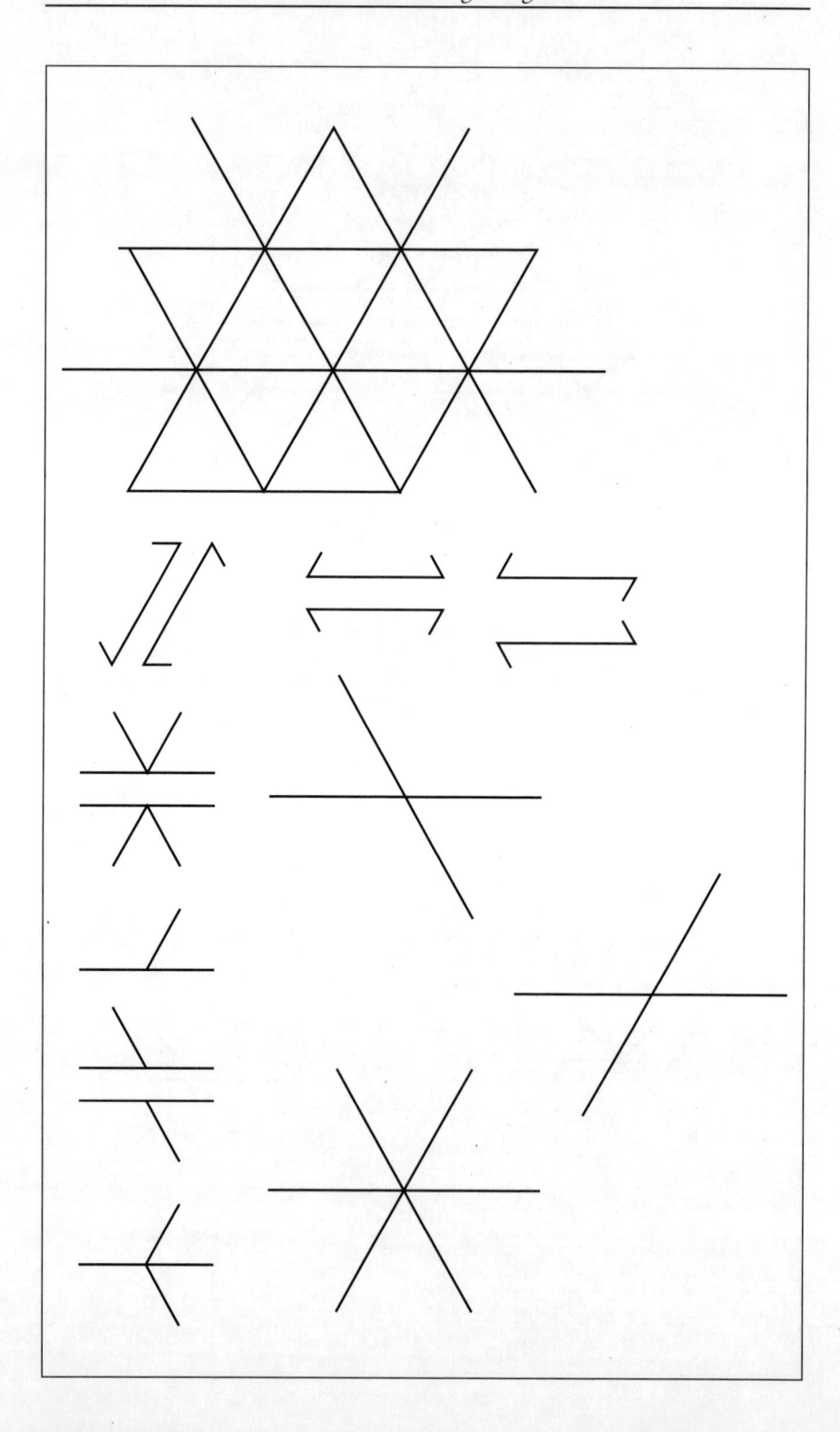

Escrita Mágica Divina

91

Escrita Mágica Divina

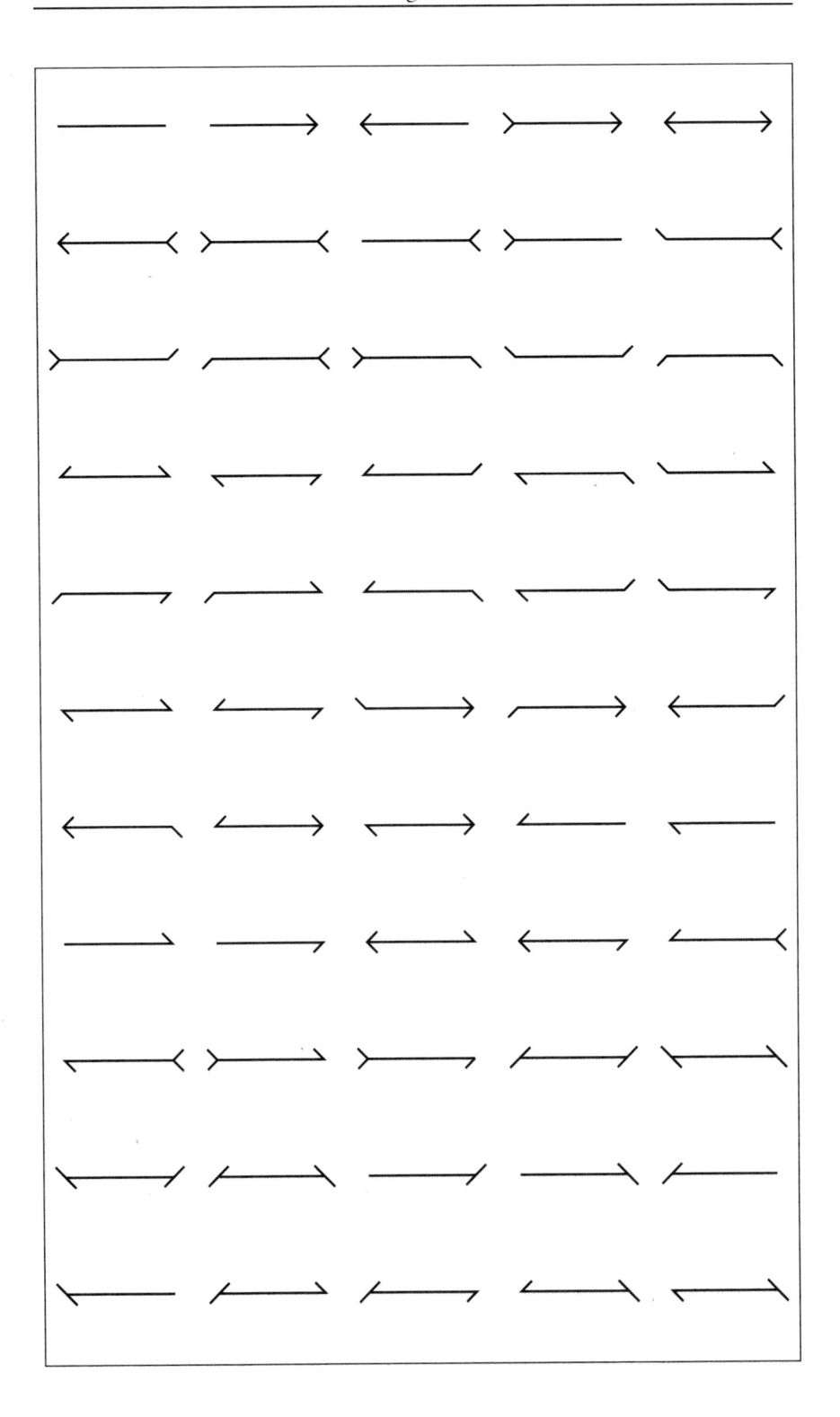

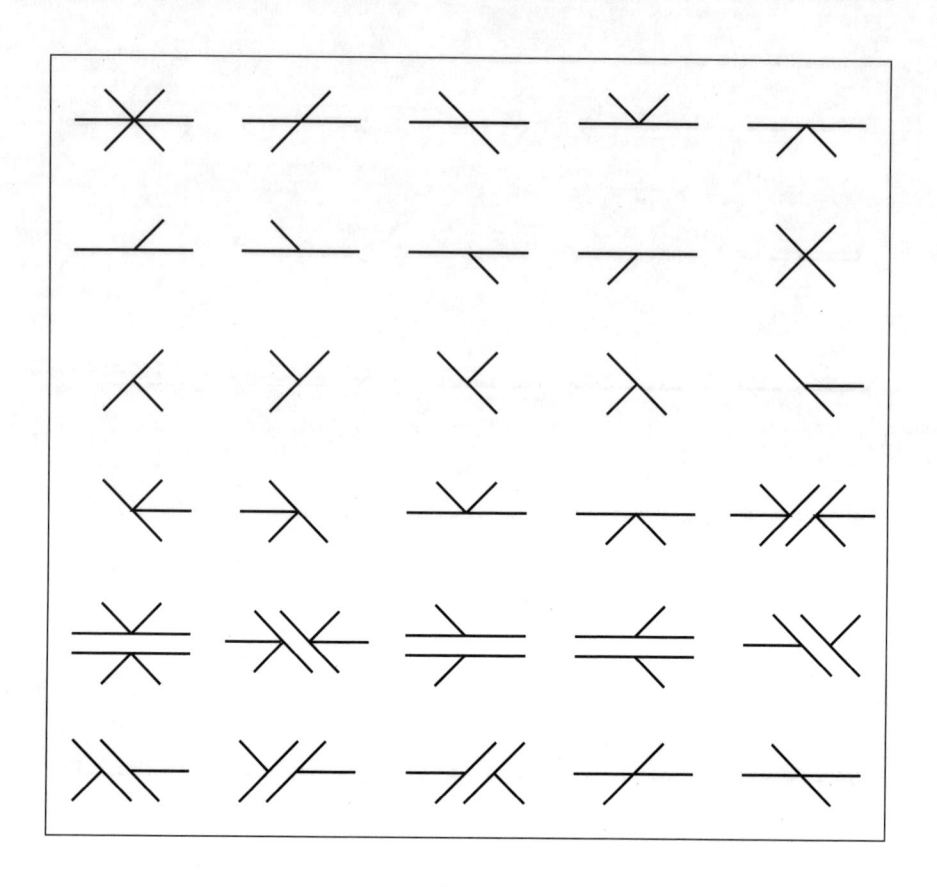

Escrita Mágica Divina

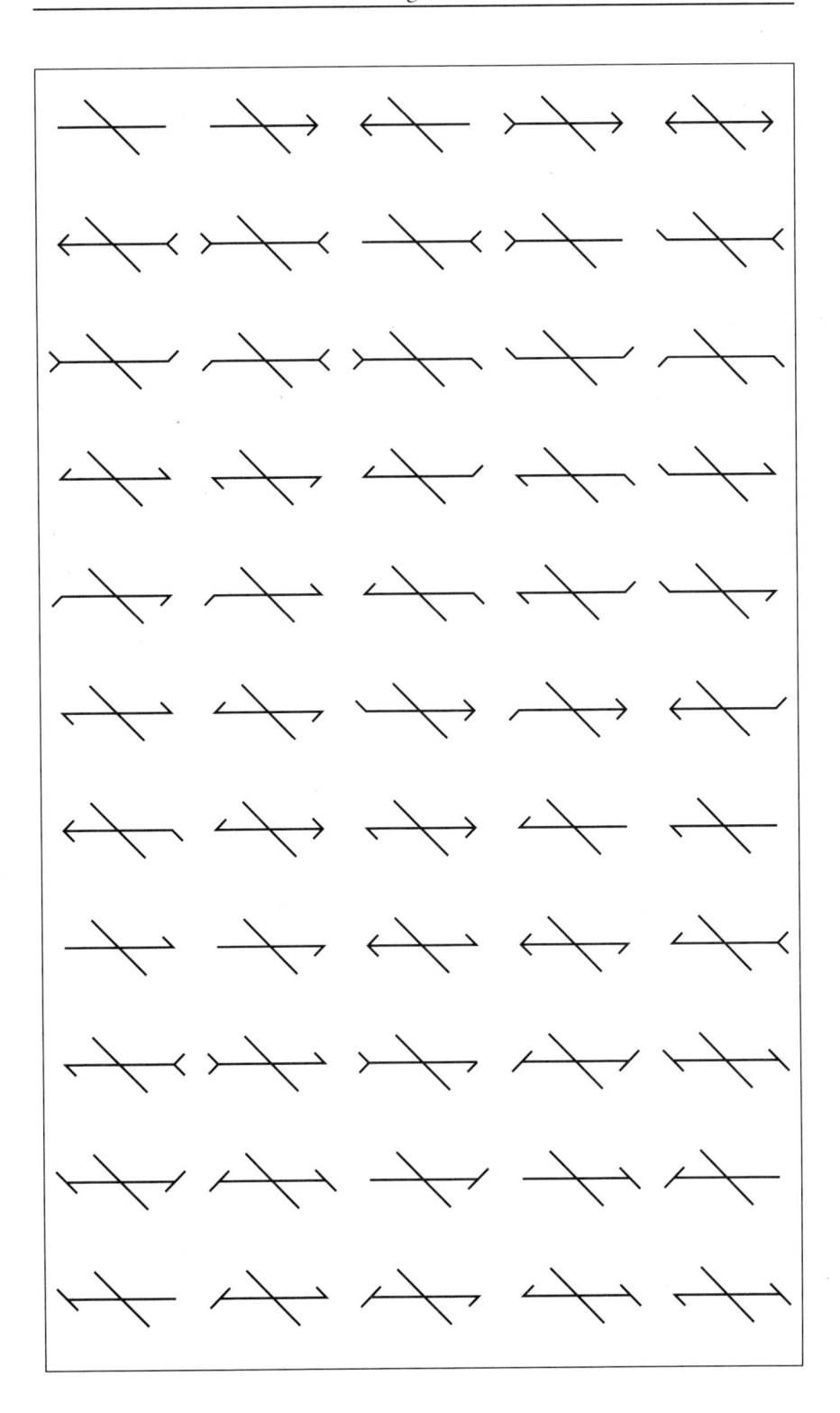

95

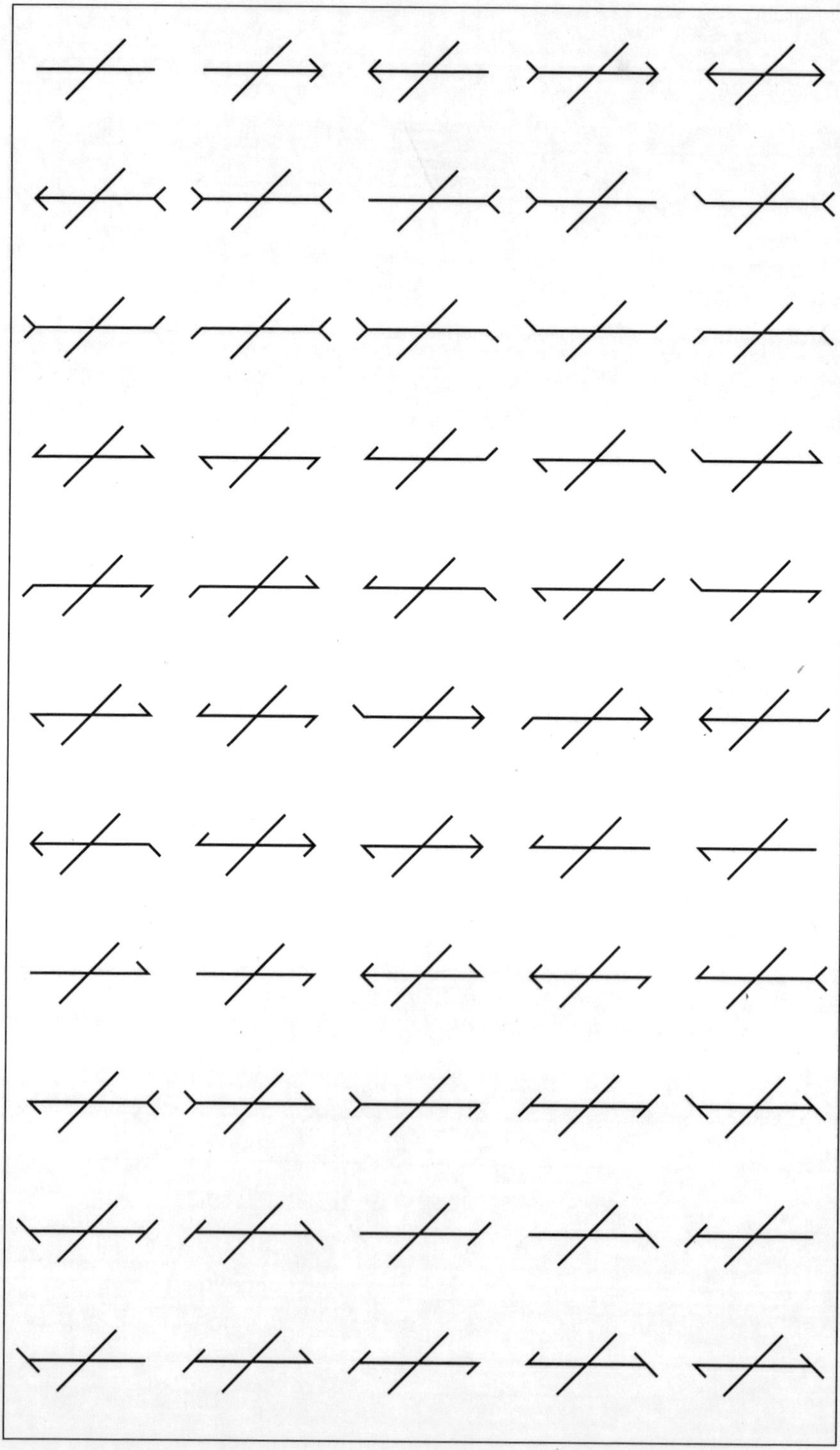

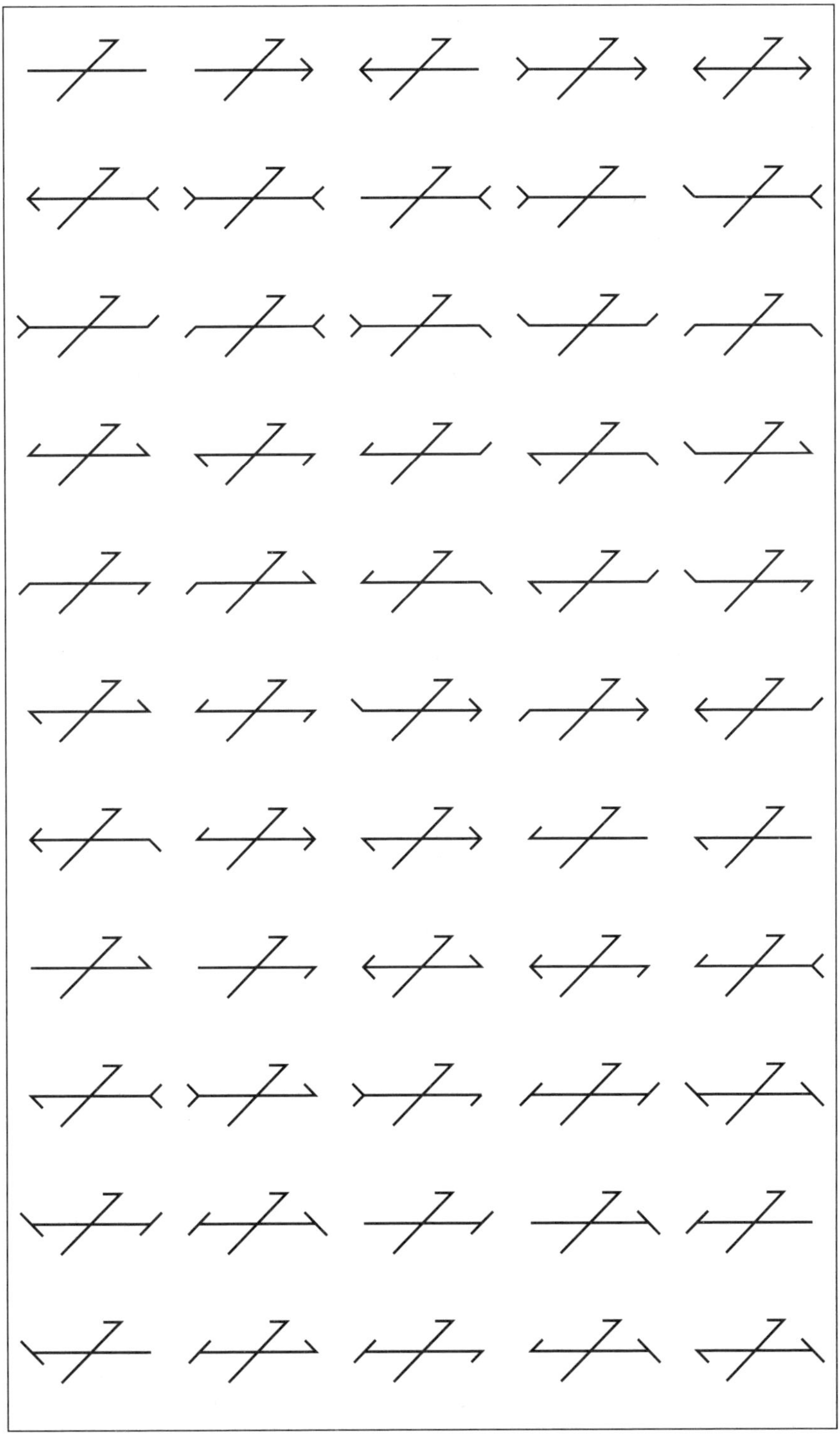

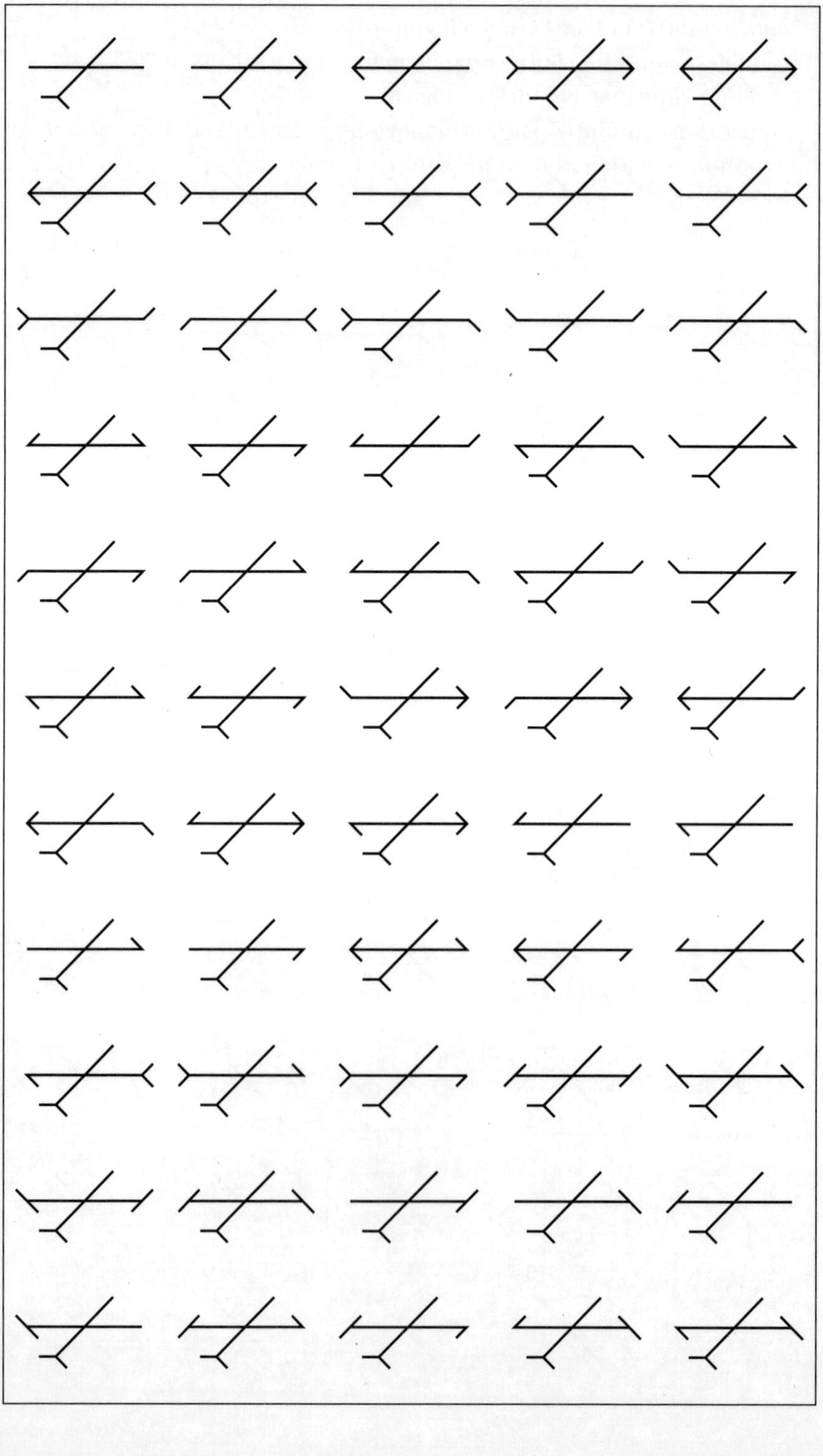

Escrita Mágica Divina

99

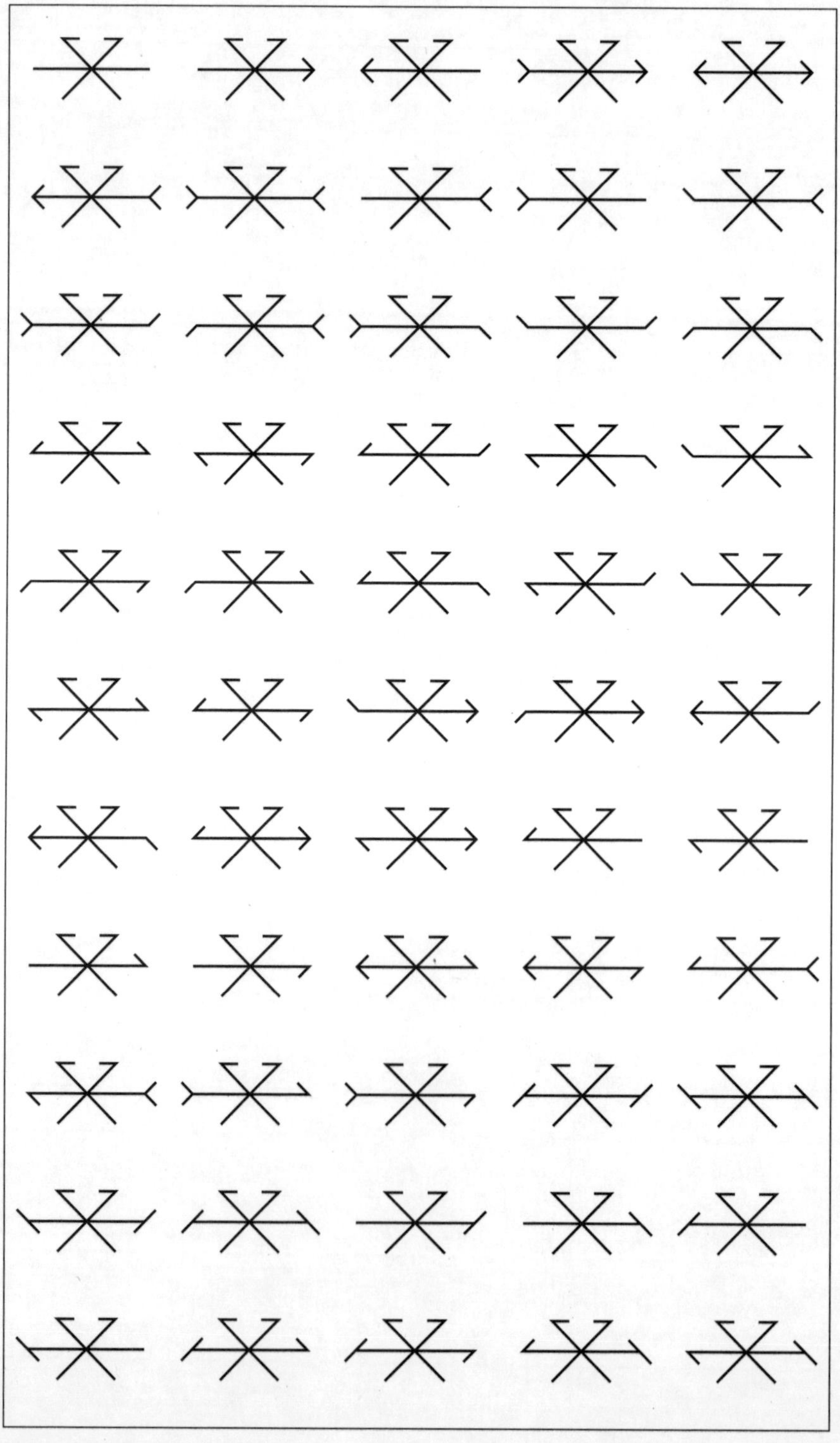

Escrita Mágica Divina

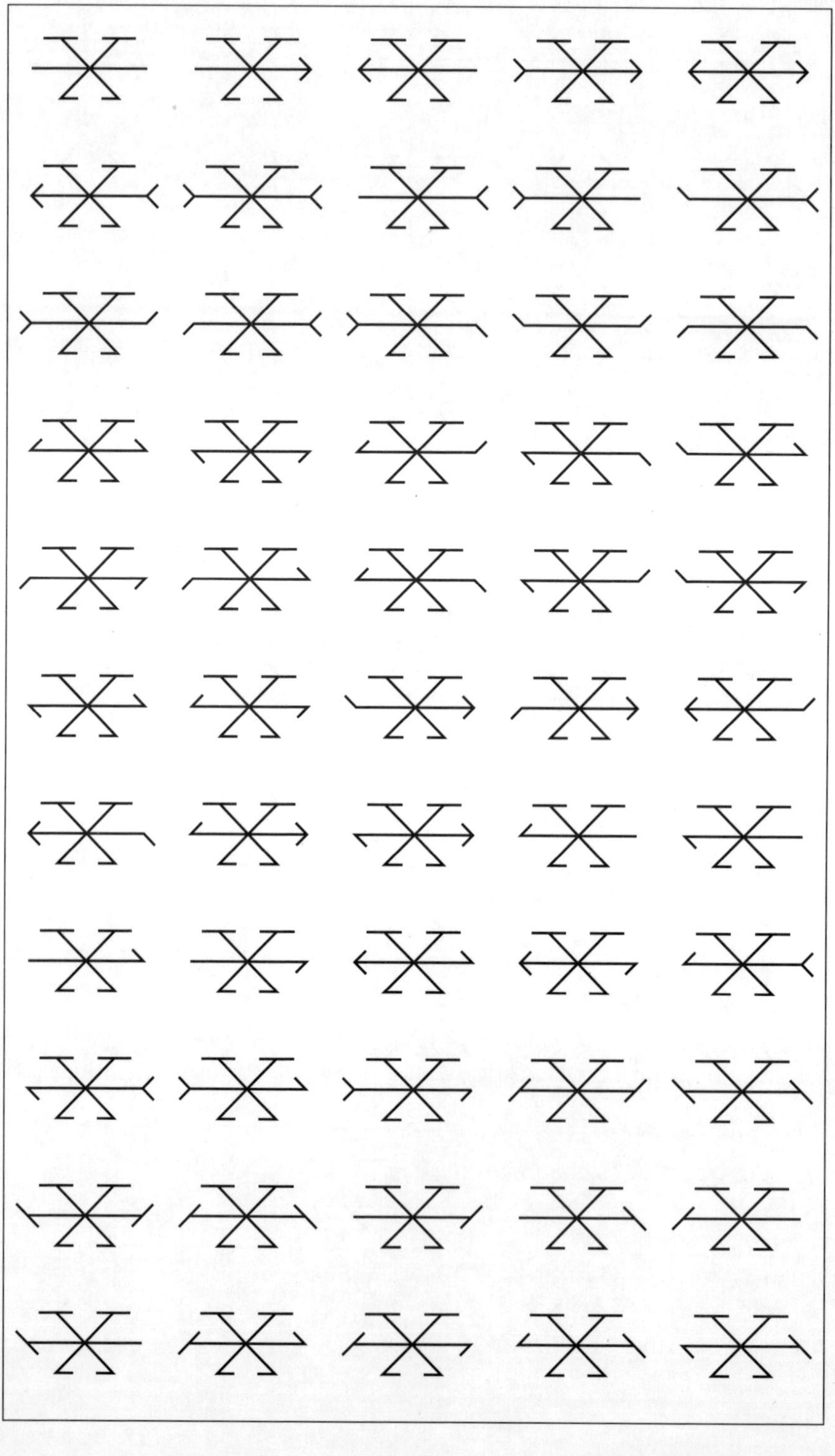

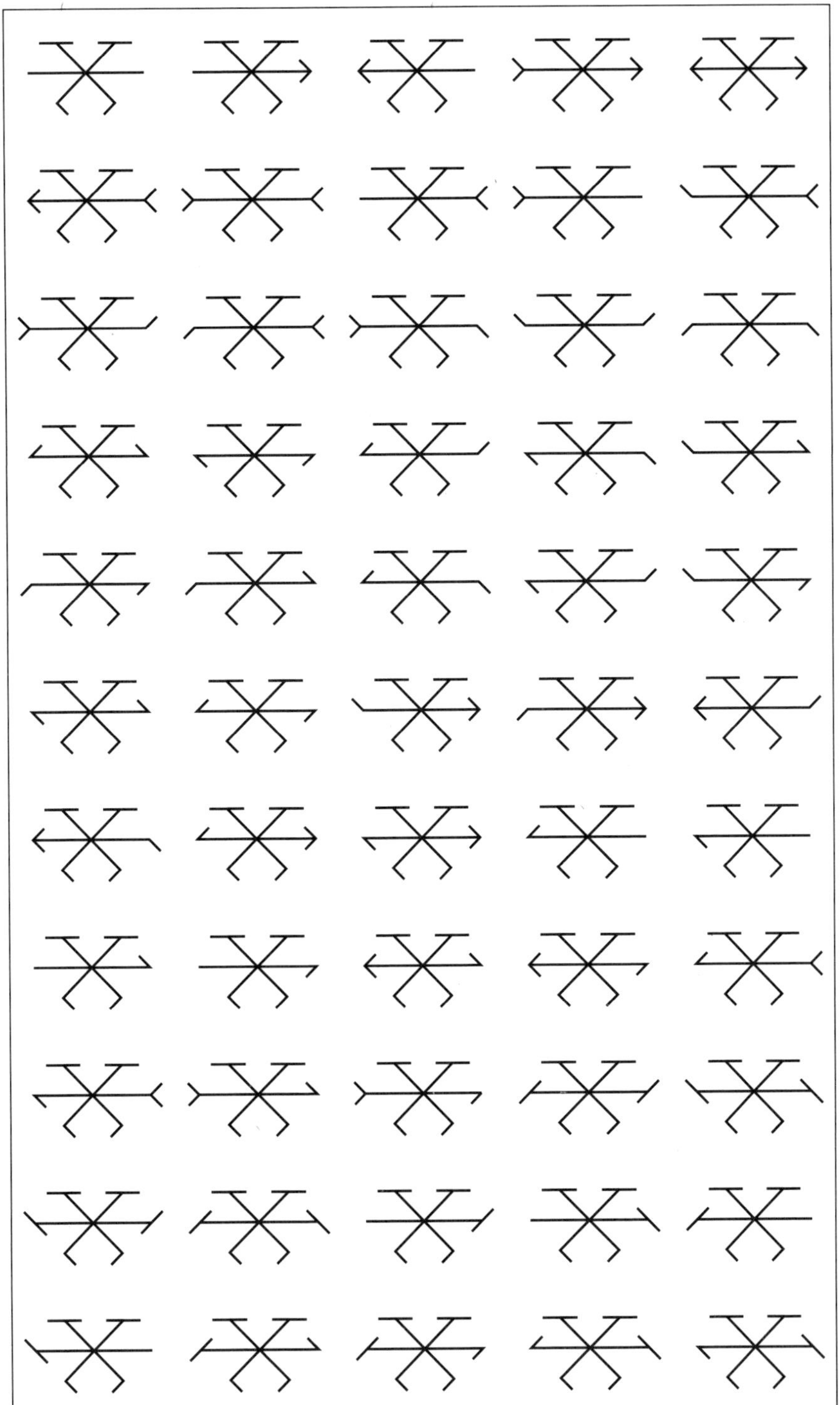

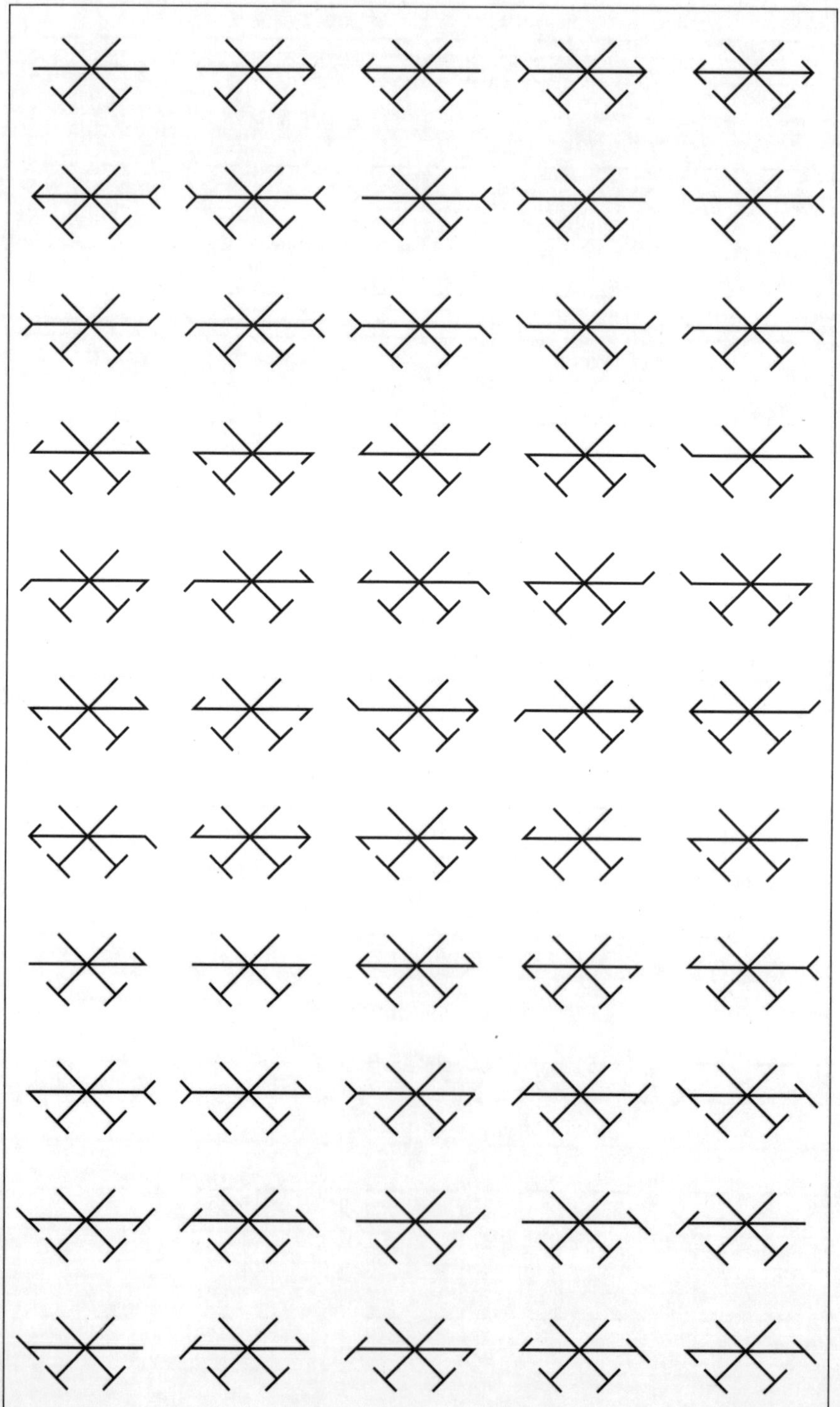

Escrita Mágica Divina

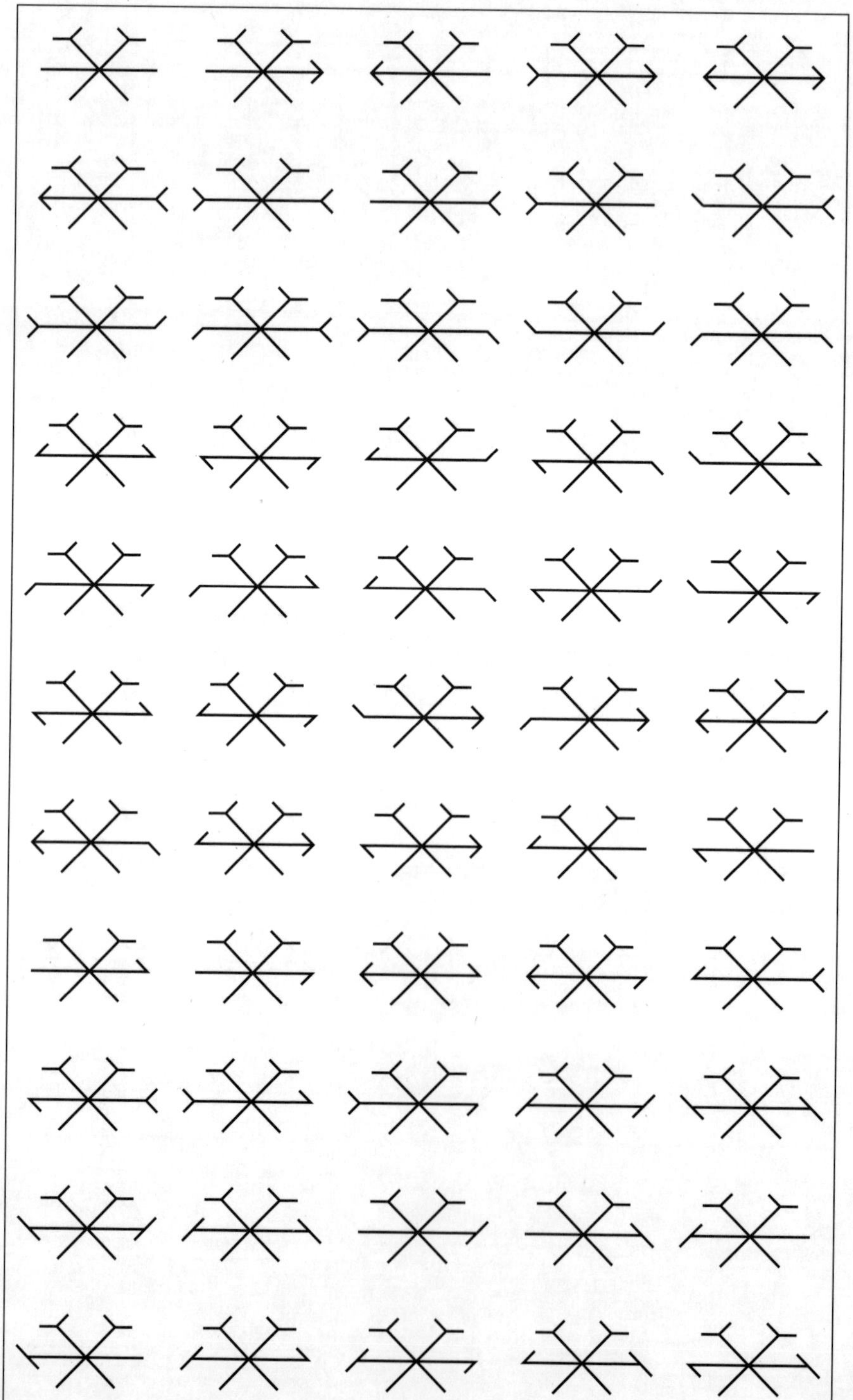

Escrita Mágica Divina

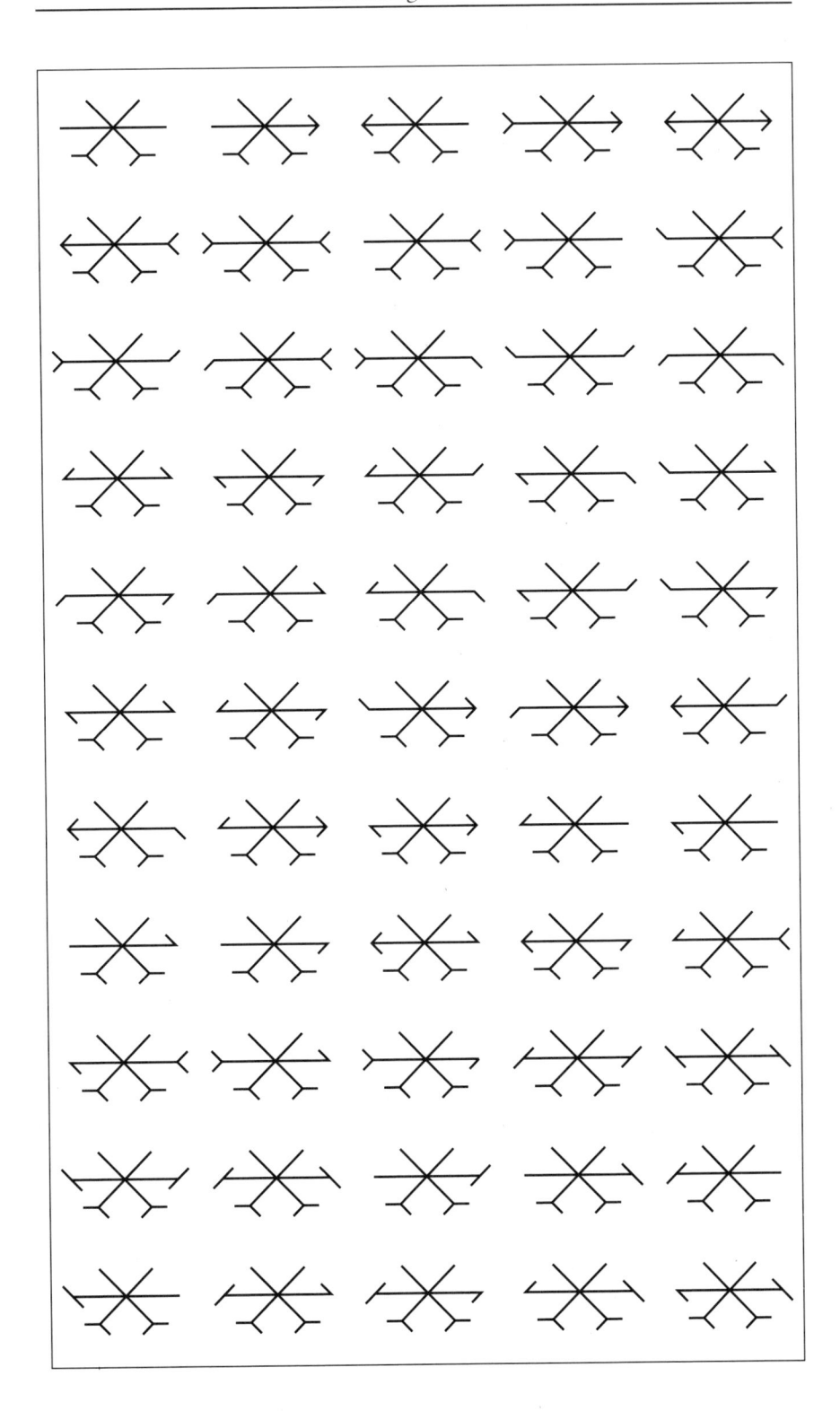

Observem isto:

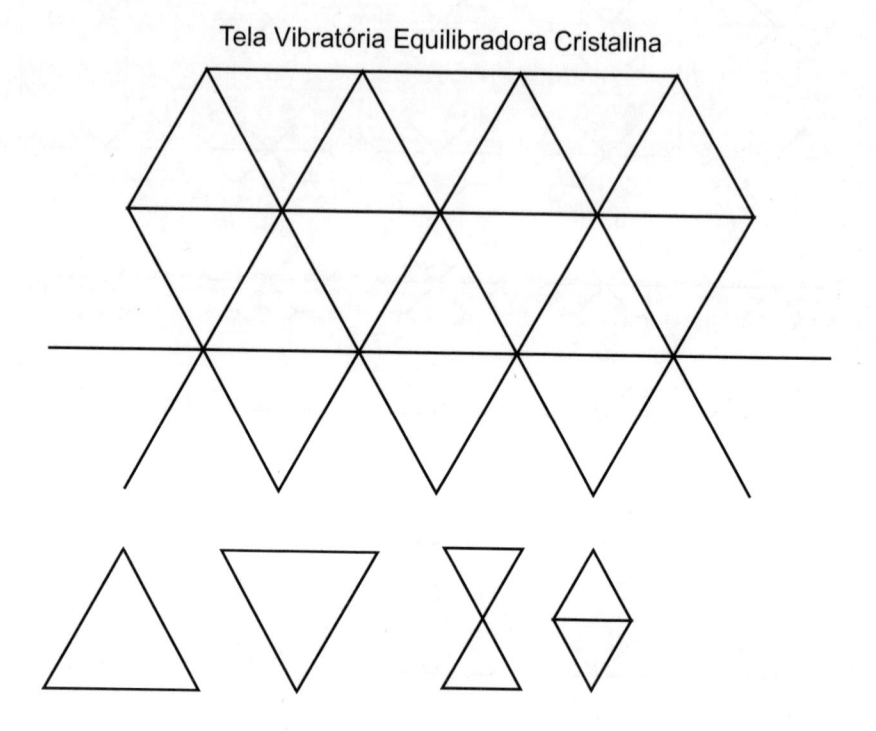

Tela Vibratória Equilibradora Cristalina

Vocês viram nas páginas anteriores uma onda vibratória, sua tela, seus signos simples, duplos e compostos.

Uma única onda vibratória (a Equilibradora da Fé) fornece-nos signos simples em um número tão grande que ao combiná-los entrecruzando-os conseguimos criar 3025 signos duplos em uma posição; 3025 signos duplos e 3025 signos compostos, estes já formando símbolos equilibradores ou mandalas.

Aqui, neste livro, não colocamos todos porque são muito parecidos e só cansariam nossos olhos com tantas figuras "quase" iguais, além de acrescentar mais 150 páginas a este livro.

Mais adiante vocês terão à disposição outras quinhentas e poucas ondas vibratórias e alguns signos retirados delas.

Não desenvolvemos todo o signário que suas telas vibratórias nos concederiam porque aí teríamos 82.500 páginas só de signos e isto é impossível de ser publicado.

Então optamos por recorrer à onda vibratória equilibradora do Trono da Fé com três bases fixas com cinqüenta e cinco signos simples cada uma que, quando combinados, gera 6050 signos duplos e 3025 signos compostos ou símbolos.

Mas devemos lembrá-los de que os signos simples "cortados" geram outros 9075 signos equilibradores da fé. Logo, caso fossemos desenvolver todos os signários de todas as ondas vibratórias que colocamos mais adiante, chegaríamos a duzentas mil páginas com signos mágicos e bastará multiplicar 200.000 x 55 para terem o número de signos, certo 11.000.000 (onze milhões de signos).

Como Criar Espaços Mágicos ou "Pontos Cabalísticos"

Existem muitos tipos de espaços mágicos que os magos utilizam para realizar seus trabalhos de magia.

Há espaços de trabalhos circulares, triangulares, pentagonais, hexagonais, etc., raiados, losangulares, difusos, direcionados, etc.

Tantos são os modelos de espaços mágicos que são usados que é melhor comentá-los para que, daqui para a frente, quando verem um, não se surpreendam ou fiquem sem saber do que se trata.

Descreveremos alguns para que esse assunto se esgote e você não precise procurar com mais ninguém esse tipo de informação.

Modelos de espaços mágicos:

1. Espaço mágico triangular: todo espaço mágico triangular é denominado equilibrador porque todas as ondas vibratórias equilibradoras formam telas triangulares.

2. Espaço mágico em cruz: todo espaço mágico em cruz é denominado estabilizador porque todas as ondas estabilizadoras formam telas vibratórias "cruzadas" ou em cruz.

3. Espaço mágico pentagonal: todo espaço mágico pentagonal é denominado ordenador porque todas as ondas vibratórias ordenadoras formam telas vibratórias pentagonais.

4. Espaço mágico hexagonal: todo espaço mágico hexagonal é denominado reequilibrador-estabilizador porque suas ondas vibratórias formam telas vibratórias reequilibradoras hexagonais.

5. Espaço mágico heptagonal: todo espaço mágico heptagonal é denominado gerador porque suas ondas vibratórias geradoras formam heptágonos.

6. Espaço mágico octagonal: todo espaço mágico octagonal é denominado evolucionista porque suas ondas vibratórias evolucionadoras formam telas vibratórias octagonais.

7. Espaço mágico estrelado: todo espaço mágico estrelado é denominado criacionista porque suas ondas vibratórias criativas formam telas vibratórias estreladas.

8. Espaço mágico quadrado: todo espaço mágico quadrado é denominado contedor, pois suas ondas vibratórias contedoras formam telas vibratórias quadriculadas.

9. Espaço mágico losangular: todo espaço mágico losangular é denominado regenerador porque suas ondas vibratórias regeneradoras formam telas vibratórias losanguladas.

10. Espaço mágico espiralado: todo espaço mágico espiralado é denominado condutor porque suas ondas vibratórias condutoras formam telas vibratórias espiraladas.

11. Espaço mágico raiado: todo espaço mágico raiado (por raios) é denominado purificador-energizador porque suas ondas vibratórias purificadoras-energizadoras formam telas vibratórias raiadas.

12. Espaços mágicos em cadeias: todo espaço mágico em cadeias é formado por diversos tipos de ondas vibratórias que se multiplicam, formando telas vibratórias encadeadas, cujos pólos eletromagnéticos, quando ativados na magia riscada simbólica, formam poderosas cadeias mágicas.

Mostraremos os modelos de espaços mágicos comentados anteriormente:

1) Espaço Mágico Triangular

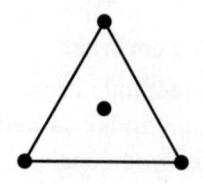

2) Espaço Mágico em Cruz ou "Cruzado"

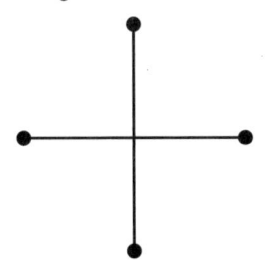

3) Espaço Mágico Pentagonal

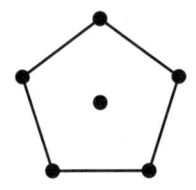

4) Espaço Mágico Hexagonal

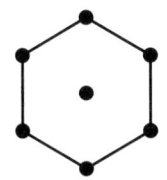

5) Espaço Mágico Heptagonal

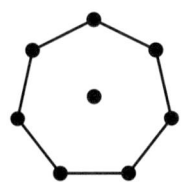

6) Espaço Mágico Octagonal

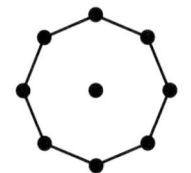

7) Espaços Mágicos Estrelado

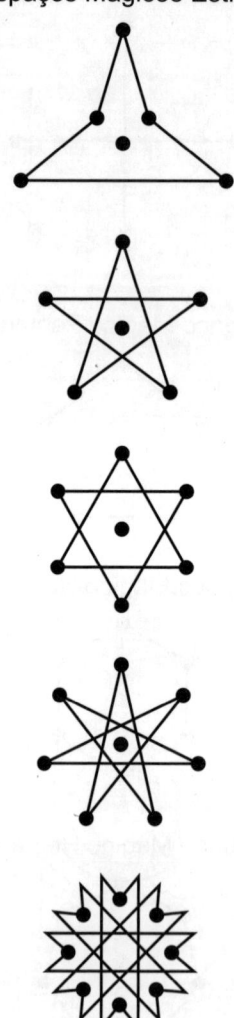

8) Espaço Mágico Quadrado

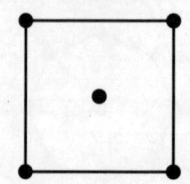

9) Espaço Mágico Losangular

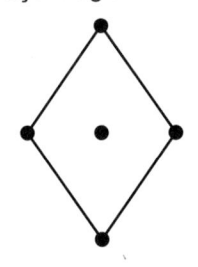

10) Espaço Mágico Raiado

11) Espaços Mágicos Encadeado

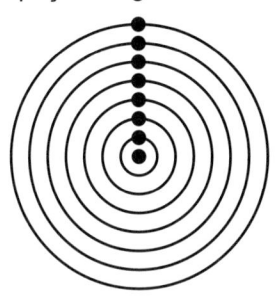

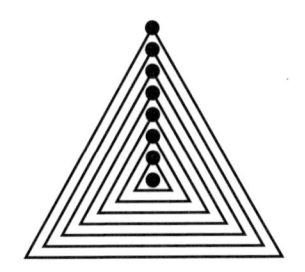

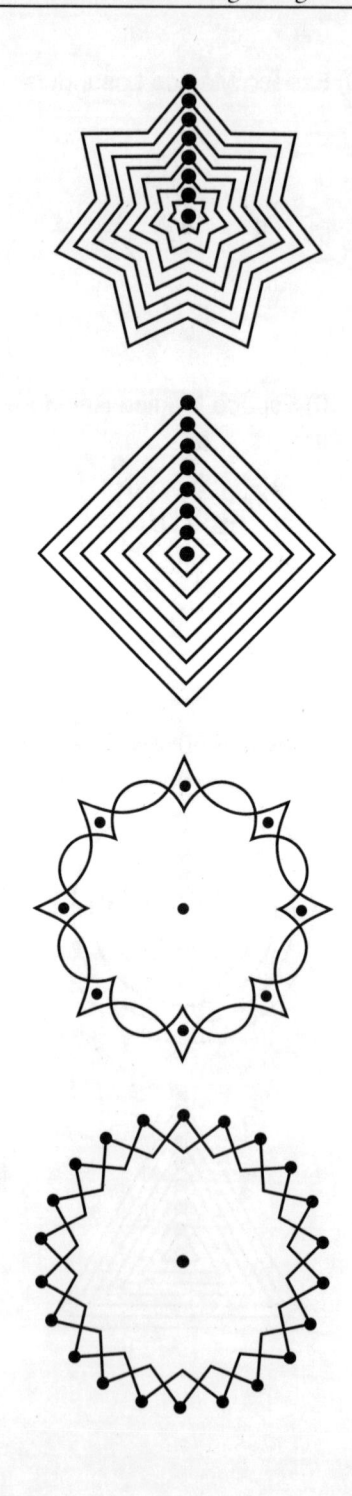

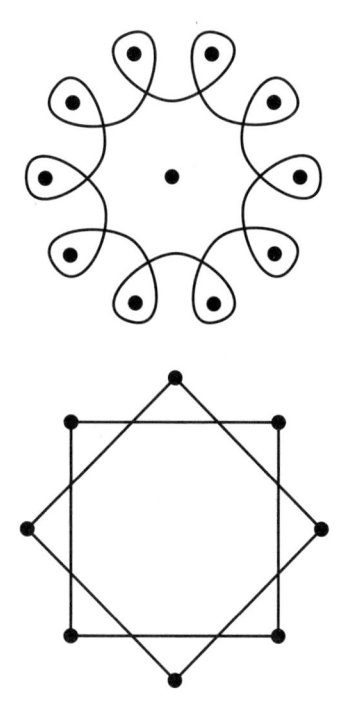

Muitos são os espaços mágicos encadeados que também são denominados por "cadeias mágicas".

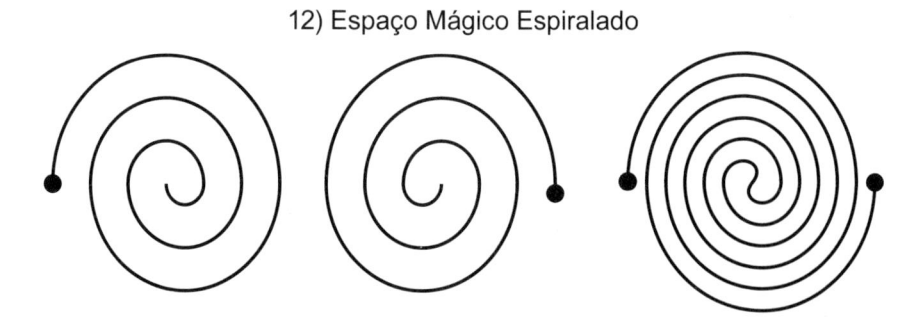

12) Espaço Mágico Espiralado

E não devemos nos esquecer do clássico espaço mágico circular.

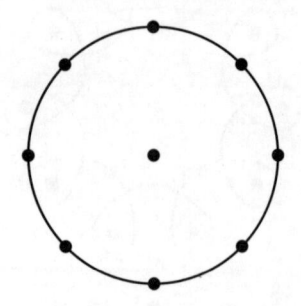

Mas existem outros espaços mágicos.
Vamos a eles:
Espaço mágico aberto ou livre: este espaço mágico é construído com a inscrição aleatória de signos e símbolos mágicos, não obedecendo a uma regra. Apenas há um signo ou símbolo inicial maior que os outros, distribuídos à sua volta.

Quanto aos demais signos e símbolos, estes são colocados ao redor do central.

Exemplo:

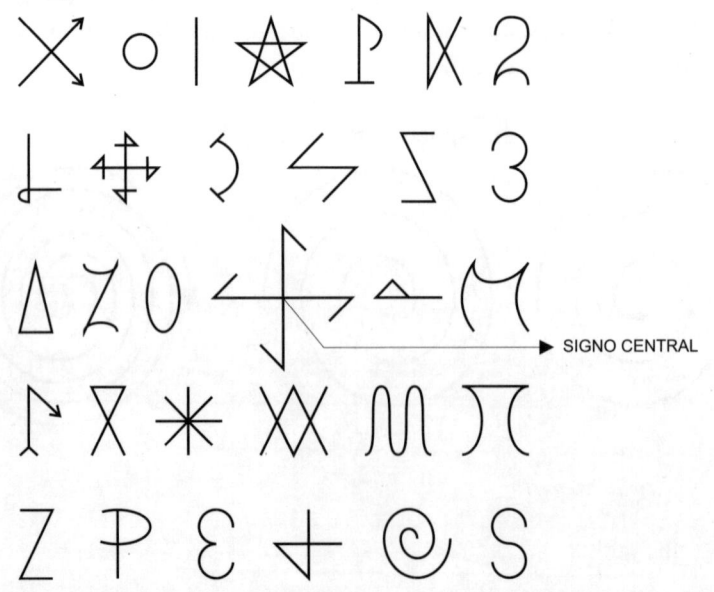

► SIGNO CENTRAL

A inscrição de signos em um espaço mágico depende da vontade ou da intuição do seu construtor.

Espaço Mágico Circulado

Espaço Mágico Direcionado Aberto

Espaço Mágico Direcionado Fechado

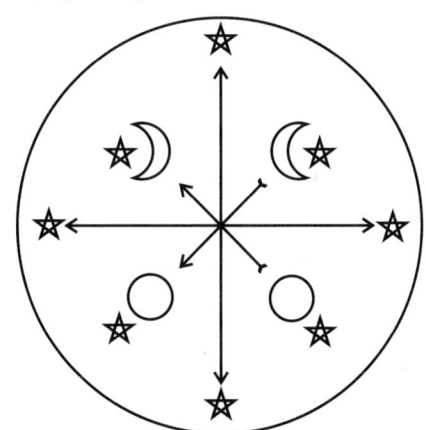

Espaço Mágico em Mandala Pura

Espaço Mágico em Mandala Mista

Espaço Mágico em Mandala Complexa

Muitos são os tipos de espaços mágicos e todos são funcionais, pois neles estão os signos e os símbolos extraídos de ondas ou telas vibratórias que têm suas funções na criação e realizam seus trabalhos.

Compete a nós aprender a usá-los e direcioná-los para que realizem seus trabalhos benéficos.

No decorrer dos tempos foram desenvolvidos vários tipos de espaços mágicos a partir da escrita sagrada, mágica e simbólica.

Se o amigo leitor aprofundar seus conhecimentos no campo da simbologia verá talismãs e pentáculos em cujas faces estão inscritos vários signos, símbolos e mandalas mágicas, assim como verão pontos riscados nas mais variadas formas, todos funcionais.

Até mesmo vários elementos usados em trabalhos magísticos podem ser colocados dentro dos símbolos e espaços mágicos que adquirem o poder de se irradiarem e auxiliarem nos trabalhos a serem realizados aumentando os benefícios de quem os ativar.

Essa nossa escrita mágica, seus símbolos, seus signos e seus usos por nós são positivos porque não se prestam a prejudicar ninguém.

Nem teria sentido colocarmos ao público ondas vibratórias negativas e sua simbologia destrutiva porque imediatamente pessoas inescrupulosas começariam a servir-se delas para atingirem seus semelhantes.

Quem assim procede é digno de pena porque não tem noção da terrível punição que o aguarda: ser recolhido, esgotado e aprisionado nas cadeias mágicas da leio maior, de onde nunca mais sairá.

Criação de Espaços Mágicos

Criar um espaço mágico é fácil desde que se tenha consciência de que só se deve fazê-lo com um propósito altruístico.

Não devemos criá-los aleatoriamente porque têm funções e devem ser vistos e tratados com respeito, pois, se para uns são belos "arabescos", para outros têm o valor de algo sagrado.

Tanto devemos olhar com respeito os símbolos e as mandalas como só devemos criá-los se for necessário.

Até em algumas culturas religiosas se tatua signos e símbolos de divindades no corpo das pessoas e eles têm suas finalidades mágicas ou religiosas, respeitadíssimas pelos que conhecem seus fundamentos ocultos.

Não devemos sacralizar o que é profano e não devemos profanar o que é sagrado, tal como fazem por aí afora os adeptos da moda das tatuagens. Em magia, esta é uma máxima que é regra para todos os magos iniciados nos mistérios da alta magia.

Portanto, se é fácil criar um espaço mágico, no entanto só o façam se tiverem um propósito elevado.

Saibam que um espaço mágico ou um símbolo, após ser construído e ativado, deverá realizar suas funções só cessando sua ação quando realizar o que diante dele for determinado pelo seu "operador".

Espaços mágicos simbólicos são criados desenhando símbolos e signos mágicos e usa-se vários elementos, tais como:
- Giz branco ou colorido.
- Carvão mineral ou vegetal.
- Líquidos (água, azeites, bebidas, extratos vegetais, cordões, fitas, flores, folhas, frutos, sementes, pedras, pós, etc.)

Basta desenhar os signos ou símbolos usando algum desses elementos ou combinando-os.

Importante é o Mago operador definir o elemento que centralizará e coordenará o trabalho que o espaço mágico realizará.

O elemento centralizador deve ser colocado no centro do espaço mágico simbólico e os outros devem ser distribuídos à sua volta, mas sempre sobre um signo ou símbolo mágico, pois eles se irradiarão para os elementos, incorporarão suas propriedades energéticas, magísticas, terapêuticas e profiláticas e as enviarão para pessoas, espíritos, ambientes, etc., purificando-os, diluindo, dispersando e absorvendo sobrecargas negativas.

Sobre signos e símbolos podem ser colocados somente elementos considerados naturais ou da natureza, tais como:
- Águas: doce, salgada, mineral, ferruginosa.
- Ervas: folhas, flores, frutas, sementes, raízes e pós vegetais.
- Cristais: quartzos, citrinos, granadas, etc.
- Minerais: hematita, pirita, cobre, estanho, zinco, aço, alumínio, etc.
- Fogo: velas brancas ou coloridas, braseiros ou fogueiras (braseiro ou fogueiras só em terreno aberto — nunca dentro de ambientes).

Todos esses elementos, se colocados corretamente, potencializam e elementarizam os signos e símbolos, dando-lhes mais recursos de trabalho.

QUE SIGNOS E SÍMBOLOS USAR?

Você já sabe como criar um espaço mágico e o que colocar sobre alguns signos ou símbolos riscados nele, certo?

Agora, quais são os signos ou símbolos que deve usar, já que existem milhões e com as mais variadas funções?

Bom, em meio a tantos não é difícil escolher alguns, não é mesmo?

Mas será que os que você vier a escolher serão os mais indicados ou outros é que serão os melhores? Pois cada caso é um caso e cada pessoa é um ente em si, muito parecida com outras mas com uma natureza e personalidade só suas.

Adivinhar não é o melhor recurso porque nem sempre somos bons adivinhadores.

Escolher pela sua forma, mais bela ou mais agressiva, também não é o meio indicado, pois, por trás de uma forma aparentemente simples ou pouco atraente está uma onda vibratória transportadora de um ou vários fatores-energia poderosíssimos ou os necessários para que a raiz do seu problema seja alcançada.

Na falta de um recurso seguro e confiável, use sua intuição, pois é ótima orientadora.

Agora, se você tiver um pêndulo de madeira, de cristal ou de algum mineral, então, munido de um pouco de paciência, vá folheando as páginas deste livro onde estão os signos ou as do nosso livro de símbolos ou as do nosso livro de mandalas e, com o pêndulo segurado com a mão direita e com a mão esquerda espalmada para a frente, leve-o sobre um signo, símbolo ou mandala e aguarde que ele inicie seu movimento circular ou ovalado.

Então, se o movimento for em sentido anti-horário, descarte o signo, o símbolo ou a mandala, pois não serão os mais indicados para o seu problema.

Nesse caso, passe para outro modelo de signo, de símbolo ou de mandala, já com outras funções, até que o pêndulo se movimente em sentido horário.

O sentido horário, neste caso, estará indicando que o signo, símbolo ou mandala sob o pêndulo atuará sobre o seu problema com mais eficiência.

O mesmo processo o auxiliará na escolha do elemento natural (água, terra, sal, açúcar, ervas, minerais, cristais, velas, etc.) mais indicado para colocar no centro ou nos pólos mágicos (pólos eletromagnéticos) do seu espaço mágico.

Para saberem mais sobre este assunto indicamos a leitura e o estudo de outros livros de nossa autoria com os seguintes títulos: *O Livro das Velas*, *Magia dos Gênios*, *Magia dos Elementais*, *Iniciação à Escrita Mágica*, *Código da Escrita Mágica Simbólica*, *O Livro dos Símbolos* e *O Livro das Mandalas Mágicas*.

Estes livros são leituras indispensáveis para um amplo entendimento sobre magia, espaços mágicos e escrita mágica simbólica.

E, caso você os leia e os estude e ainda assim se sinta inseguro ou temeroso em criar seus espaços mágicos pessoais, pois o pêndulo sempre indicará o melhor signo, símbolo e mandala para seu operador, então recomendamos que você faça nossos cursos de *Magia Divina das Sete Chamas*, das *Sete Pedras*, das *Sete Ervas* ou dos *Sete Elementos* que, com certeza, qualquer um deles o auxiliará a superar seus bloqueios ou sua insegurança.

O importante é saber que há solução para tudo. Basta sabermos encontrá-la enquanto há tempo!

Ativação de um Espaço Mágico

Você já sabe como construir um espaço mágico!
Então, é hora de aprender como se beneficiar dele.
Saiba que a simbologia tem por trás de si o poder de Deus e dos seus Tronos, que são divindades-mistérios.
Logo, o poder operante de cada signo ou símbolo provém dos Tronos de Deus. E, na simbologia mágica, é a eles que evocamos, invocamos, clamamos ou chamamos em nosso auxílio para ativar e tornar operacionais os espaços mágicos construídos.
Você poderá construir espaços mágicos para harmonização de lares, de pessoas, dos mais variados ambientes, etc.
Também poderá construí-los para recolher espíritos sofredores, obsessores, zombeteiros, perseguidores, vingativos, etc.
Poderá construí-los para abrir seus caminhos e seus campos que foram fechados, assim como para abrir-lhes novos caminhos e novos campos.
Poderá construí-los para preservar sua saúde ou auxiliá-lo na cura de algum tipo de doença.
Poderá construí-los para anular magias negativas as mais variadas, tais como: trabalhos de amarrações, de aprisionamento de suas forças espirituais, forças naturais ou elementais.
Cortar trabalhos de virada ou inversão das suas forças espirituais, naturais e divinas.
Para cortar trabalhos de magia negativa com sacrifícios de aves, animais, répteis, anfíbios, etc.
Para cortar trabalhos para "afundar" sua vida ou paralisá-lo, etc.
São tantos os propósitos e tantas as formas negativas de magia já desenvolvidas no decorrer dos séculos que há milhares delas já de "do-

mínio público" e não são poucos os que a elas recorrem para atingirem seus semelhantes, desestruturando famílias, relacionamentos, empresas, empregos, etc.

Se tudo de mal está aí, à disposição de quem queira servir-se do mal para solucionar seus desequilíbrios internos e conscienciais e acertar suas contas com seus semelhantes, então compete a cada um de nós aprender a operar a Magia Divina da Luz de Deus para amenizar parte desse mal incurável.

Se não é possível anulá-lo por completo é porque os seres humanos são dotados do livre-arbítrio até na escolha do "tipo de mal" que usará para acertar suas "contas pendentes" com seus semelhantes.

Sabemos que só o perdão e o amor incondicional assim como a compaixão e a misericórdia nos livrarão do terrível hábito de usar de forma negativa nosso livre-arbítrio.

Mas, enquanto essas virtudes não forem adotadas como estado de consciência por todos, então se faz necessário orar, vigiar e aprender a nos livrar dos efeitos nefastos de uma magia negativa, de uma mente negativada ou de espíritos desequilibrados.

Mas não podemos fazê-lo recorrendo a formas negativas, pois assim nos rebaixamos ao nível dos que nos atingem com suas magias ou projeções mentais negativas.

Todos os signos, símbolos, mandalas e espaços mágicos ensinados neste e em outros livros de nossa autoria têm como propósito a criação de um conhecimento básico fundamentado no mistério "Tronos de Deus", para que, no decorrer dos tempos, volte a reinar entre os seres humanos um equilíbrio e uma harmonia em que não haverá lugar para as ações mágicas ou mentes negativas, pois quem a elas recorrer saberá que um poderoso recurso para anulá-las foi colocado ao alcance de todos para que possam defender-se sem incorrerem no erro de combater um mal com outro mal, pois só o bem o anula de fato.

Infelizmente não são poucas as pessoas que sabem que só o bem anula o mal, mas o deixam de lado e se armam de um mal maior para livrar-se do mal menor.

É uma tendência natural do ser humano buscar uma arma mais poderosa para defender-se de agressores armados ou mais fortes. Nosso instinto de sobrevivência estimula-nos nesse sentido.

Só que, com todos se armando cada vez mais e com armas mais sofisticadas e mortíferas, isso nunca cessará e não alcançaremos o equilíbrio e a harmonia plena nos nossos relacionamentos, assim como nunca alcançaremos um estado de consciência no qual arma alguma é necessária, pois o amor, a compaixão, a misericórdia, o humanismo e a fraternidade serão nossas defesas e nossos sustentáculos.

Como não sabemos como, quando ou se isso acontecerá um dia na face da Terra, então estamos dando nossa contribuição no desarmamento das magias negativas e das projeções mentais de pessoas e espíritos ainda distantes do ponto de equilíbrio da razão.

E, por trás de nós, dando-nos sustentação, orientação e amparo nesse propósito da Luz, da Lei e da Vida, estão os mensageiros superiores dos divinos Tronos de Deus, que nos dizem isto:

— Ou vocês semeiam a Luz no meio da escuridão consciencial da humanidade ou vossa morada terrena tornar-se-á cada vez mais intolerante, desumana e inabitável pelos seres portadores de luz, pois só agradará e satisfará os semeadores das trevas, todos eles travestidos e autonomeados salvadores da humanidade e da alma dos seus escravos conscienciais.

A abertura da escrita mágica simbólica visa dotar as pessoas de boa vontade de um recurso legítimo de defesa diante do estado de degradação consciencial que assola a humanidade como um todo e as sociedades em geral ou nas suas particularidades (família, trabalho profissional, relacionamentos, religiosidade, etc.).

Falsos "salvadores" pululam.

Poderosos magistas negativos brotam como erva daninha.

Salve-se quem puder é regra geral.

A intolerância virou moda e a fraternidade perdeu seu valor.

Então é hora de um recurso divino mantido a sete chaves ser aberto e é hora de começarmos a enviar de volta às trevas da ignorância os espíritos trevosos e atrasados. É hora de amparar e ampararmo-nos na Luz de Deus e dos seus Divinos Tronos.

Só assim, amparados por Eles, nos livraremos do poder de atração e de persuasão dos habitantes das sombras e dos seus, consciencialmente trevosos, escravos encarnados.

Às trevas os que não aceitam a luz divina e à luz os que querem fugir das garras das trevas.

Esta é a lei de Deus! Assim pensamos e acreditamos nós, os que não aceitam como natural a substituição do perdão pelo acerto de contas através da magia negativa.

Então aqui você tem como invocar o poder divino e ativar seus espaços mágicos.

Evocação básica e geral para todos os espaços mágicos que você construir:

**Eu evoco Deus, seus divinos Tronos, sua Lei Maior e sua Justiça Divina, assim como evoco os senhores Tronos regentes e guardiões dos mistérios dos sete símbolos sagrados e peço-lhes que ativem este meu espaço mágico simbólico para que eu possa trabalhar com ele, tanto em meu benefício quanto no dos meus familiares.
Amém.**

Após essa evocação, que deverá ser feita de joelhos diante do espaço mágico, com as palmas das mãos voltadas para o alto, com concentração e respeito seu operador deverá, como em uma oração, determinar as ações em seu benefício e no dos seus familiares.

Ajoelhado diante do espaço mágico, mas com a mente voltada para Deus, o operador mantém a mão esquerda espalmada na direção do seu centro e mantém a mão direita espalmada para a frente e começa a dar o que chamamos de determinações, decretos ou ordens mágicas.

E, quando determinar todos os trabalhos a serem realizados dentro do seu espaço mágico, o operador agradece e senta-se próximo dele por meia hora, para que seja puxado e removido do seu espírito suas sobrecargas negativas.

Depois desse tempo, poderá cuidar de outros assuntos, pois os trabalhos determinados prosseguirão.

Recomendamos que não desfaçam o espaço mágico antes de terem passado 12 nem após 24 horas.

Mãos à obra e boas magias para todos!

Que o senhor Deus e seus divinos Tronos abençoem todos nós!

Signos Mágicos

A partir de agora, vocês, amigos leitores, terão à vossa disposição uma tabela simples de signos mágicos com as ondas vibratórias que os geram.

São milhares de signos mágicos que poderão usar, segundo vossa intuição ou vontade de riscá-los em vossos "espaços mágicos".

Saibam que nenhum deles tem função negativa ou prejudicial, mas foram escolhidos criteriosamente porque, após serem ativados, trabalharão em vosso benefício ou no dos vossos lares e familiares.

Se vocês já se iniciaram conosco na Magia Divina das Sete Chamas Sagradas ou dos Sete Símbolos Sagrados, recomendamos que usem este signário mágico em vossos espaços mágicos construídos para trabalharem pelos seus semelhantes, pois já sabem como "lidar" com problemas alheios.

Aos amigos leitores que ainda não se iniciaram conosco, recomendamos que usem este nosso signário apenas em vosso benefício, no dos vossos lares e familiares que moram com vocês.

Aos não iniciados por nós não é permitido que criem espaços mágicos para outras pessoas porque lhes falta a consagração mágica para que tornem regular o trabalho de auxílio ao próximo. Presenteie-os com este e outros dos nossos livros de magia para que também eles aprendam a se ajudarem com a Magia Divina.

Caso queiram, recomendamos que venham estudar conosco, para iniciar-se e consagrar-se Mago das Sete Chamas Sagradas ou dos Sete Símbolos Sagrados para que, aí sim, iniciados e conhecedores de uma técnica de trabalho, possam atuar magicamente com segurança e eficácia.

Lembrem-se de que Magia é conhecimento e pode ser aprendida por todos, independente da religião que sigam.

Conhecimento é algo que pode ser adquirido por todos que queiram estudar, praticar e aprender, seja uma profissão, um esporte ou um "sistema de Magia".

Adiante, daremos algumas instruções básicas para que possam ativar e beneficiar-se do poder da magia riscada simbólica.

Procedimentos

1º Escrever em uma folha de papel quais são seus problemas.
2º Escolher aleatoriamente, intuitivamente ou com o auxílio de um pêndulo os signos mágicos mais adequados para seu espaço mágico.
3º O número de signos não tem uma regra e, acima de sete, já se tem o necessário para construir um poderoso espaço mágico.
4º Não recomendamos a inscrição de mais de 21 signos, ainda que não haja um limite.
5º Após selecionarem os signos, escolham o tipo de espaço mágico, que pode ser aberto, fechado, direcionado ou misto (com signos dentro e fora do círculo).
6º Definam o signo central e distribuam os outros segundo vossa intuição.
7º Coloquem sobre o signo central algum elemento mágico que pode ser uma vela branca ou de outra cor (com exceção da vela de cor preta, pois não damos aqui signos que aceitem essa cor de vela); copos com água doce, azeite, vinho ou água salgada, com sal, açúcar, sementes; pratos com água, com farinha de trigo, com terra, com sal grosso; folhas de ervas consagradas à Magia, tais como alecrim, arruda, guiné, espada de São Jorge, erva-doce, pitangueira, etc.; frutas das mais variadas espécies; cristais de rochas; pós de vários minerais ou de partes de vegetais, etc.
8º Vocês também poderão combinar elementos, tais como uma vela branca, um copo com água e um pedaço de cristal de rocha.
9º Se usarem um só elemento, coloque-o sobre o signo central; se usarem dois, coloque-os lado a lado; se usarem três, distribua-os triangularmente; se usarem quatro, distribua-os em cruz; se usarem cinco, dis-

tribua-os em pentágono; e assim sucessivamente, sempre lhes dando uma forma geométrica.

10º Após escolher os signos mágicos mais adequados para seu espaço mágico, riscá-lo, colocar algum(ns) elemento(s) mágico(s), você deve colocar dentro dele seu nome ou sua fotografia ou algum objeto de uso pessoal que servirá como direcionador do trabalho.

11º Após feito isto, você deve ativá-lo e dar-lhe funcionalidade.

12º A funcionalidade é obtida com uma evocação mágica geral codificada como ativadora de todos os espaços mágicos criados por você, nosso leitor.

13º A evocação mágica liberada é a seguinte:
"Eu evoco Deus, seus divinos Tronos, sua Lei Maior, sua Justiça Divina, os Tronos regentes e os Tronos guardiões dos mistérios dos Sete Símbolos Sagrados, e clamo-lhes que ativem este meu espaço mágico para que, nele, eu seja auxiliado pelo vosso poder divino. Amém."

14º Após a evocação, você deve direcionar os trabalhos a serem realizados determinando suas ações.

15º As ações, você determina segundo suas necessidades e devem ser precisas e objetivas, não cabendo aqui a divagação ou a dispersão.

Precisão e objetividade são as chaves de um bom trabalho mágico.

Exemplo: "Deus, divinos Tronos aqui firmados, eu peço-lhes que, caso tenha algum espírito sofredor acompanhando-me ou a algum dos meus familiares, então que seja recolhido dentro desse meu espaço mágico, seja curado por ele e encaminhado para seu lugar de merecimento. Amém!"

Exemplo: "Deus, divinos Tronos aqui firmados, eu determino que, caso haja algum espírito obsessor, vingativo ou perseguidor atuando negativamente contra mim ou contra algum dos meus familiares, então que ele seja recolhido dentro desse espaço mágico, seja purificado de todos seus negativismos e seja encaminhado para seu lugar de merecimento. Amém!"

Exemplo: "Deus, divinos Tronos aqui firmados, eu determino que, caso tenha algum trabalho de magia negativa feito contra mim ou algum dos meus familiares, que ele seja integralmente recolhido nesse espaço mágico, seja neutralizado, anulado, dissolvido e dispersado, assim como que todos os seres envolvidos nela ou que estejam atuando por trás dela, que todos sejam neutralizados, decantados, positivados e redirecionados em suas evoluções, não atuando mais negativamente contra mim ou qualquer outra pessoa. Amém!"

São tantas as possibilidades de uso da magia riscada simbólica, que não temos como relacionar todas as determinações, ordens ou decretos mágicos.

Dependerá de cada um determinar os trabalhos que queira que seja realizado, lembrando-os que cada um tem de ser especificado.

Portanto, para cada ação uma ordem precisa e objetiva!

Lembre-se de que magia é um recurso a ser usado sempre que surgir a necessidade, não se limitando a certas ocasiões.

É importante que você saiba que a magia riscada simbólica não é limitada por horários, dias, fases lunares, locais, etc., bastando ter um lugar no solo para riscar seu espaço mágico.

Também precisam saber que ele deve ser riscado sobre uma superfície firme e dura, tais como pisos com lajotas; pisos cimentados; pisos de terra batida; placas de mármore, ardósia ou granito; piso de tábuas, etc.

O espaço mágico tem de ser riscado sobre o "solo" onde seu operador encontrar-se, não importando se é uma casa térrea, a parte superior de um sobrado ou em um andar de um prédio.

Há um mistério espiritual que determina que todo espaço mágico polifuncional deve ser riscado no nível vibratório zero ou neutro do seu operador. E ele é justamente onde a pessoa que riscá-lo estiver pisando.

Se a pessoa estiver na cobertura de um edifício ou em algum andar subterrâneo, ali estará seu nível vibratório zero ou neutro.

Outra regra a ser seguida é a seguinte:

A ativação e os decretos devem ser dados com o operador posicionado de joelhos diante do "pólo sul" do espaço mágico, que é justamente o local onde ele se abaixou e se ajoelhou para riscá-lo.

Se preferirem, peguem uma bússola e determinem os pólos norte e sul, para só então riscarem seus espaços mágicos, lembrando-os de que é no pólo sul que se posicionarão para riscá-lo, e onde permanecerão enquanto estiverem dando as determinações, as ordens ou os decretos mágicos.

Mas, caso não queiram seguir o norte e o sul magnéticos, então têm a liberdade de determinarem a posição do seu espaço mágico e qual é seu pólo norte e o sul.

Para um maior esclarecimento sobre esse assunto, recomendamos a leitura e o estudo do livro de nossa autoria *Iniciação à Escrita Mágica*, onde os pólos mágicos estão bem determinados.

A leitura deste e de outros livros de nossa autoria sobre magia o auxiliará no aprendizado nesse campo de estudo e práticas magísticas.

Muitos são os autores que escreveram sobre magia no decorrer dos tempos e há ótimos livros à sua disposição.

Observação: um espaço mágico simbólico não deve ser desfeito antes de 24 horas após sua ativação.

Comentário sobre os Signos

A seguir, colocamos à disposição de quem queira usar toda uma gama de signos, todos com poder de realização, lembrando-os de que, tal como fizemos com a onda vibratória transportadora do fator equilibrador do senhor Trono da Fé, cada uma das que vocês verão a seguir tem suas "formas de crescimento" e cria telas vibratórias belíssimas, mas muito difíceis de serem colocadas no papel.

Não temos recursos para reproduzi-las e optamos por colocar "pedaços" delas para que tenham conhecimento de onde os signos, os símbolos e as mandalas saem.

Acreditamos que, de agora em diante, os amigos leitores terão um conhecimento fundamental sobre os signos e símbolos mágicos e, a partir do exemplo com a onda equilibradora, da qual extraímos 9075 signos a partir de três bases, com 55 signos cada uma, também poderão criar novas "tábuas de signos mágicos".

No livro de nossa autoria *O Código da Escrita Mágica Simbólica*, a título de ilustração colocamos "alfabetos mágicos" denominados cristalino, mineral, ígneo, eólico, aquático, telúrico, vegetal. E, se ali só colocamos alguns signos, no entanto cada um deles é formado por muitos milhares de signos.

Cada onda vibratória forma uma tela que nos fornece tantos signos que, aqui, optamos por colocar somente as ondas simples e seus signos mais aparentes ou fáceis de serem visualizados.

A simbologia, por ser uma ciência, é inesgotável, e vem sendo construída no decorrer dos séculos, com a contribuição de muitos, cada um lhe acrescentando novas descobertas e novos poderes mágicos.

Esperamos ter dado uma boa contribuição ao estudo da simbologia, fundamentando-a com nossos livros:

- *Iniciação à Escrita Mágica*
- *Código da Escrita Mágica*
- *Tratado de Escrita Mágica Simbólica*
- *O Livro dos Símbolos*
- *O Livro das Mandalas Mágicas*

Este nosso *Tratado de Escrita Mágica Simbólica* encerra em si um profundo conhecimento sobre a simbologia e esperamos que, no decorrer dos tempos, muitas pessoas os utilizem tanto para estudo como para auxílio.

Somente esses propósitos nos motivaram a abrir parcialmente a oculta ciência dos símbolos.

Aceitem esta nossa contribuição como nosso desejo de compartilhar o que é bom, e com o qual tanto nos ajudamos, como temos usado no auxílio aos nossos semelhantes.

A seguir seguem as Tábuas de Signos Mágicos.

TÁBUAS DE ONDAS VIBRATÓRIAS E SIGNOS MÁGICOS DESENVOLVIDAS POR RUBENS SARACENI, MESTRE MAGO INICIADOR DE MAGIAS DIVINAS NO PLANO MATERIAL, ASSISTIDO POR SEUS MESTRES ESPIRITUAIS

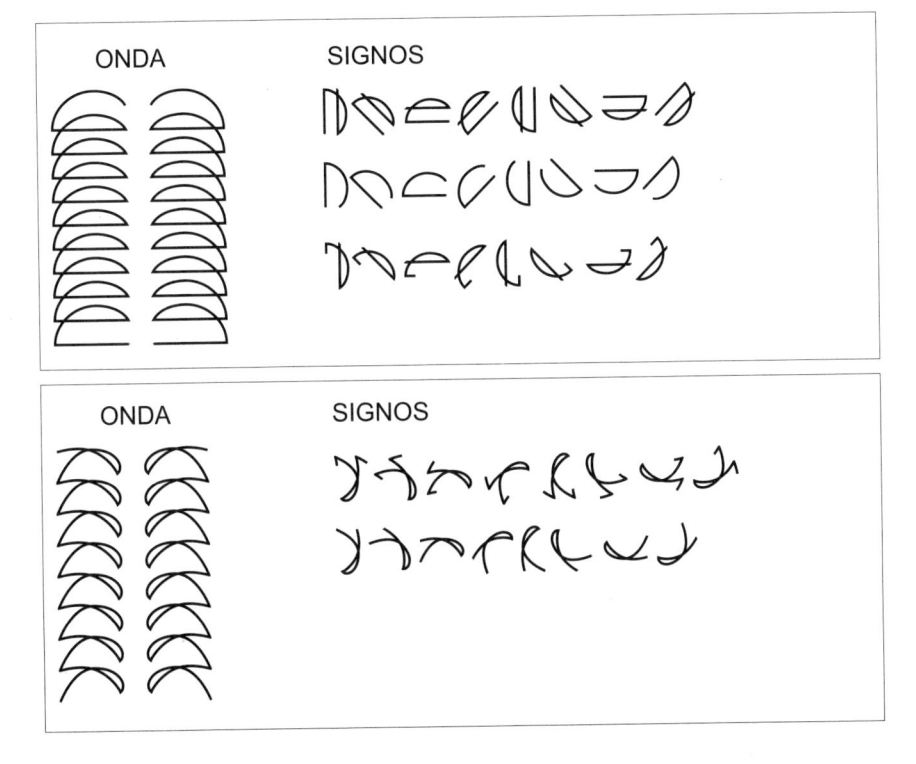

140   *Tratado de Escrita Mágica Sagrada*

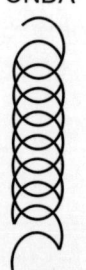

ONDA	SIGNOS

ONDA	SIGNOS

ONDA	SIGNOS

ONDA	SIGNOS

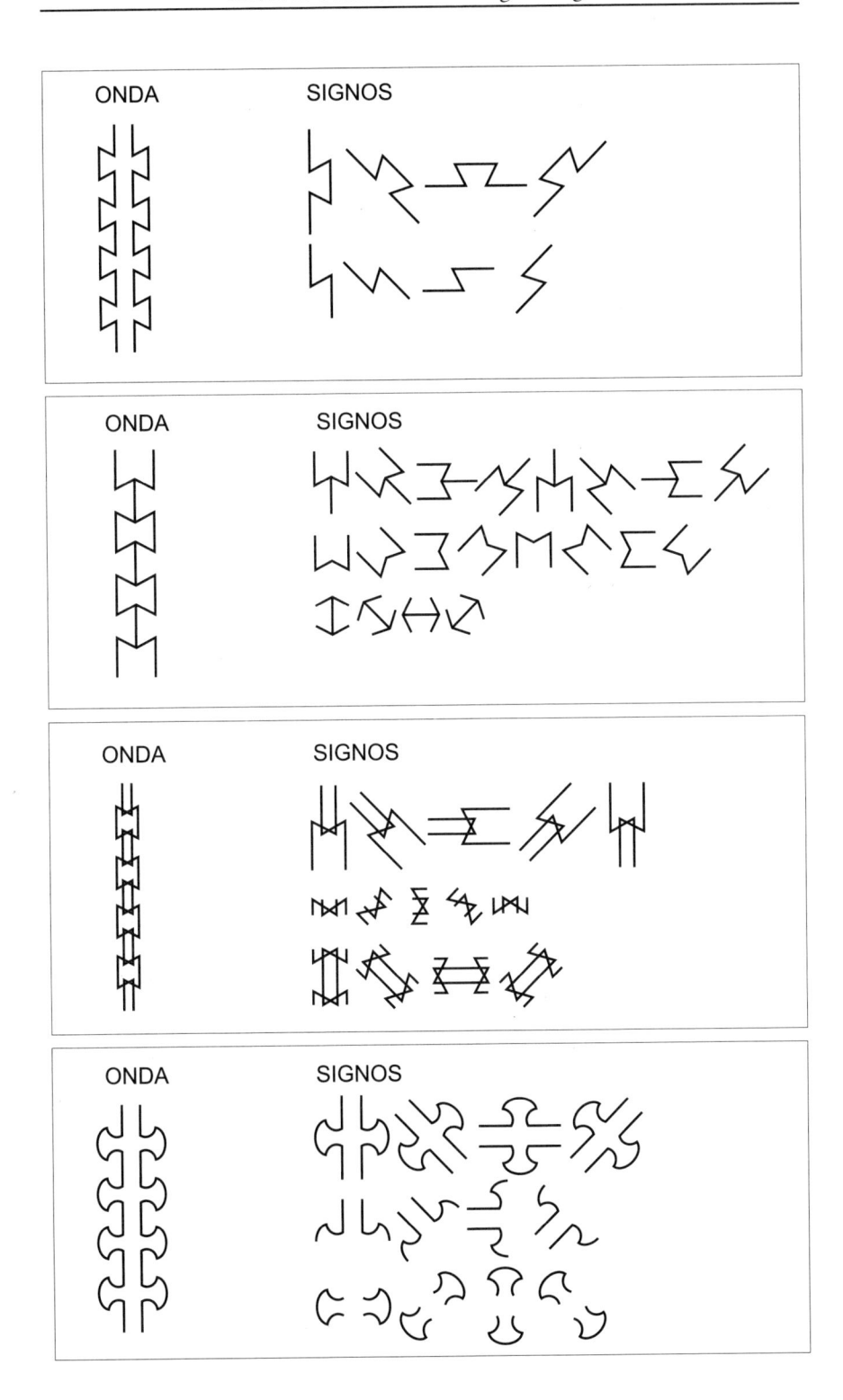

Tábuas de Ondas Vibratórias e Signos Mágicos

141

142   *Tratado de Escrita Mágica Sagrada*

ONDA	SIGNOS

Tábuas de Ondas Vibratórias e Signos Mágicos

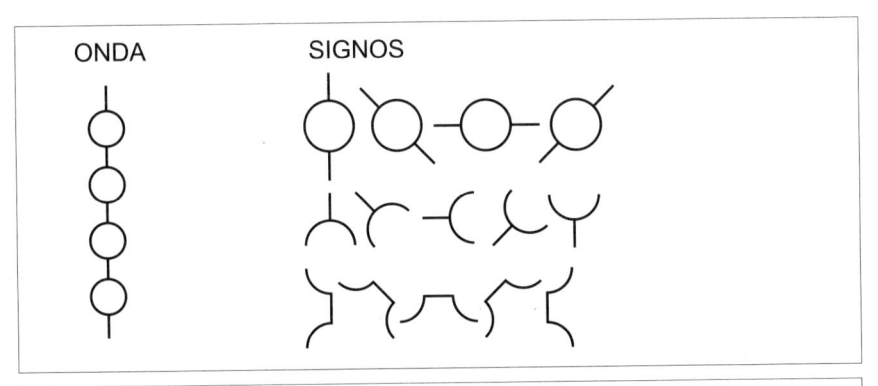

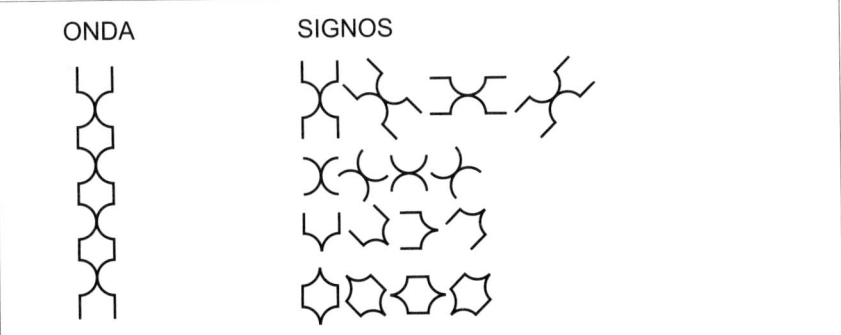

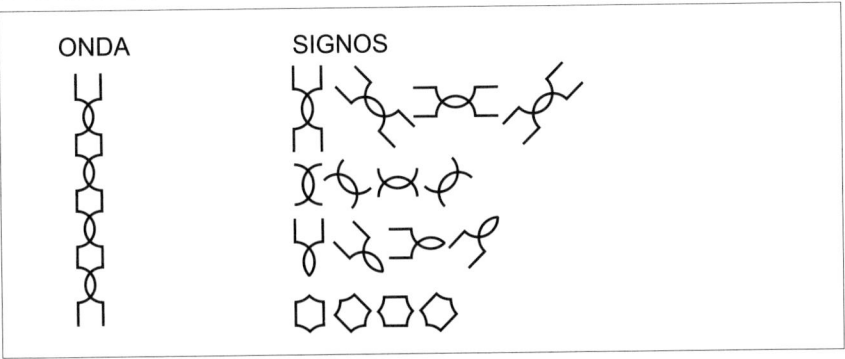

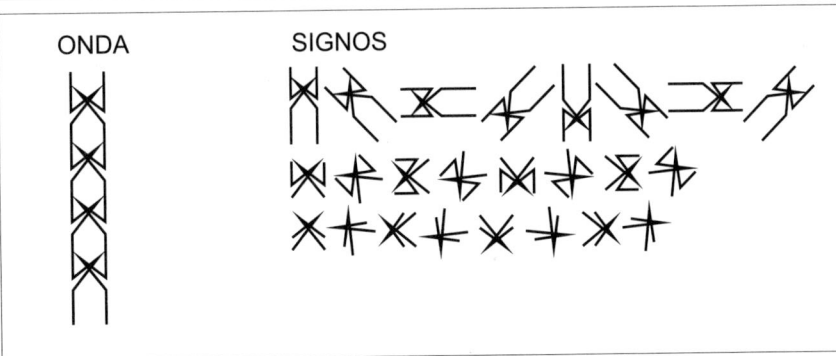

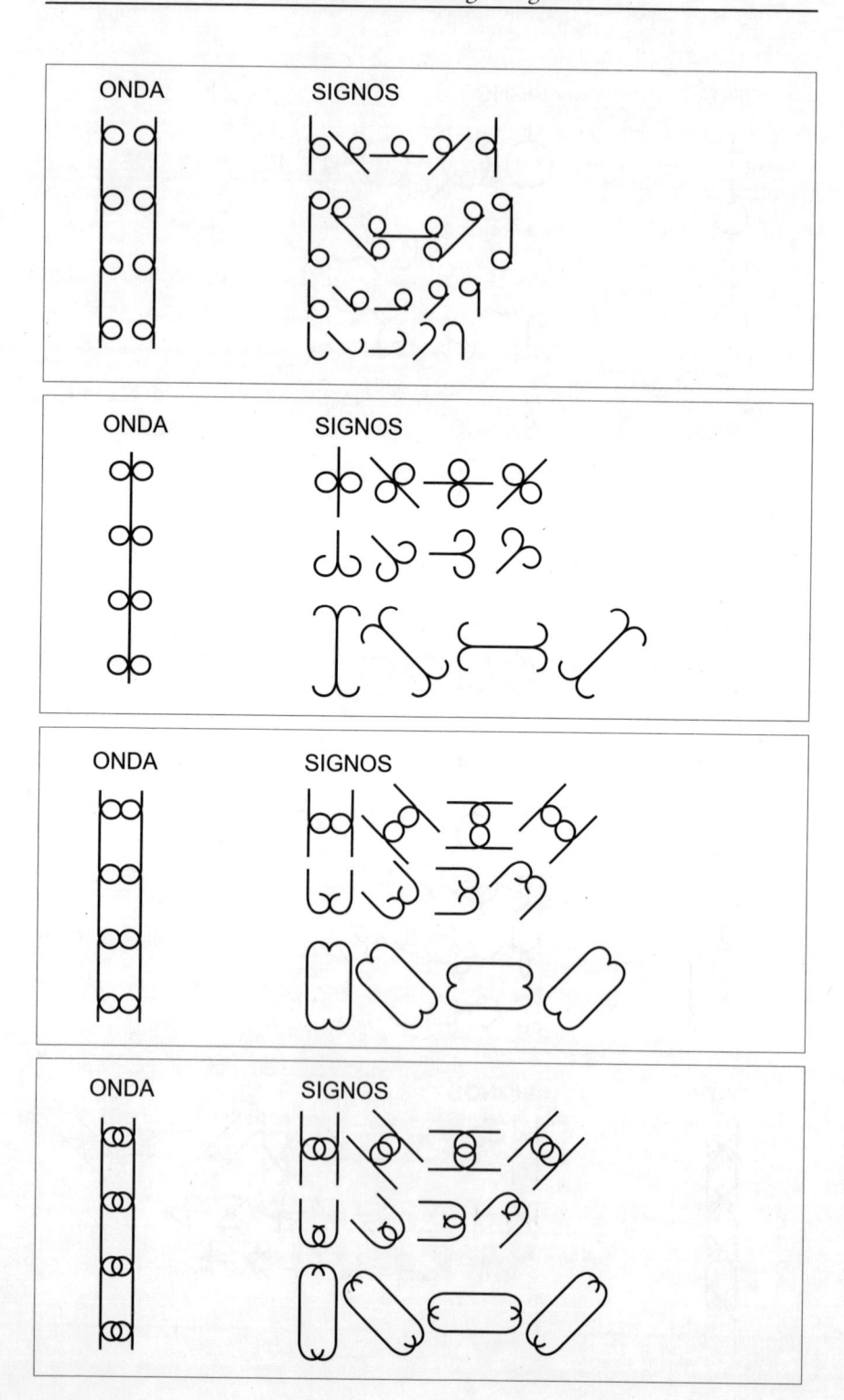

ONDA	SIGNOS

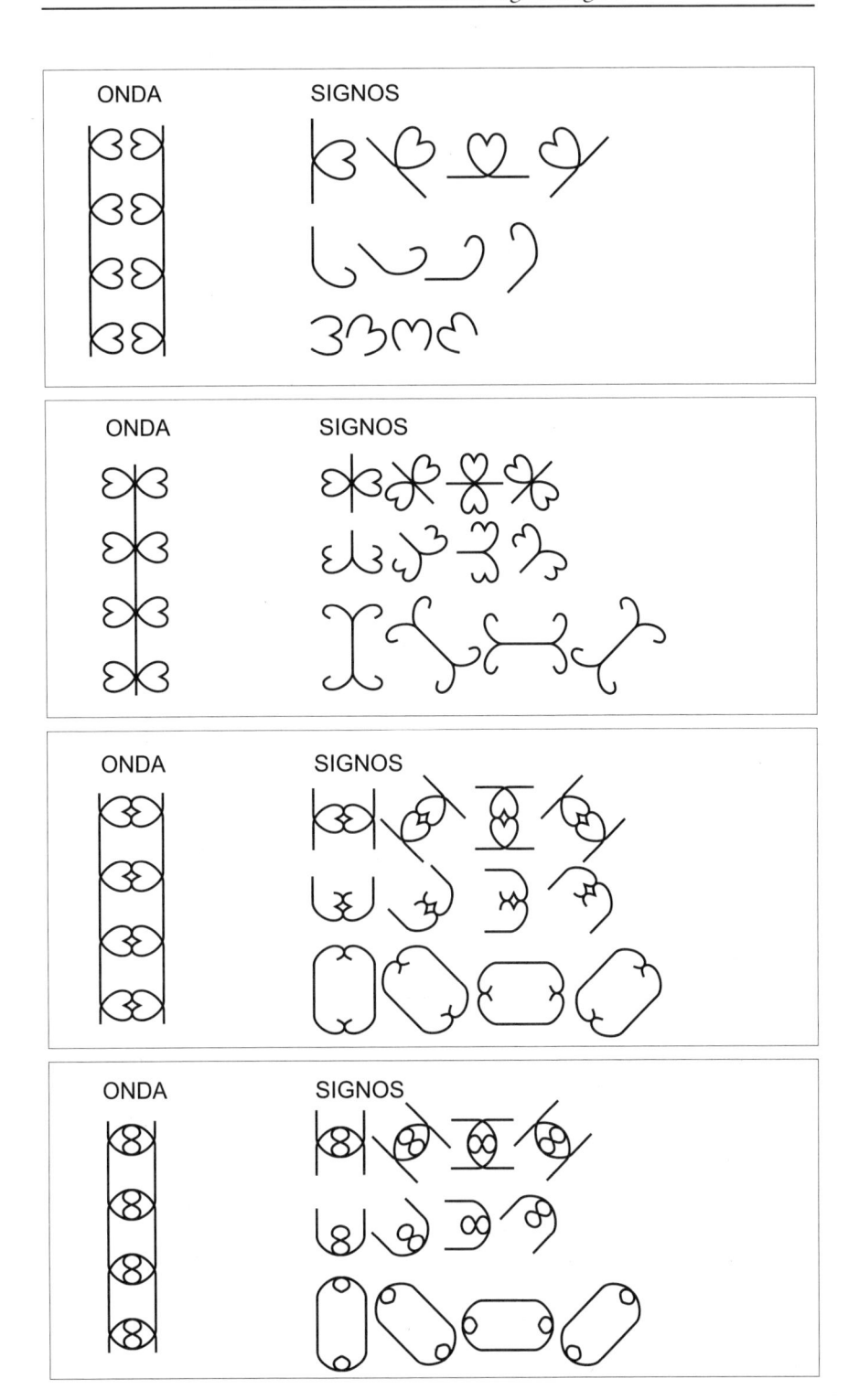

Tábuas de Ondas Vibratórias e Signos Mágicos 145

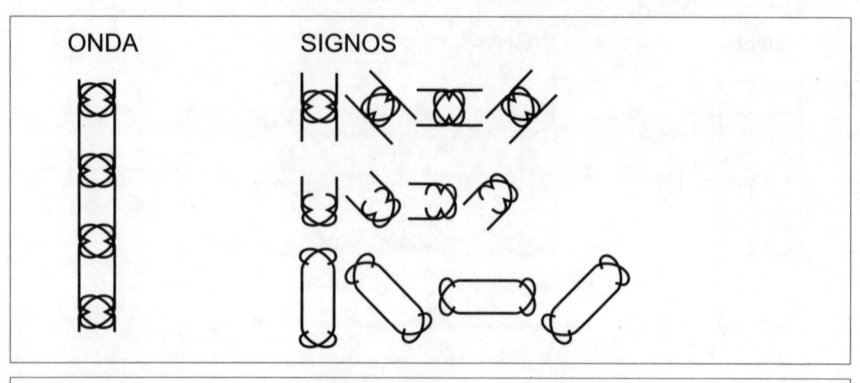

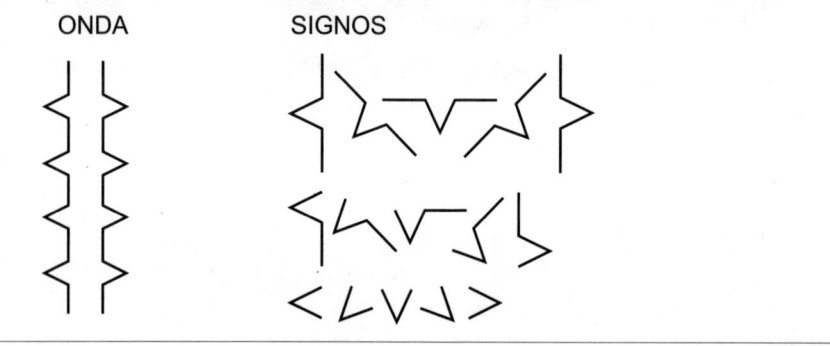

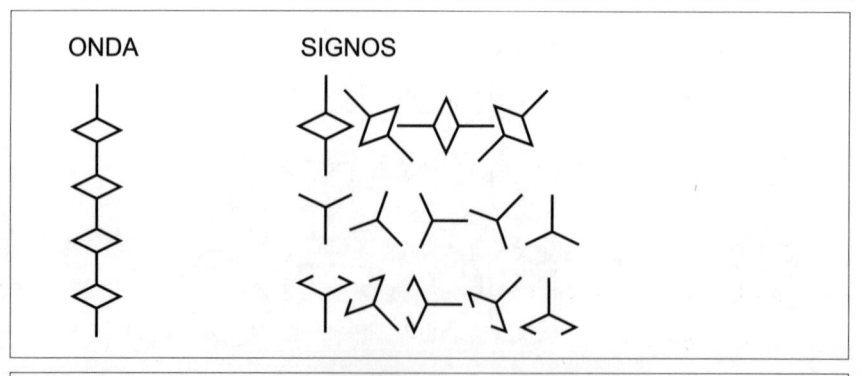

ONDA	SIGNOS

ONDA	SIGNOS

ONDA	SIGNOS

ONDA	SIGNOS

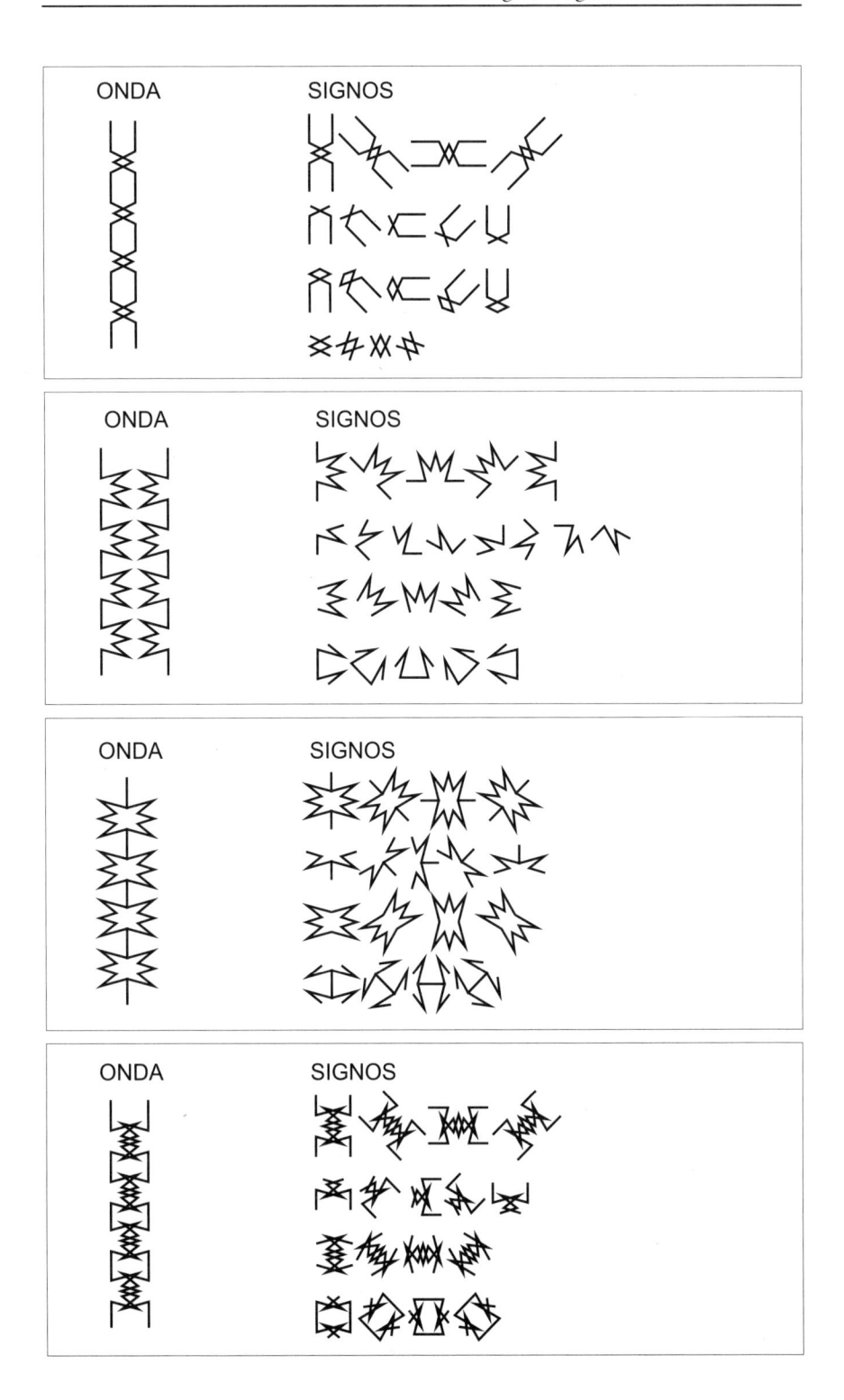

Tábuas de Ondas Vibratórias e Signos Mágicos 147

148 Tratado de Escrita Mágica Sagrada

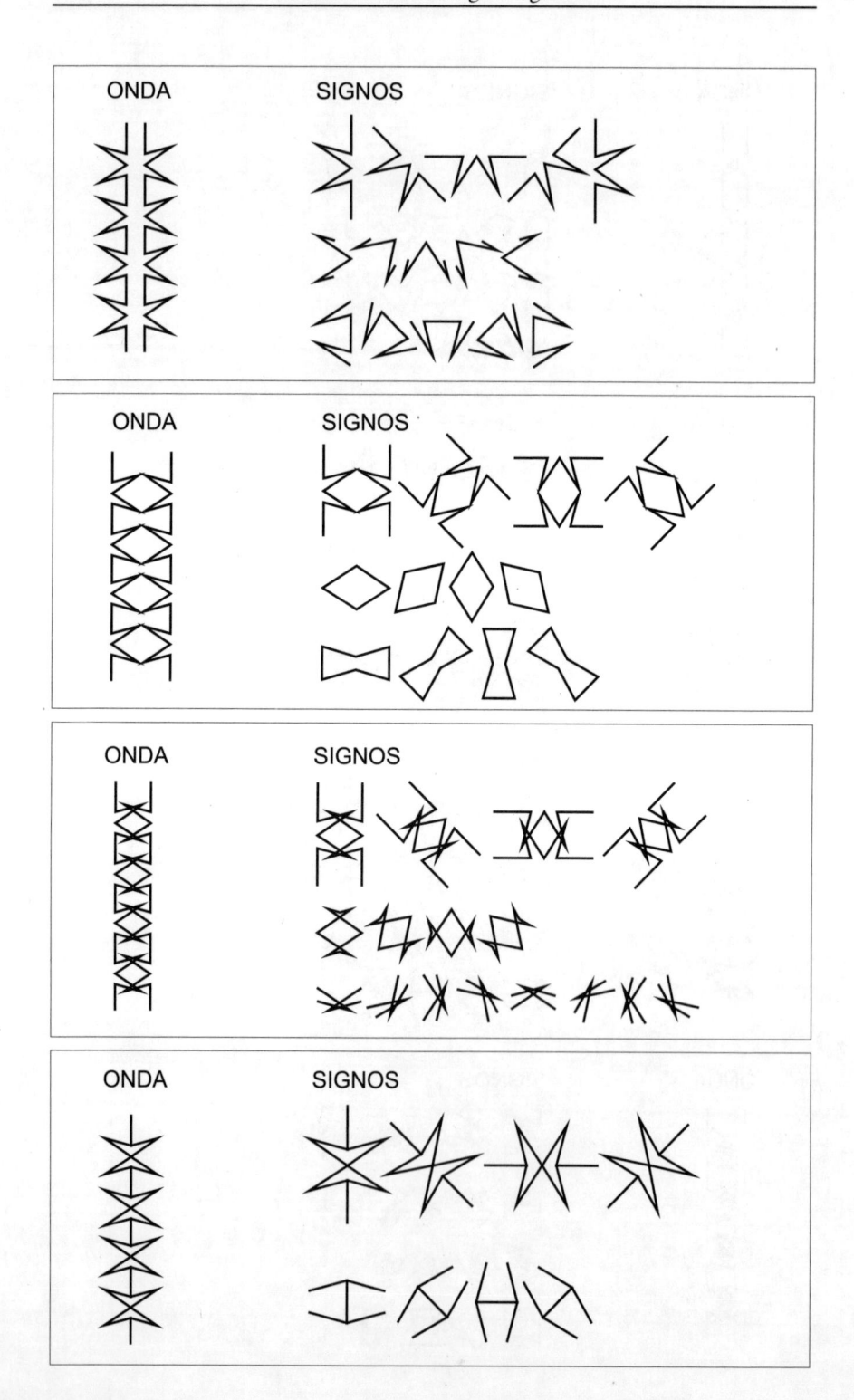

ONDA	SIGNOS

ONDA	SIGNOS

ONDA	SIGNOS

ONDA	SIGNOS

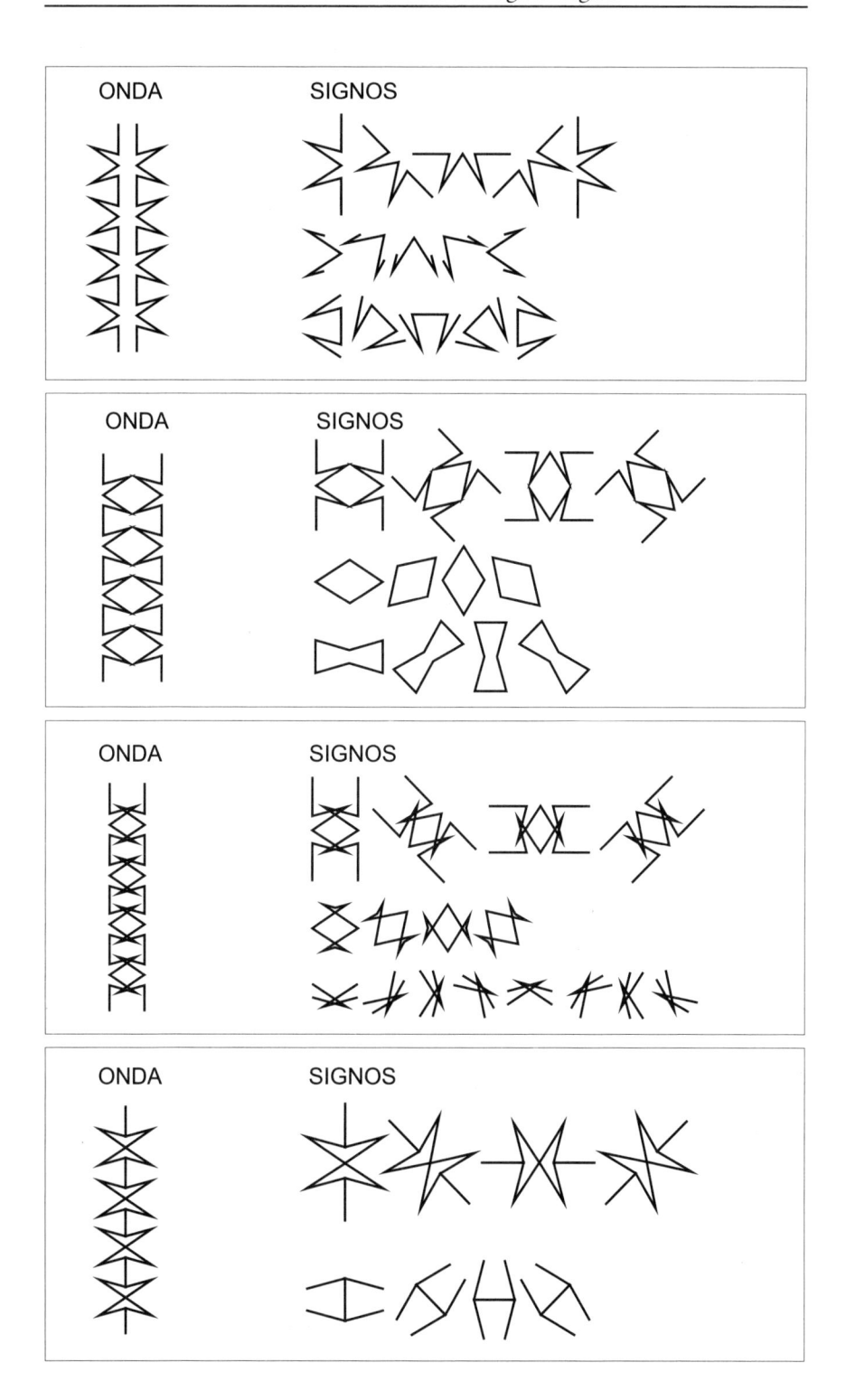

Tábuas de Ondas Vibratórias e Signos Mágicos 149

ONDA	SIGNOS
ONDA	SIGNOS
ONDA	SIGNOS
ONDA	SIGNOS

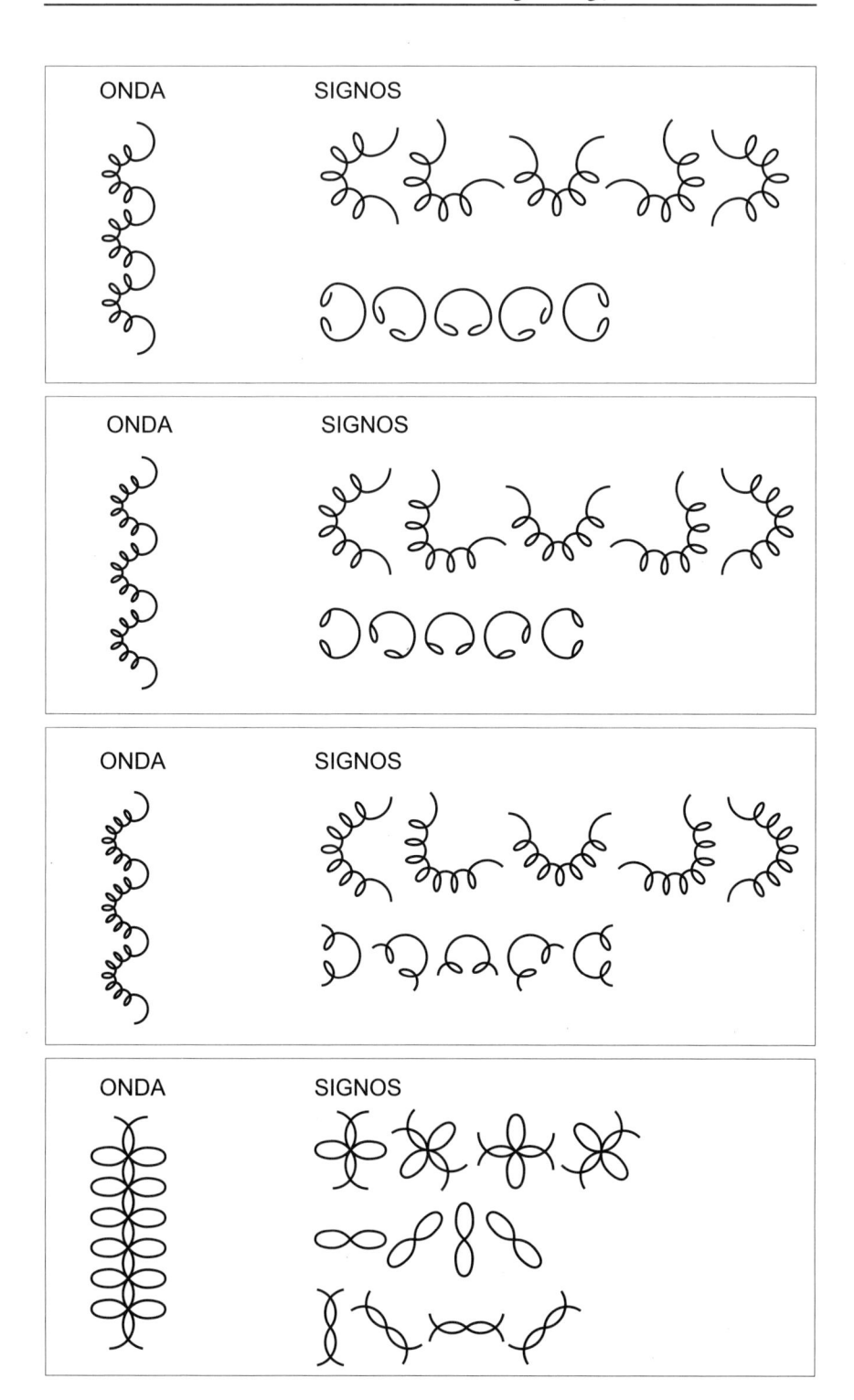

Tábuas de Ondas Vibratórias e Signos Mágicos 151

ONDA	SIGNOS

ONDA	SIGNOS

ONDA	SIGNOS

ONDA	SIGNOS

152 *Tratado de Escrita Mágica Sagrada*

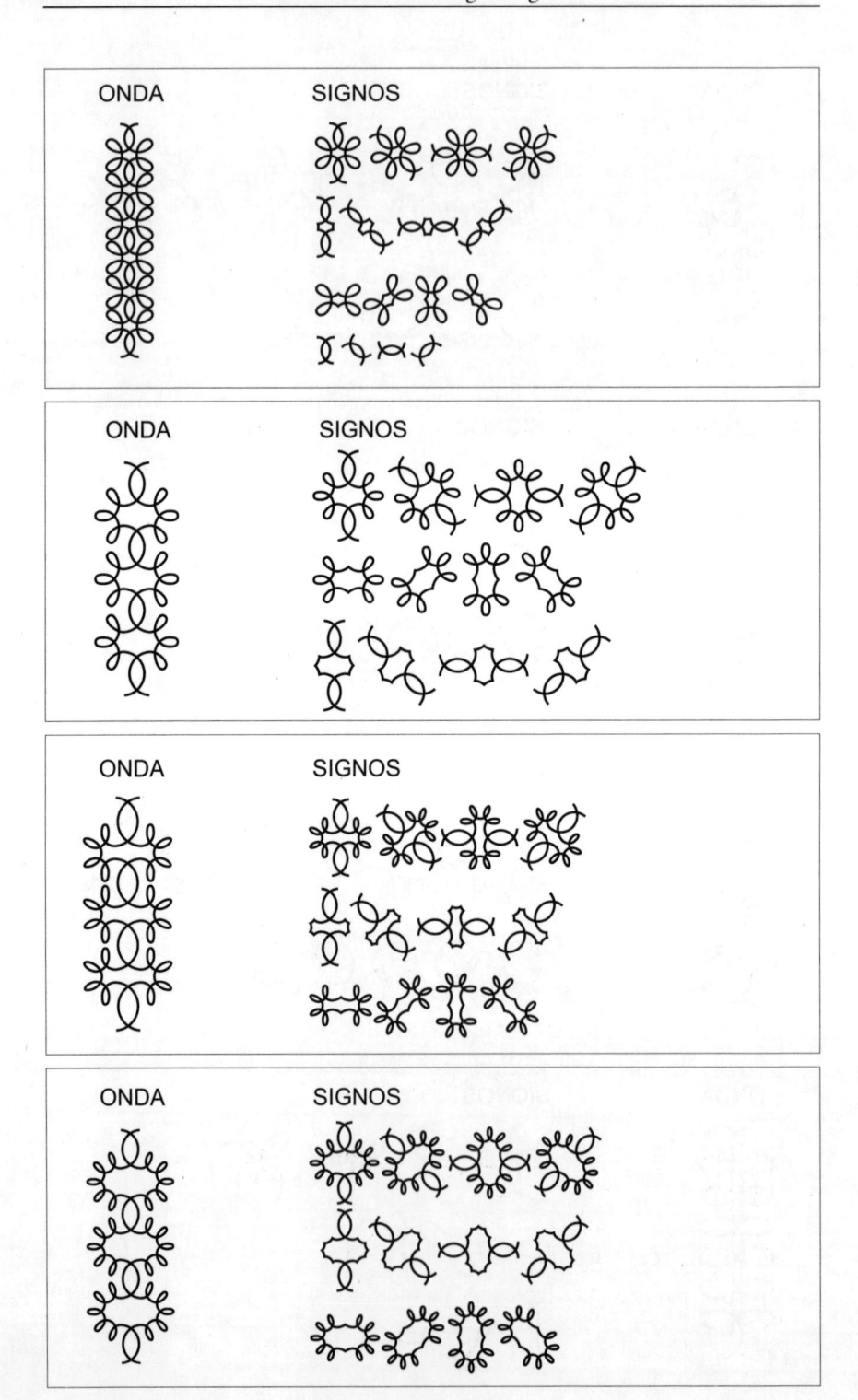

ONDA	SIGNOS

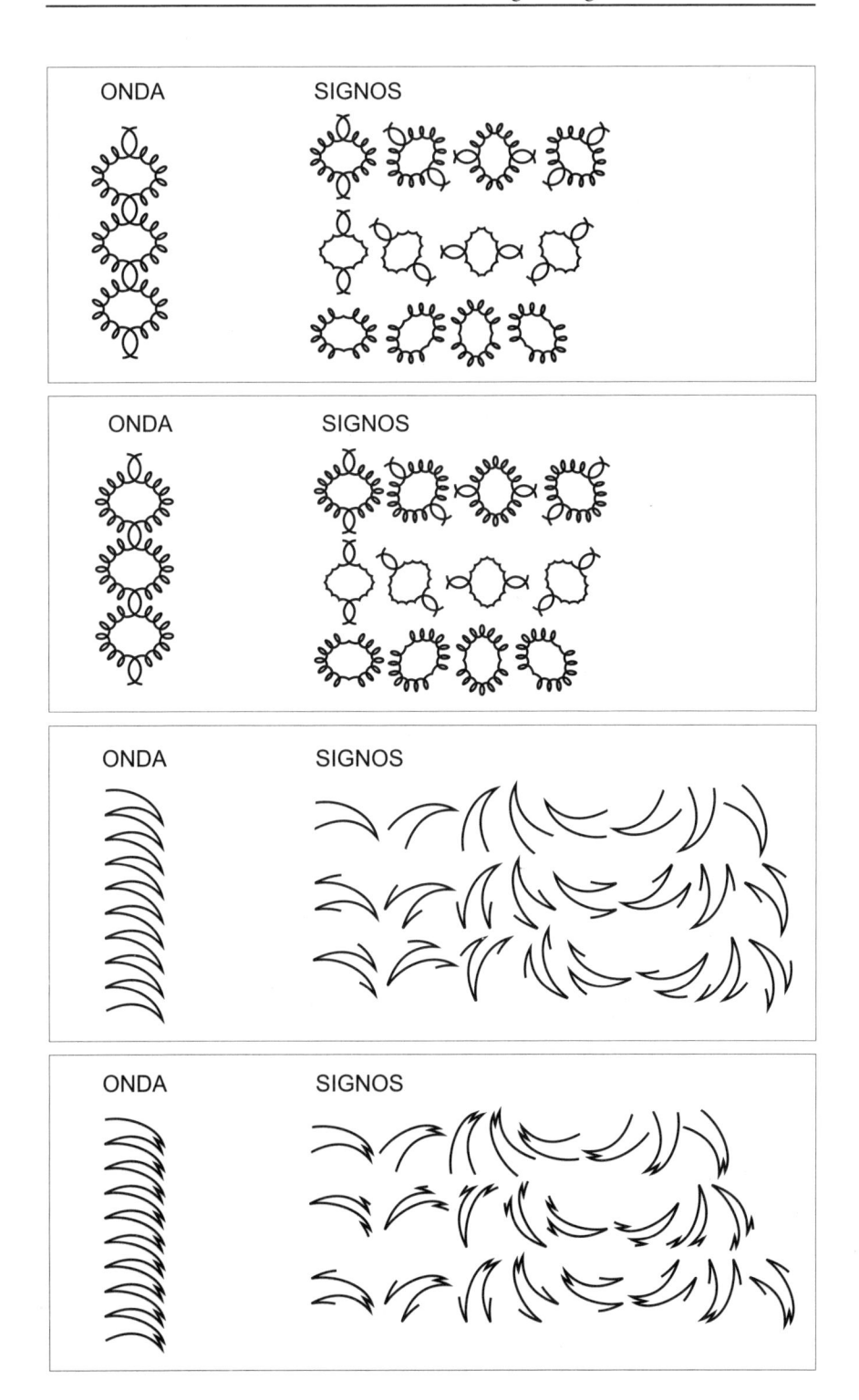

Tábuas de Ondas Vibratórias e Signos Mágicos 153

ONDA	SIGNOS
ONDA	SIGNOS
ONDA	SIGNOS
ONDA	SIGNOS

ONDA	SIGNOS

ONDA	SIGNOS

ONDA	SIGNOS

ONDA	SIGNOS

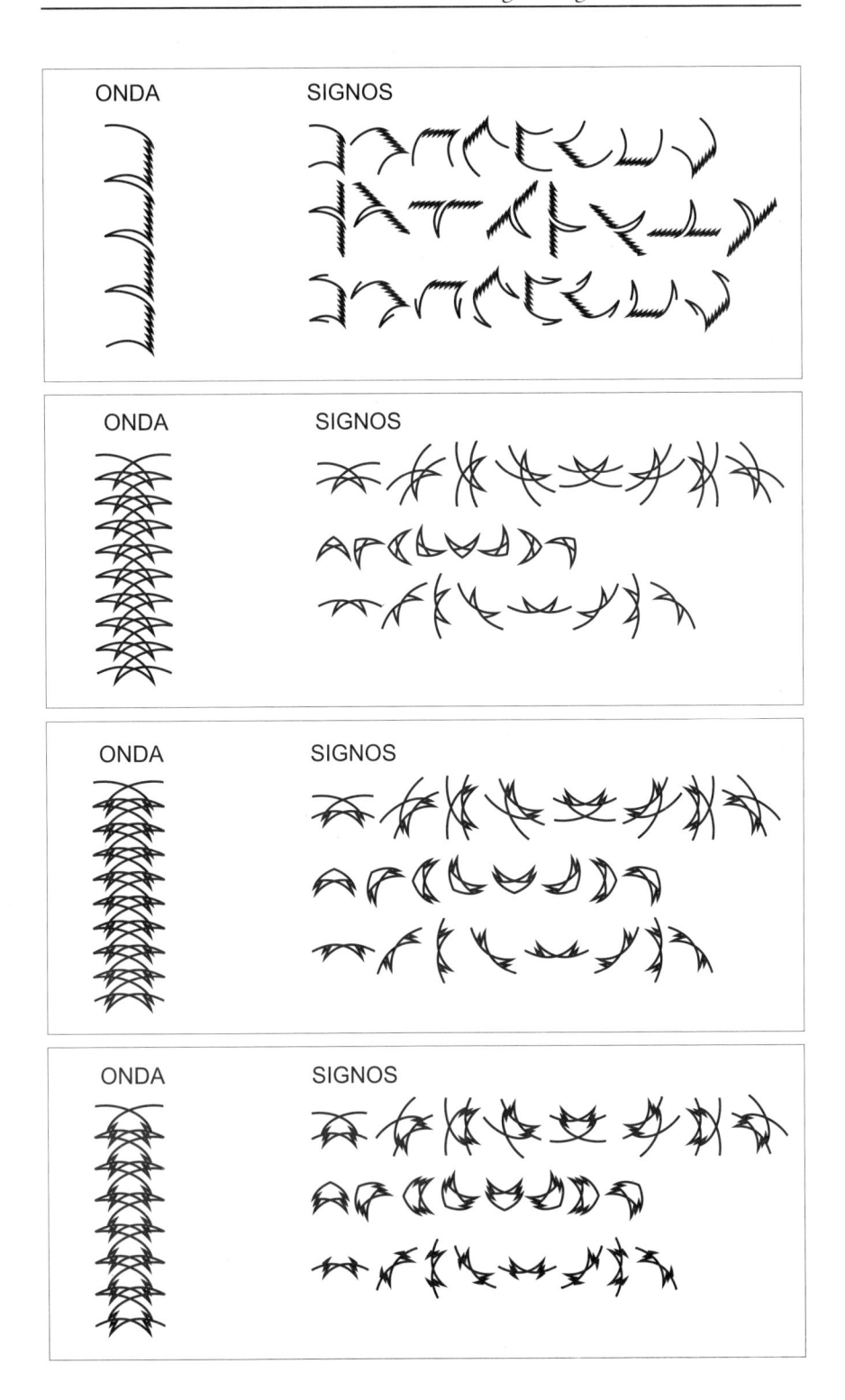

Tábuas de Ondas Vibratórias e Signos Mágicos 155

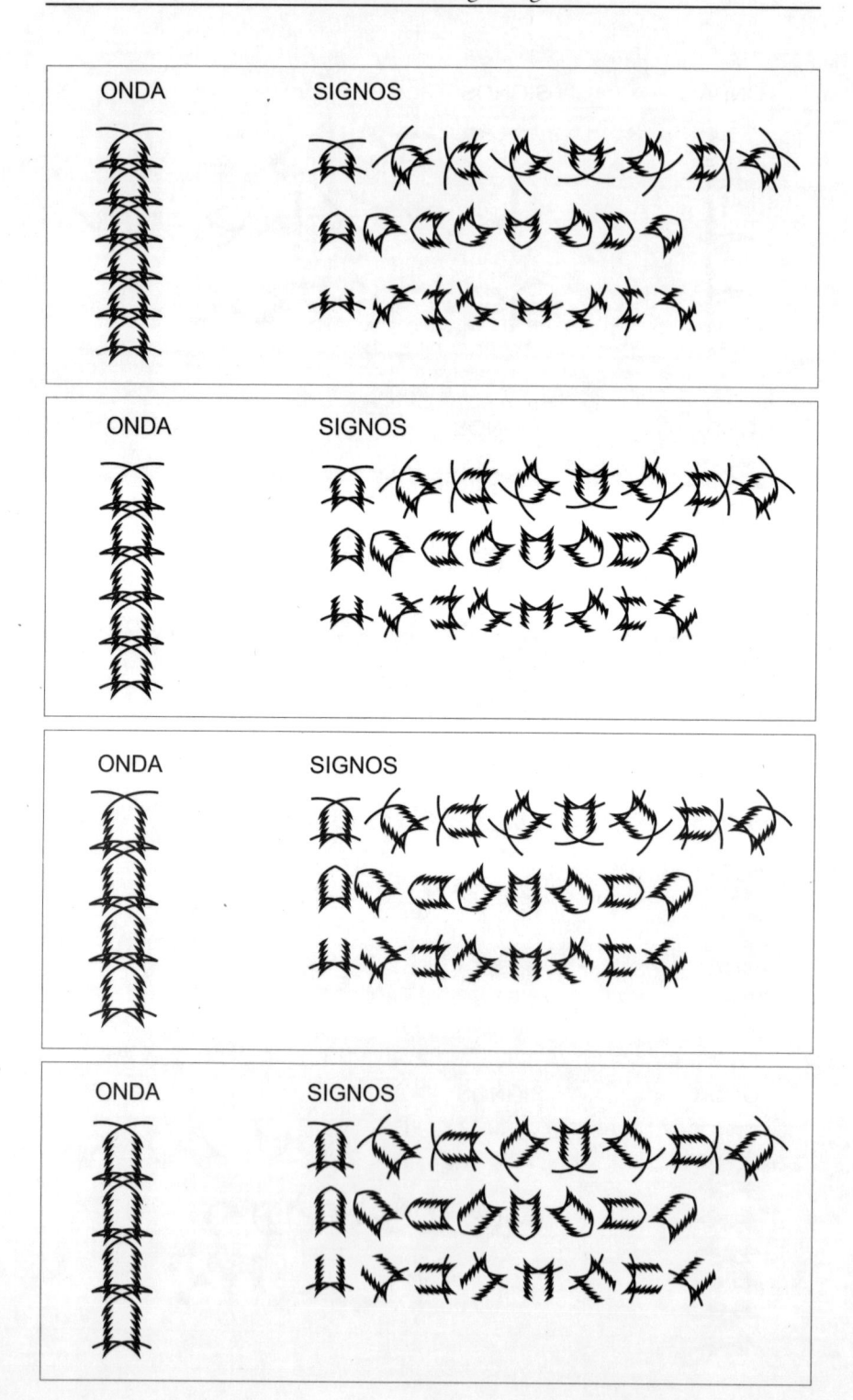

ONDA	SIGNOS

ONDA	SIGNOS

ONDA	SIGNOS

ONDA	SIGNOS

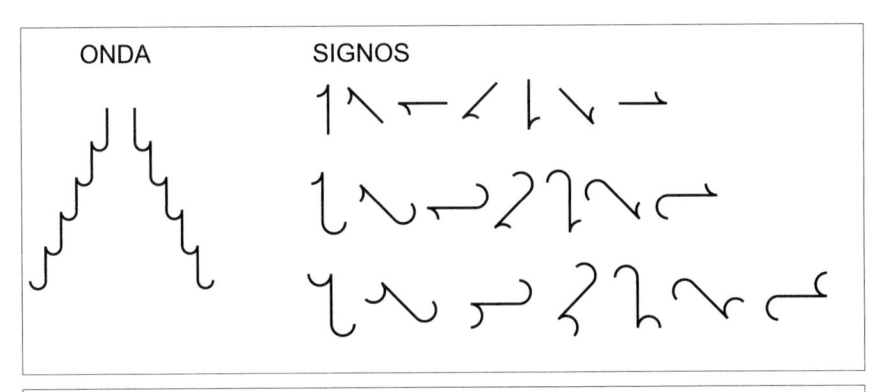

Tábuas de Ondas Vibratórias e Signos Mágicos   157

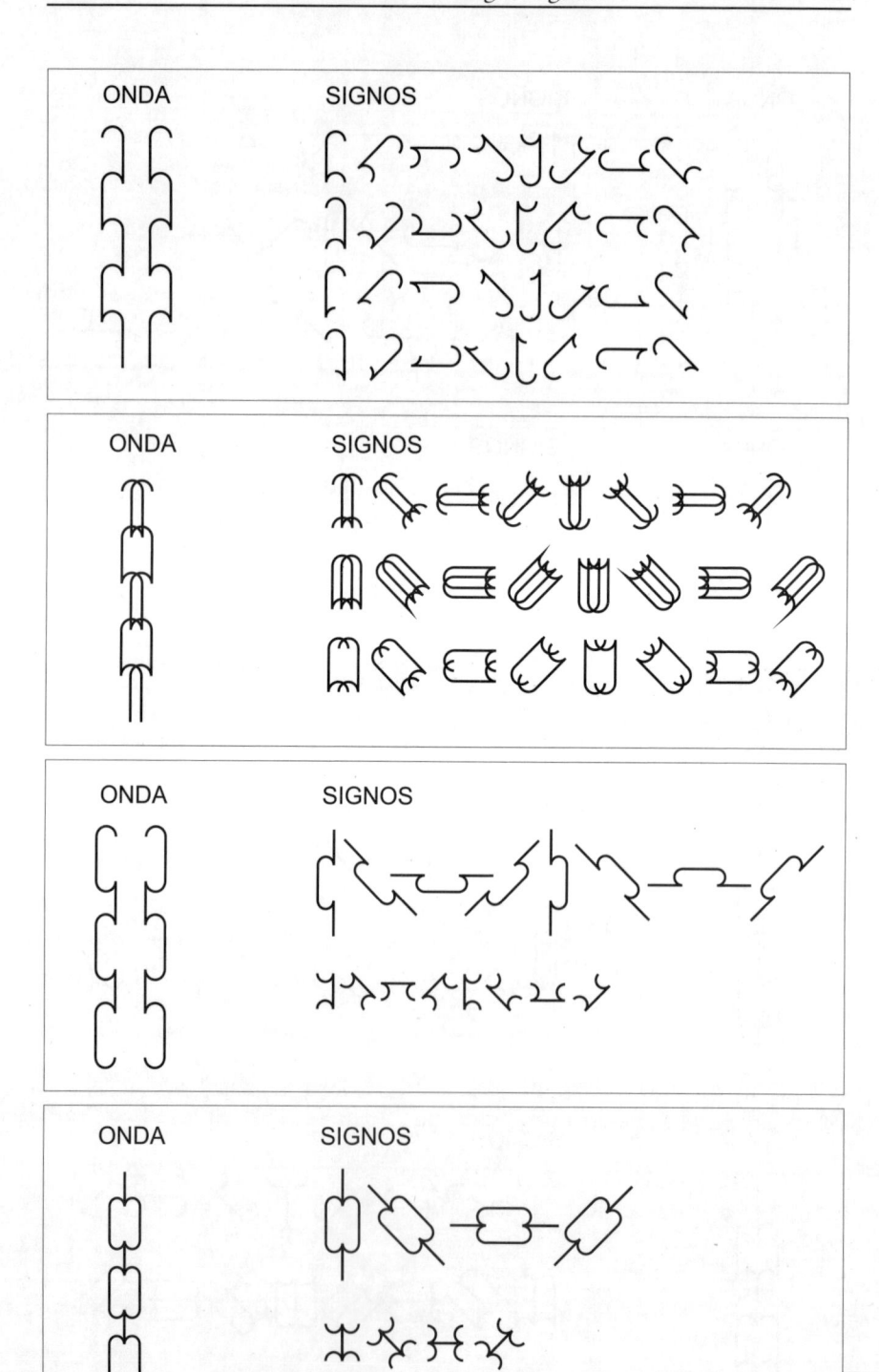

ONDA	SIGNOS

ONDA	SIGNOS

ONDA	SIGNOS

ONDA	SIGNOS

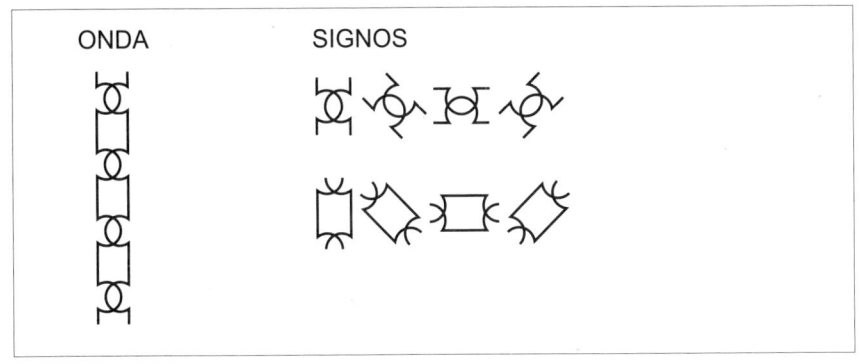

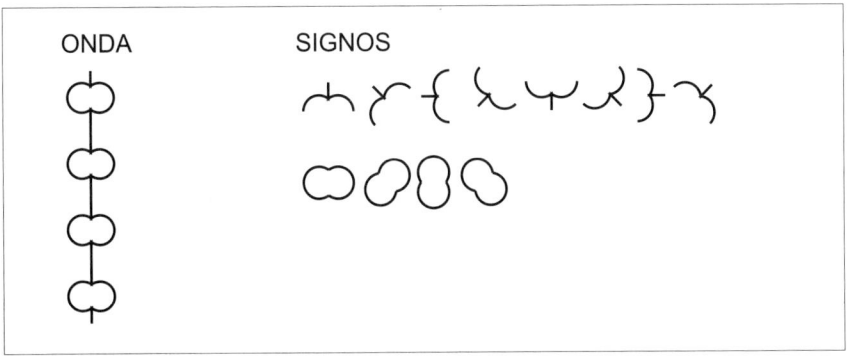

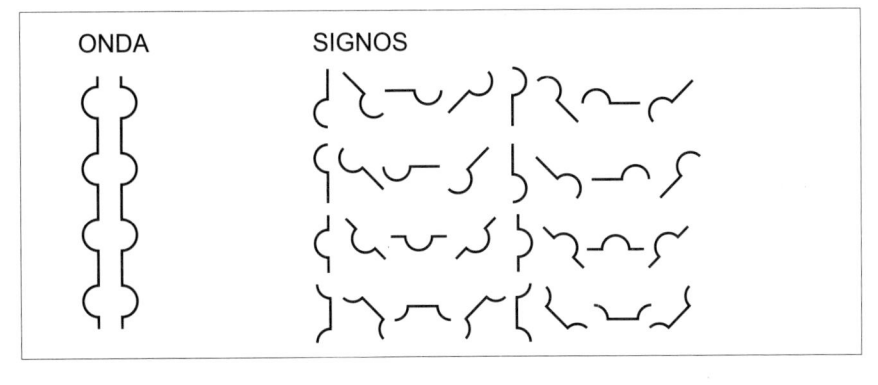

Tábuas de Ondas Vibratórias e Signos Mágicos 159

Tratado de Escrita Mágica Sagrada

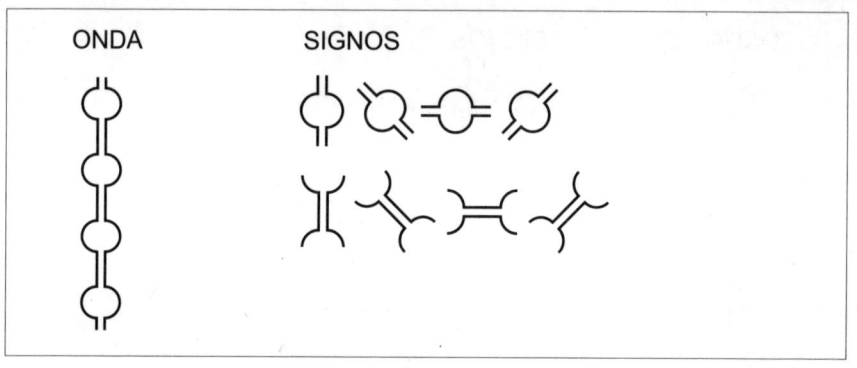

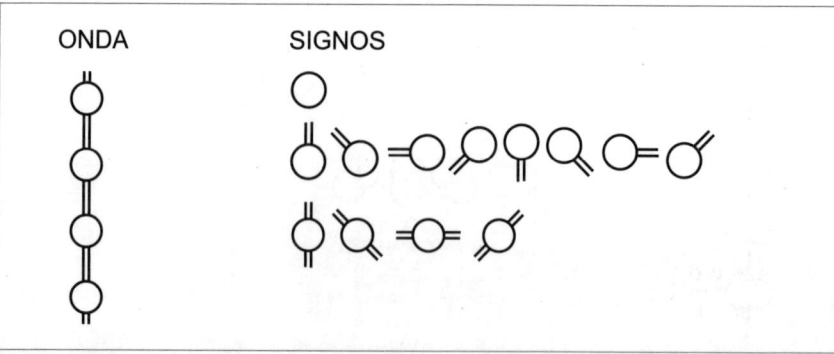

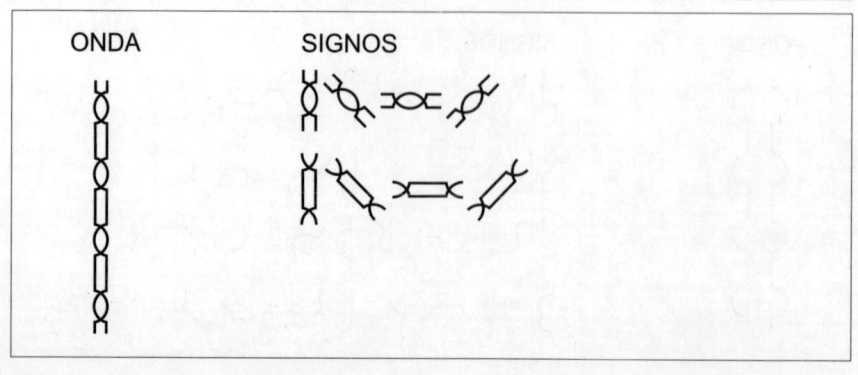

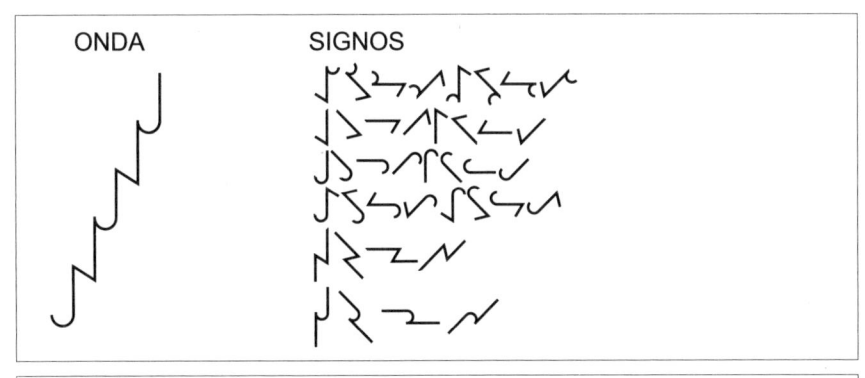

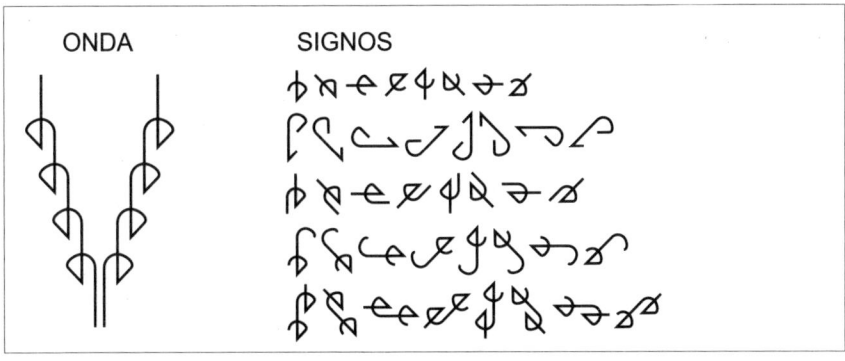

Tábuas de Ondas Vibratórias e Signos Mágicos 161

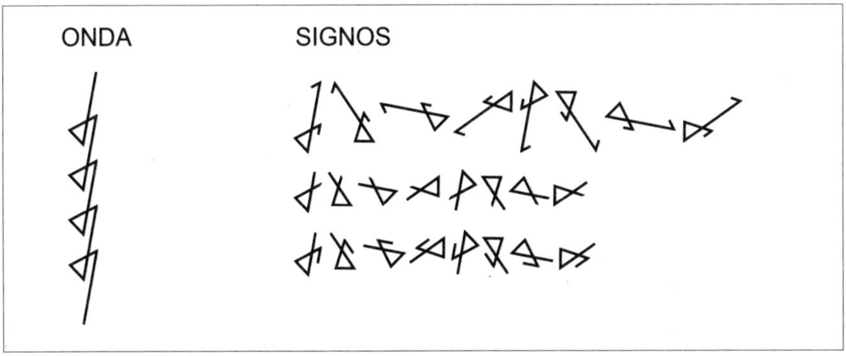

ONDA	SIGNOS
	(magical signs)

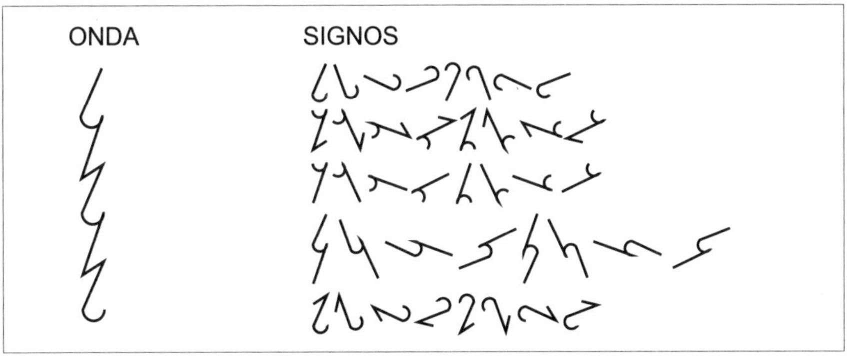

162 — Tratado de Escrita Mágica Sagrada

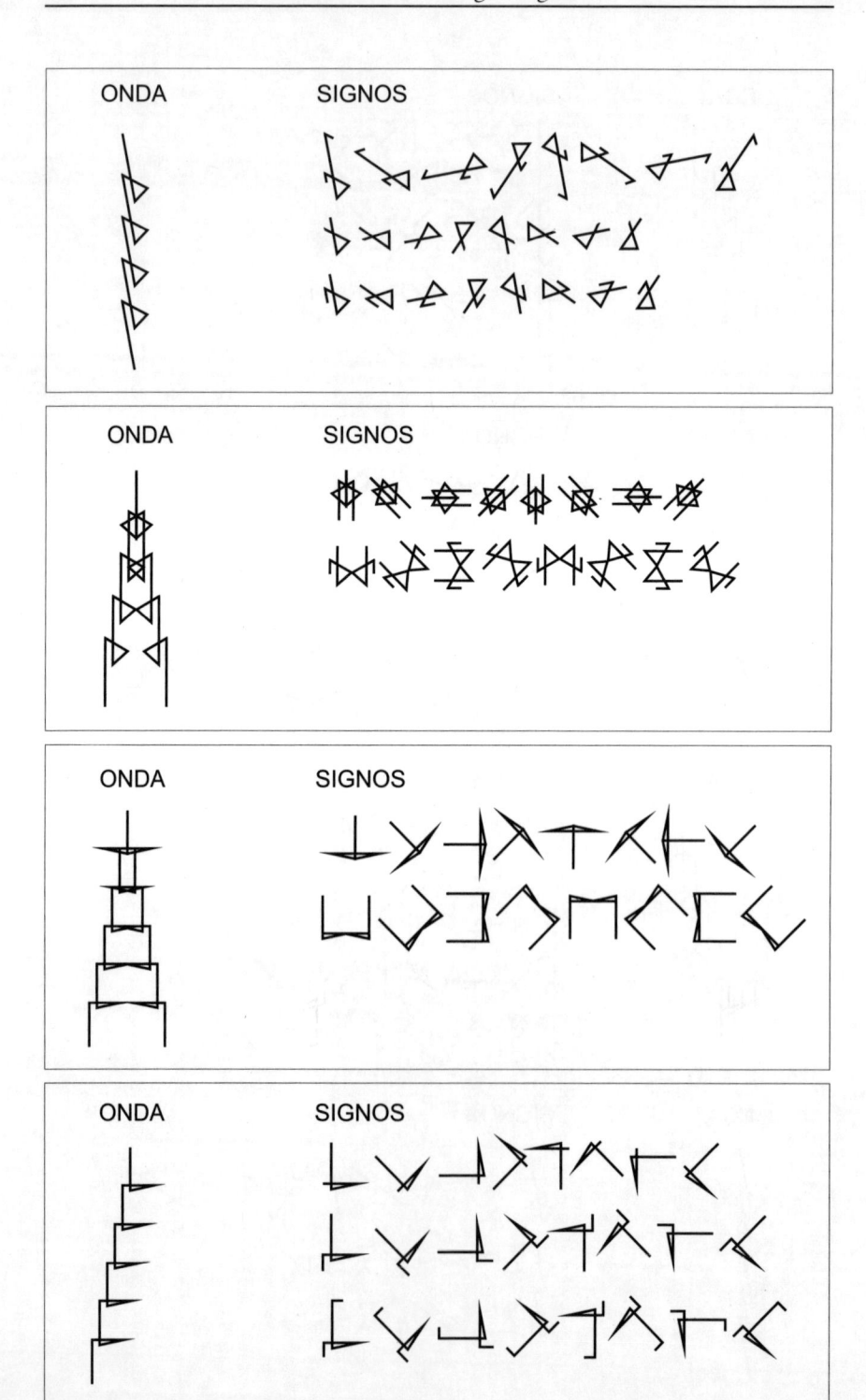

ONDA	SIGNOS

Tábuas de Ondas Vibratórias e Signos Mágicos

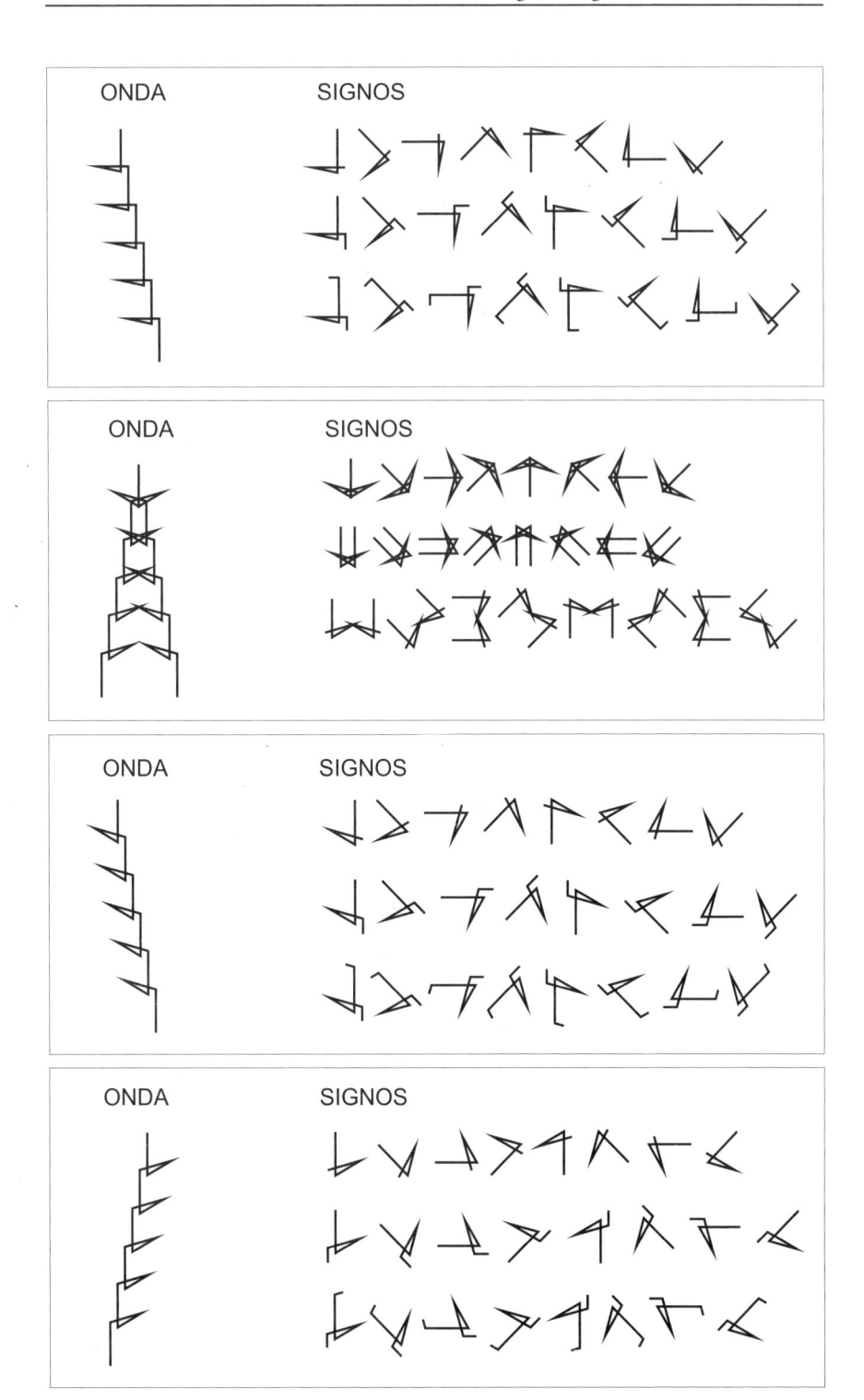

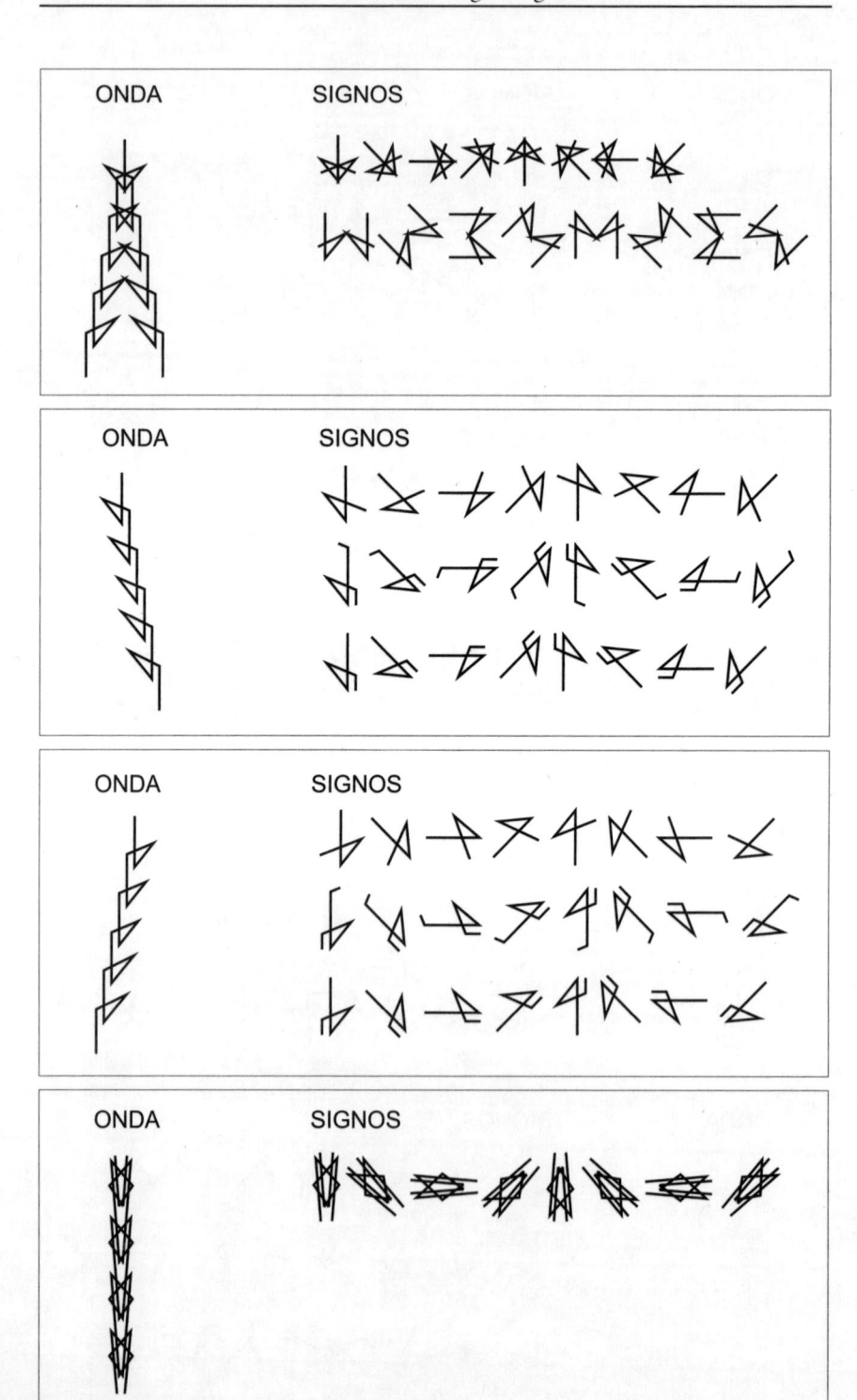

ONDA	SIGNOS

ONDA	SIGNOS

ONDA	SIGNOS

ONDA	SIGNOS

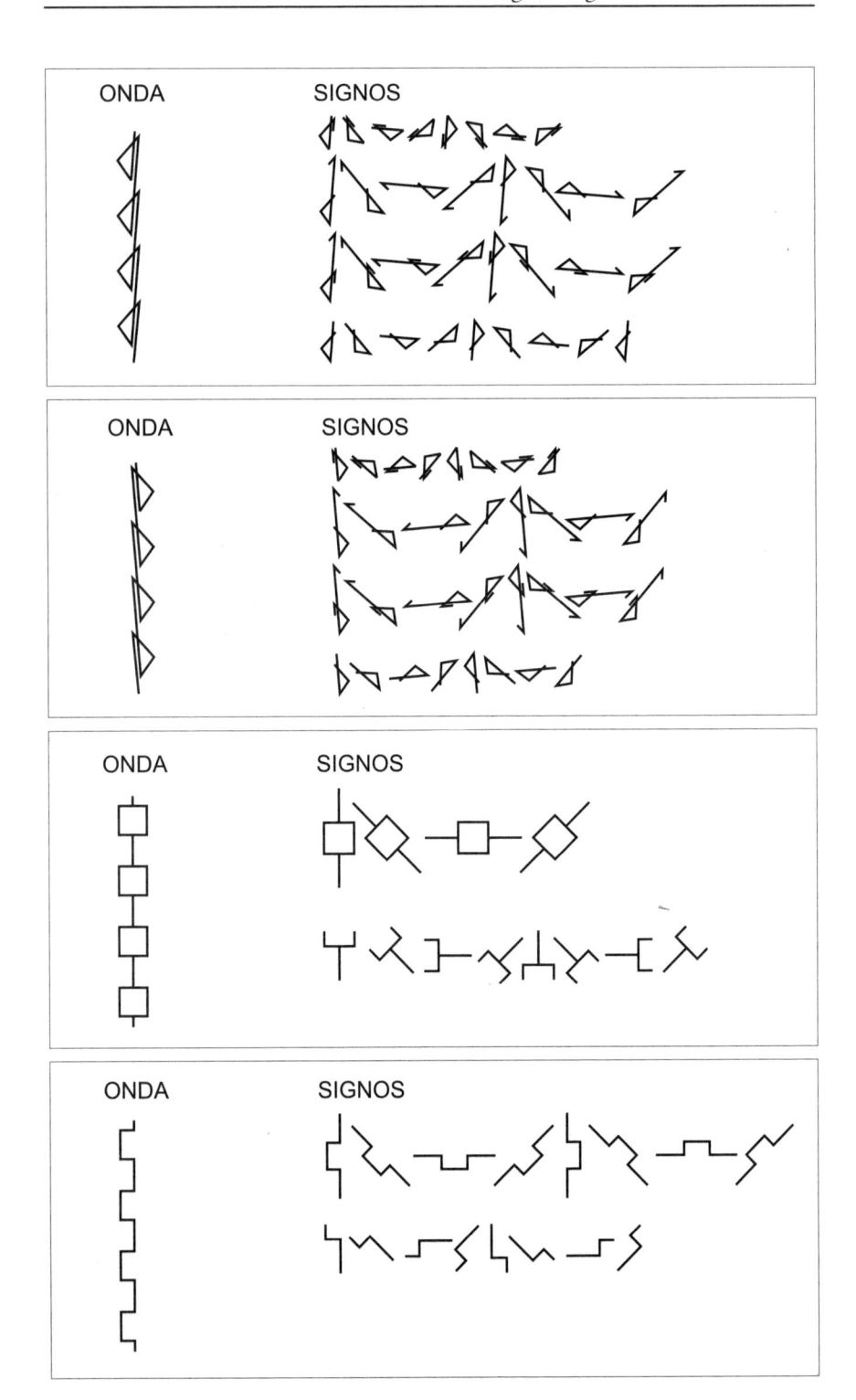

Tábuas de Ondas Vibratórias e Signos Mágicos 165

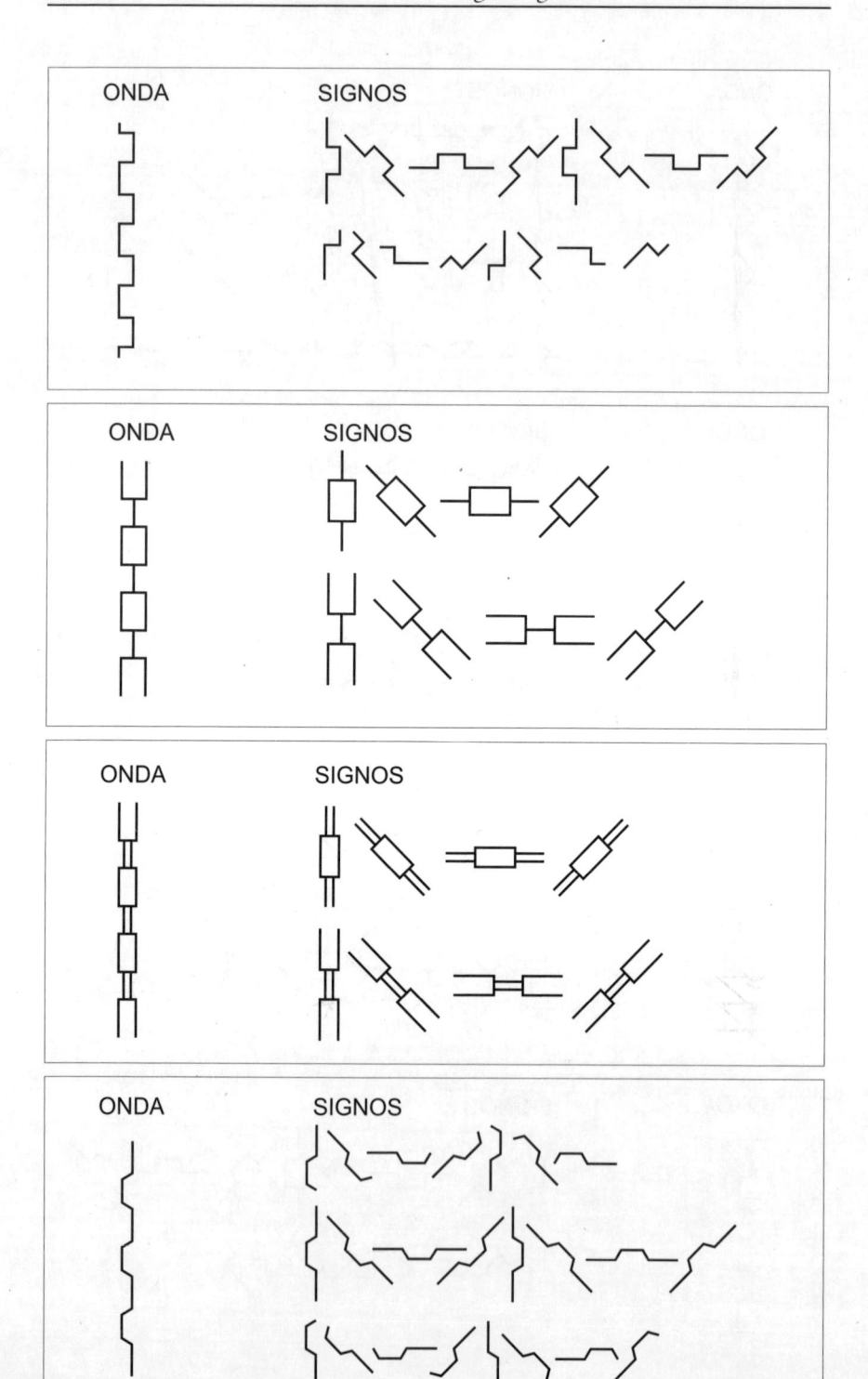

ONDA   SIGNOS

ONDA   SIGNOS

ONDA   SIGNOS

ONDA   SIGNOS

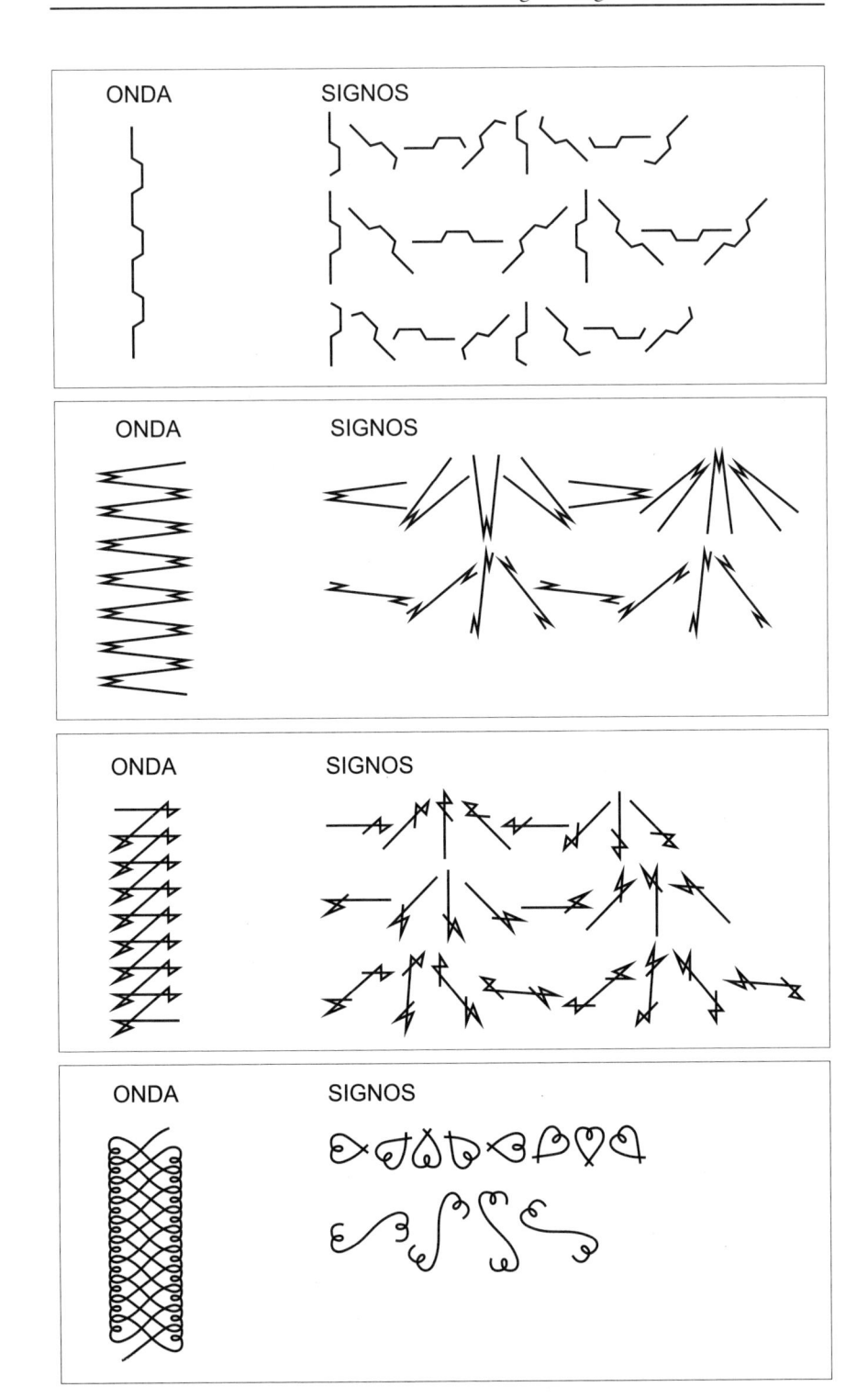

Tábuas de Ondas Vibratórias e Signos Mágicos 167

ONDA	SIGNOS

ONDA	SIGNOS

ONDA	SIGNOS

ONDA	SIGNOS

Tábuas de Ondas Vibratórias e Signos Mágicos   169

ONDA	SIGNOS

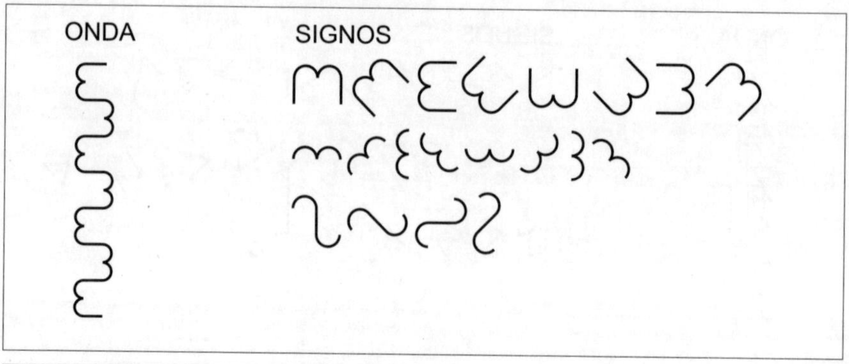
ONDA
SIGNOS

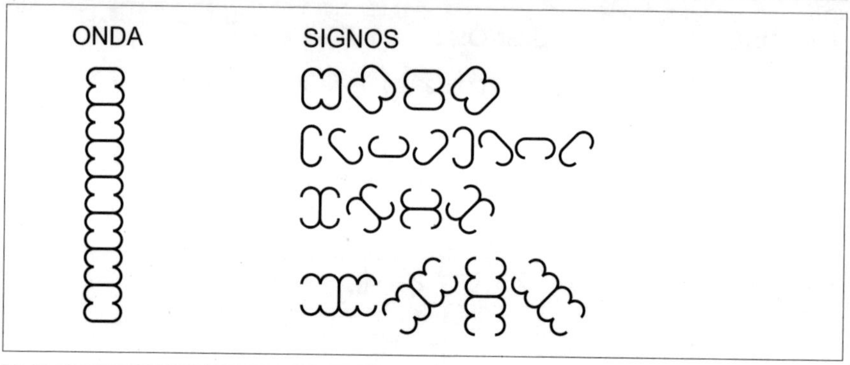
ONDA
SIGNOS

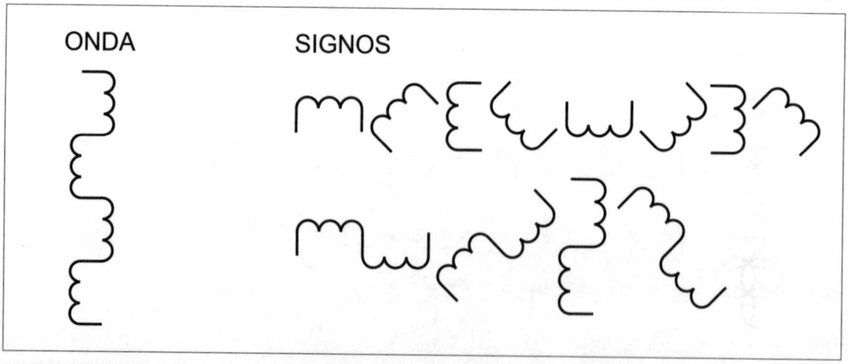
ONDA
SIGNOS

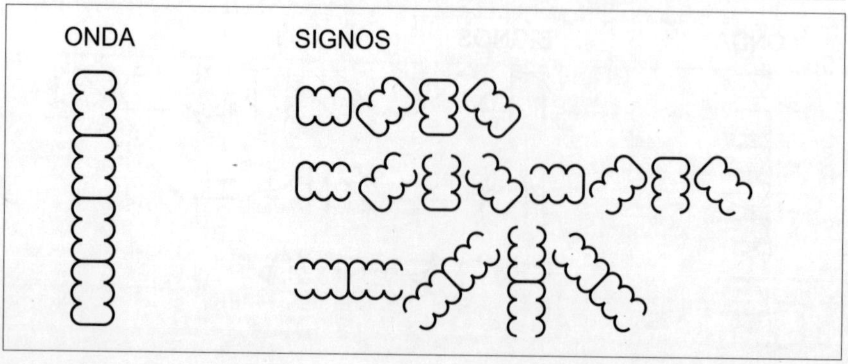
ONDA
SIGNOS

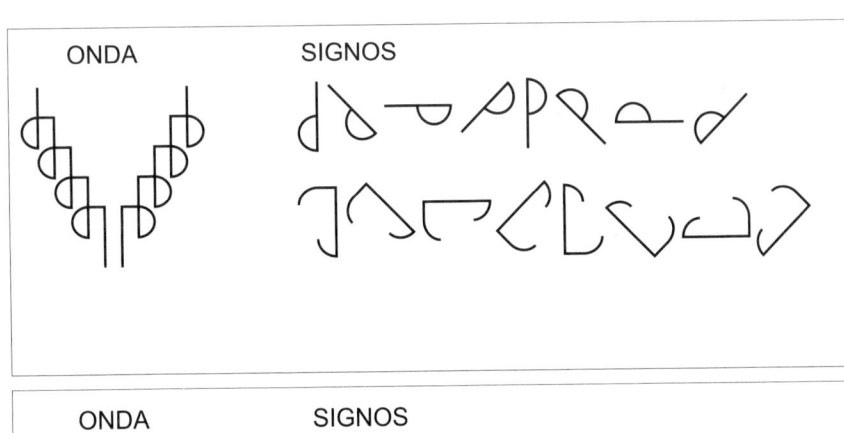

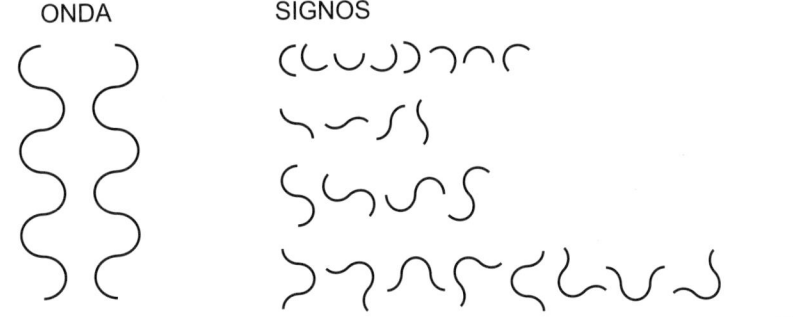

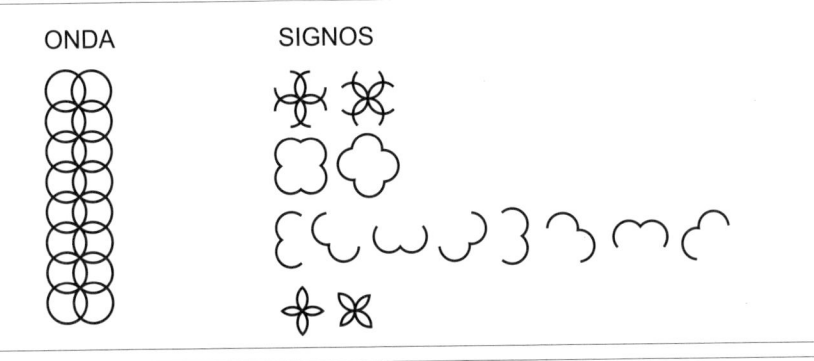

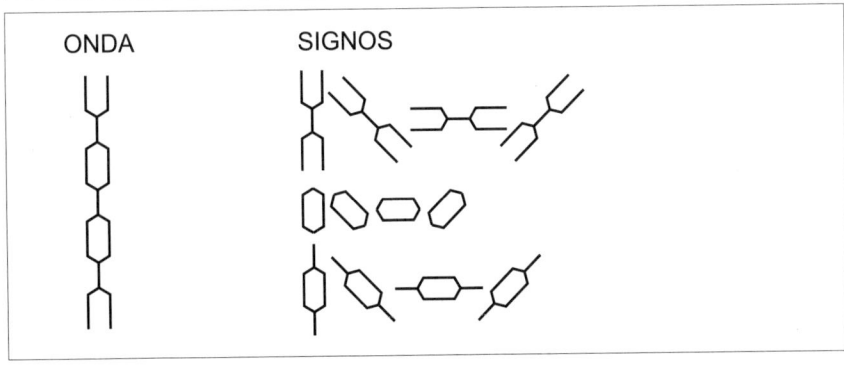

Tábuas de Ondas Vibratórias e Signos Mágicos 171

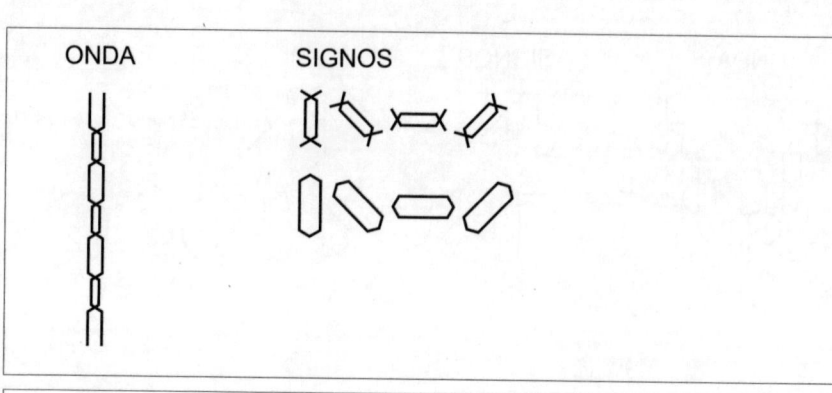

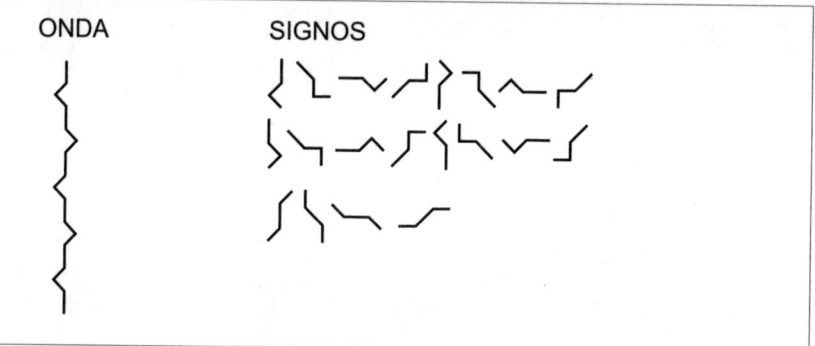

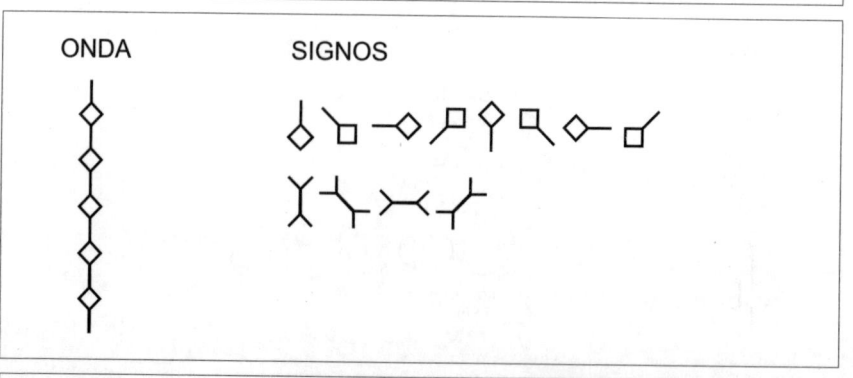

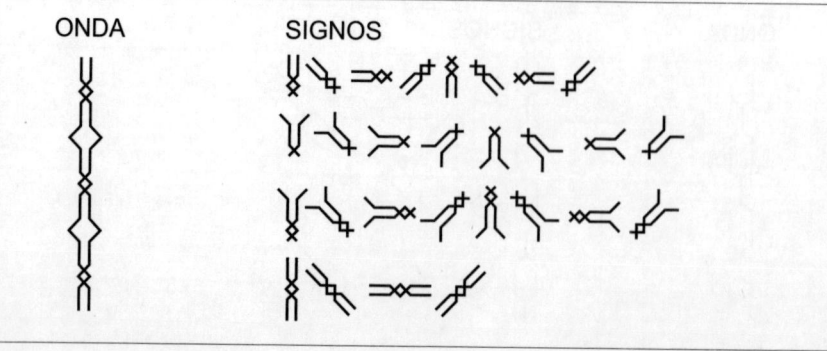

ONDA	SIGNOS

Tábuas de Ondas Vibratórias e Signos Mágicos 173

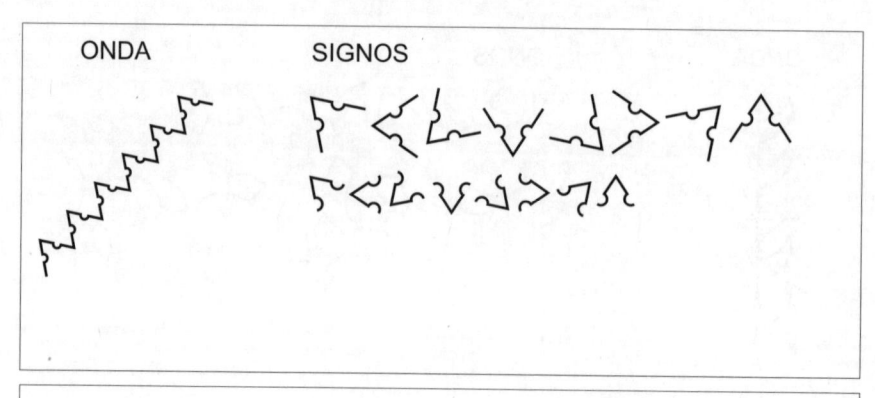

ONDA	SIGNOS
	⌐ < L V ⌐ ⌐ ⌐ ∧
	⌐ < L V ⌐ ⌐ ∧

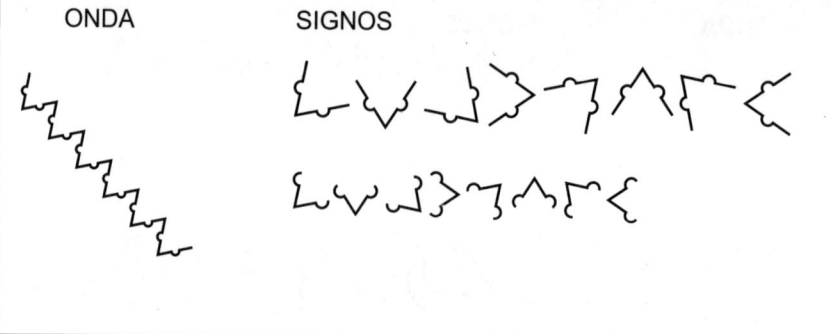 ONDA	SIGNOS
	L V ⌐ ⌐ ⌐ ∧ ⌐ <
	L V ⌐ ⌐ ∧ ⌐ <

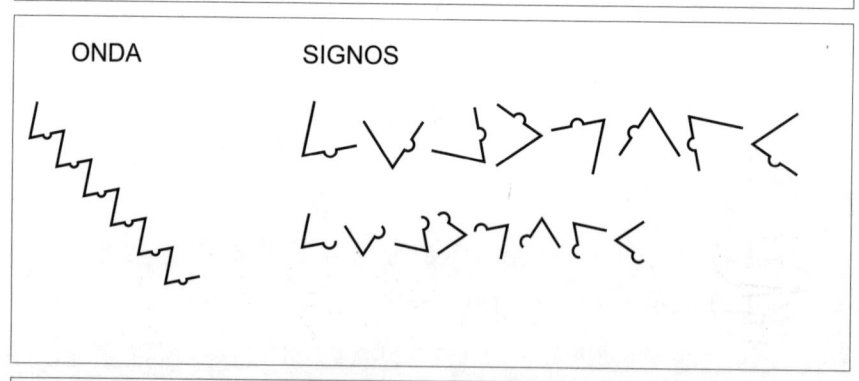 ONDA	SIGNOS
	L V ⌐ ⌐ ⌐ ∧ ⌐ <
	L V ⌐ ⌐ ∧ ⌐ <

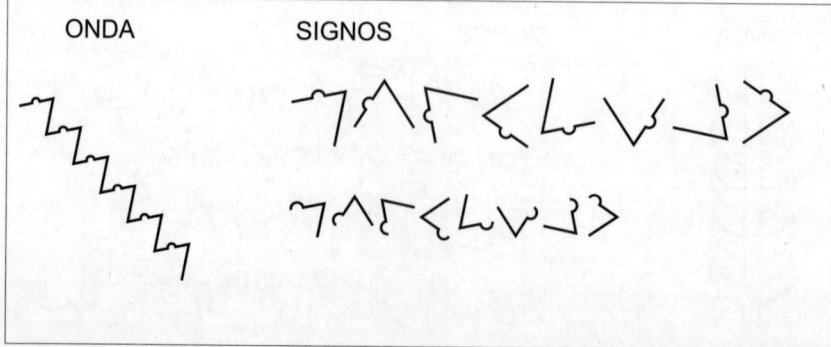

ONDA	SIGNOS
	⌐ ∧ ⌐ < L V ⌐
	⌐ ∧ ⌐ < L V ⌐

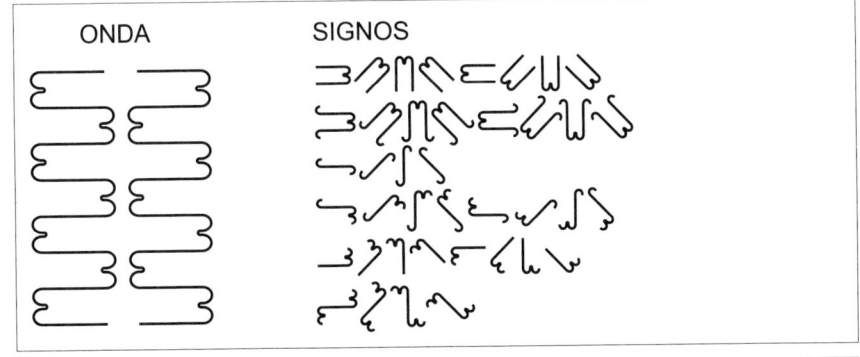

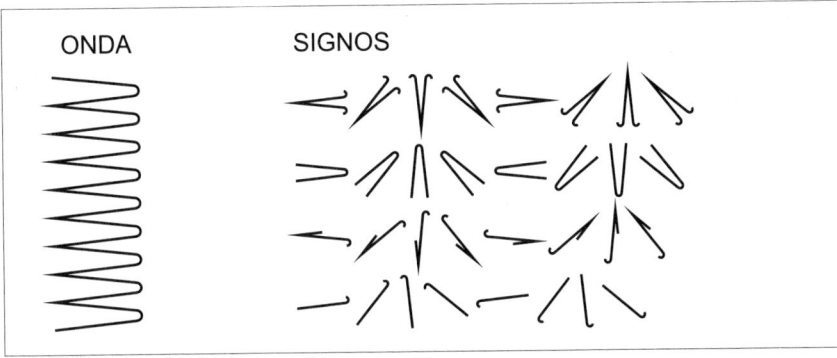

Tábuas de Ondas Vibratórias e Signos Mágicos   175

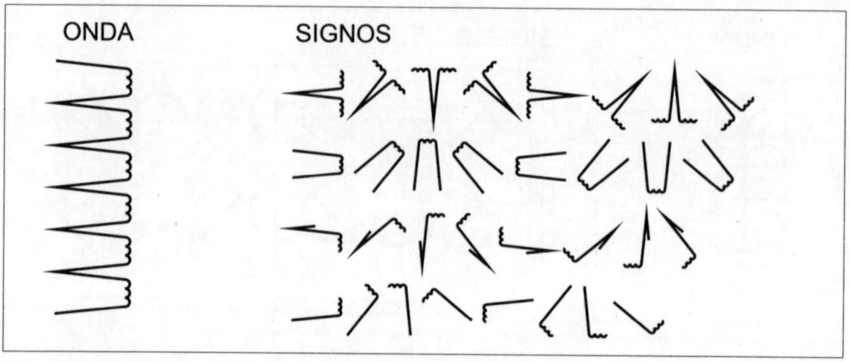
ONDA
SIGNOS

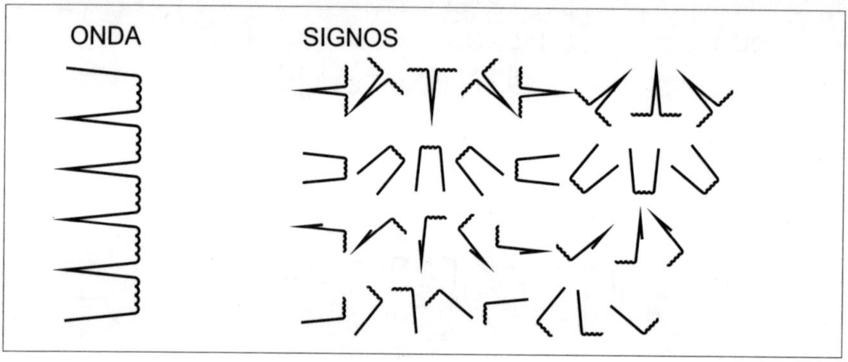
ONDA
SIGNOS

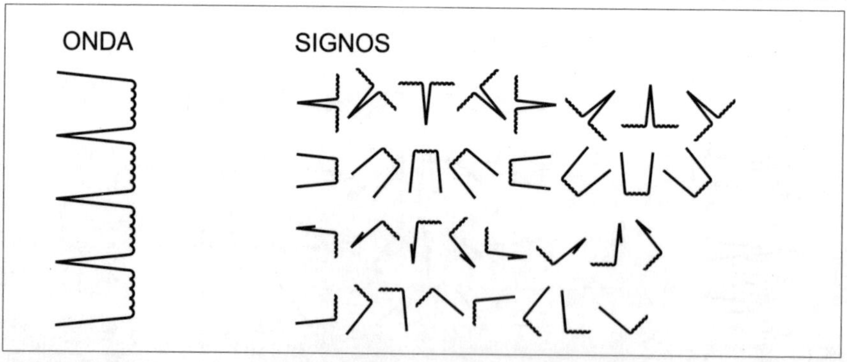
ONDA
SIGNOS

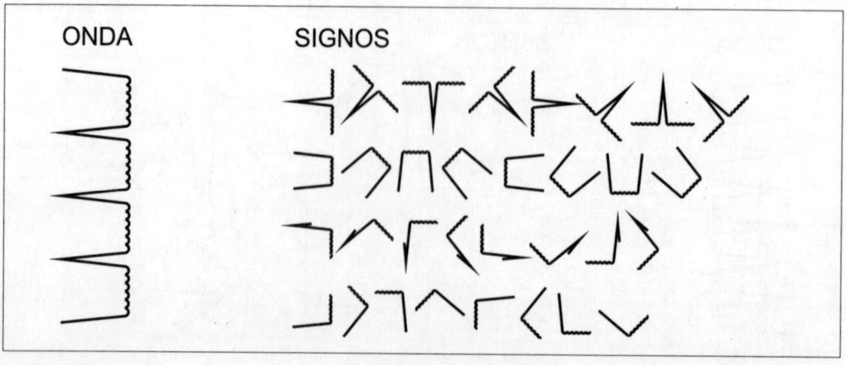
ONDA
SIGNOS

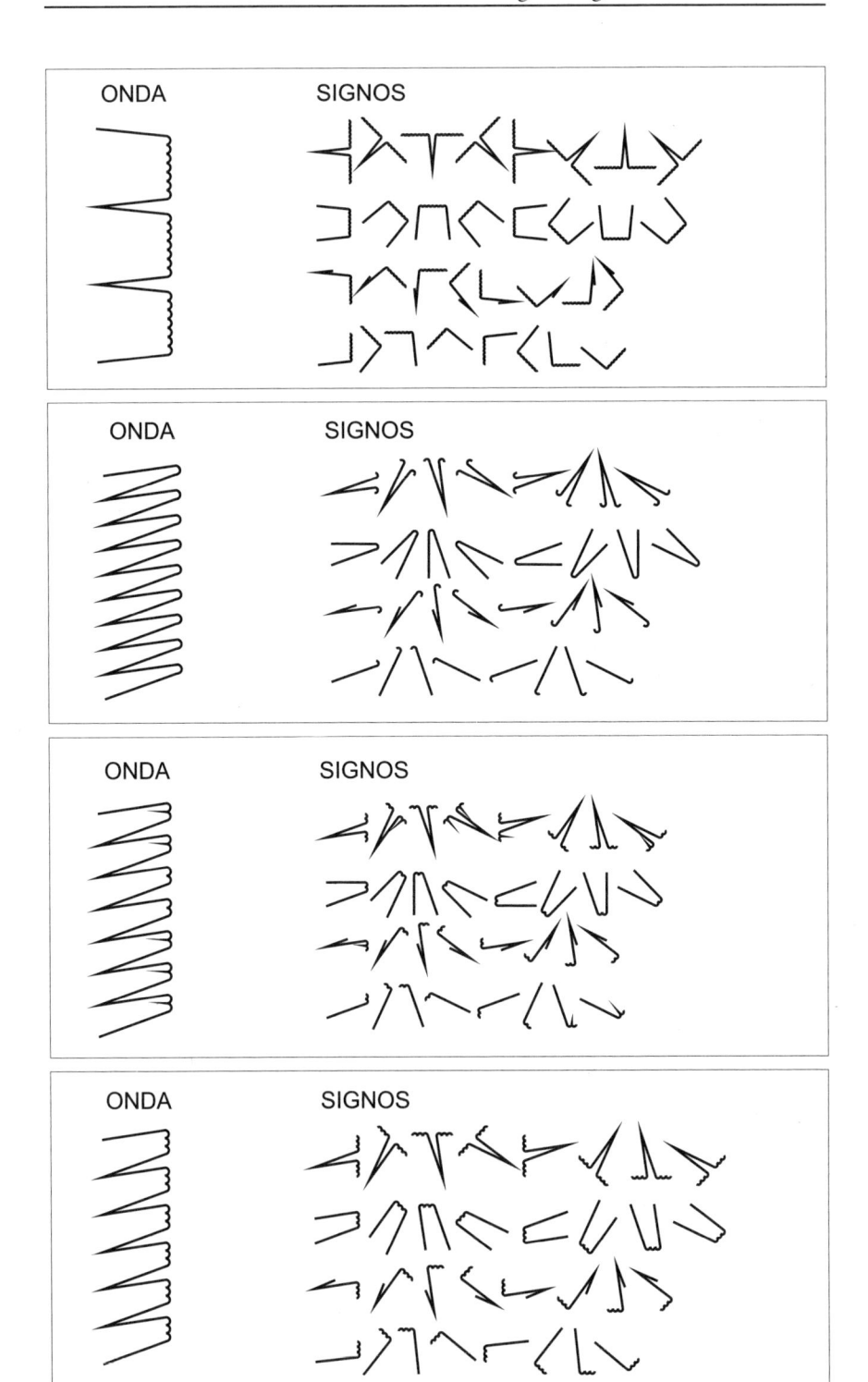

Tábuas de Ondas Vibratórias e Signos Mágicos 177

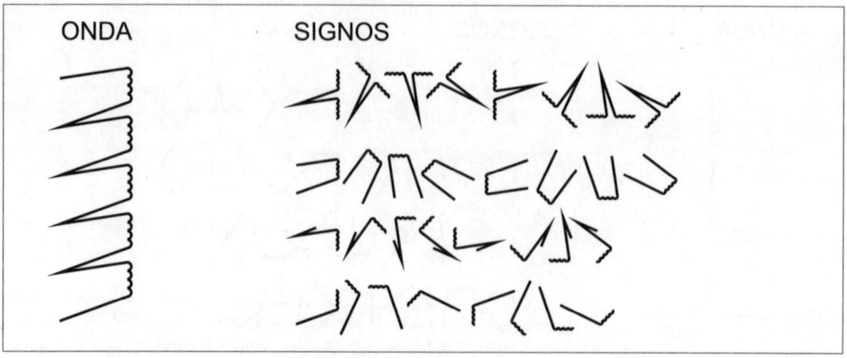
ONDA
SIGNOS

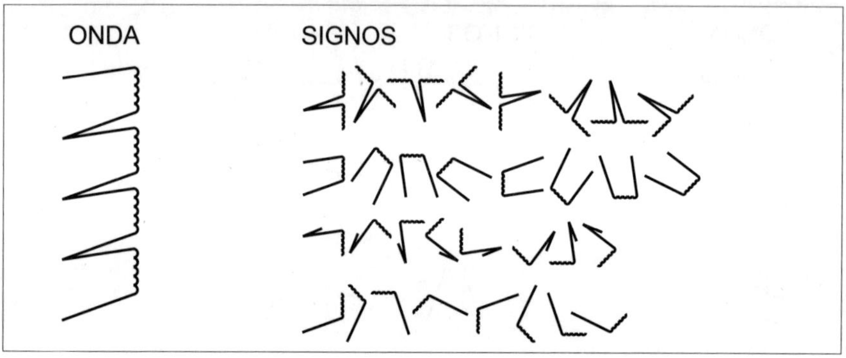
ONDA
SIGNOS

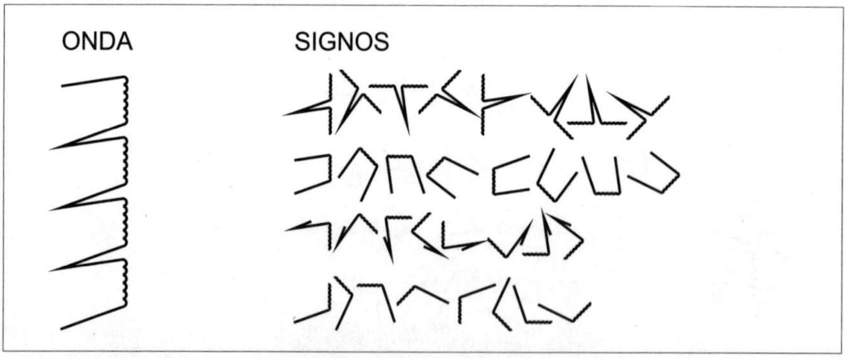
ONDA
SIGNOS

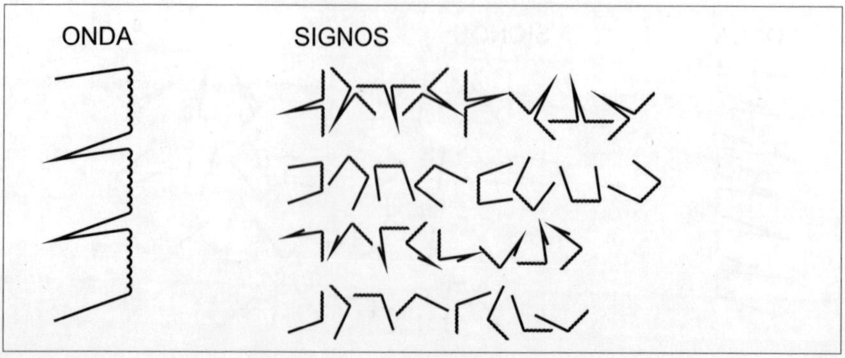
ONDA
SIGNOS

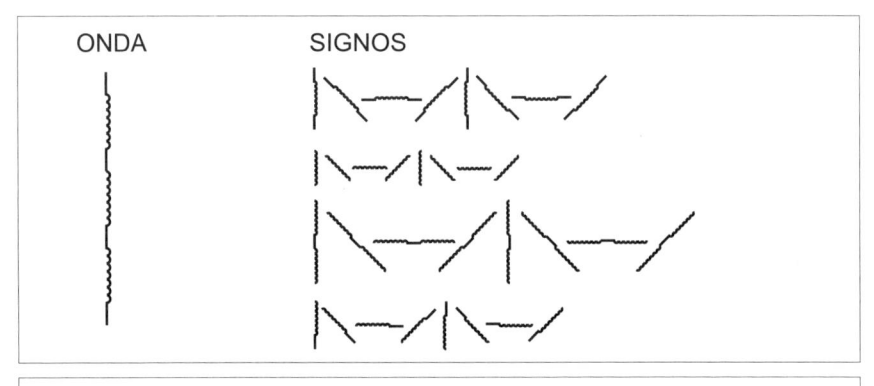

ONDA	SIGNOS
	╲—╱╲—╱
	╲—╱╲—╱
	╲—╱╲—╱
	╲—╱╲—╱

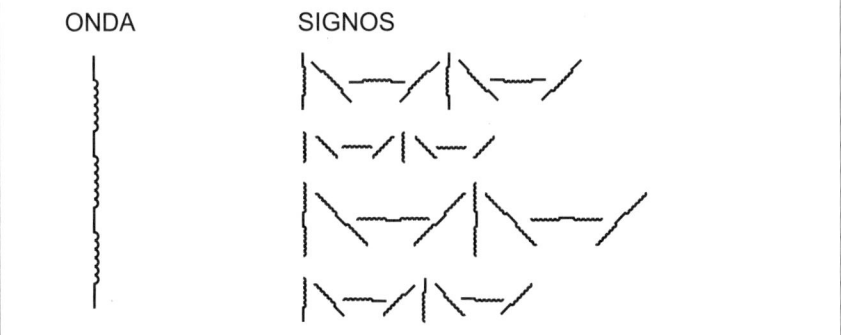

ONDA	SIGNOS
	╲—╱╲—╱
	╲—╱╲—╱
	╲—╱╲—╱
	╲—╱╲—╱

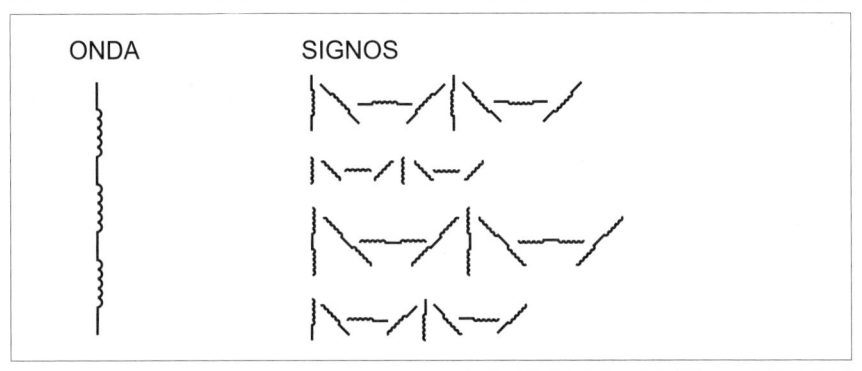 ONDA	SIGNOS
	╲—╱╲—╱
	╲—╱╲—╱
	╲—╱╲—╱
	╲—╱╲—╱

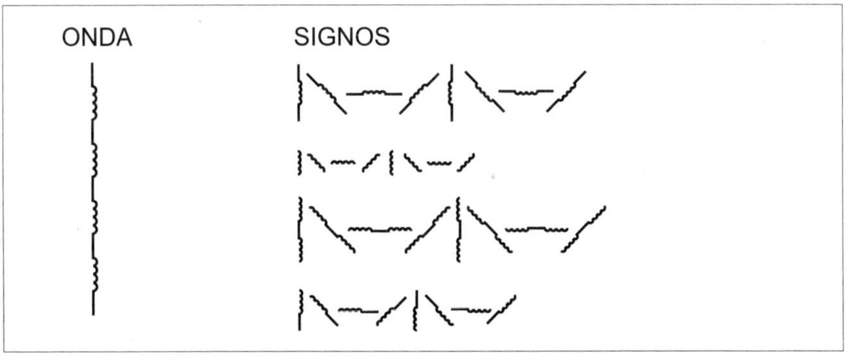

ONDA	SIGNOS
	╲—╱╲—╱
	╲—╱╲—╱
	╲—╱╲—╱
	╲—╱╲—╱

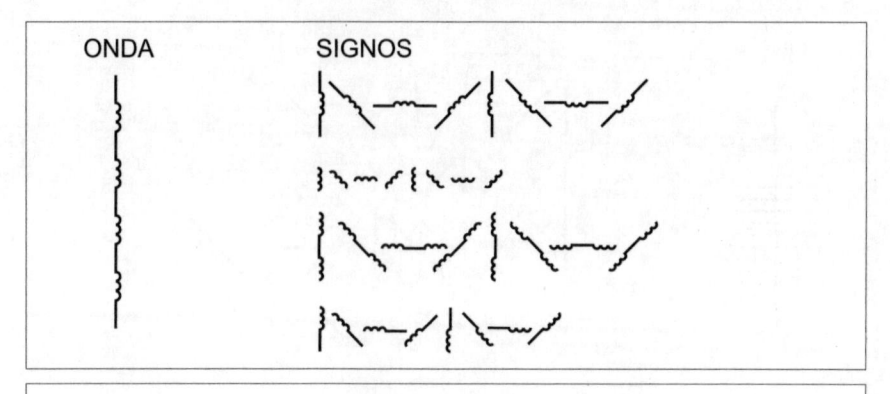

ONDA	SIGNOS

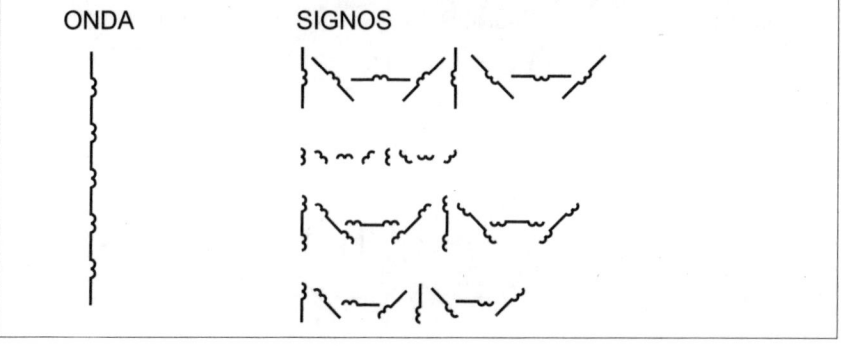

ONDA	SIGNOS

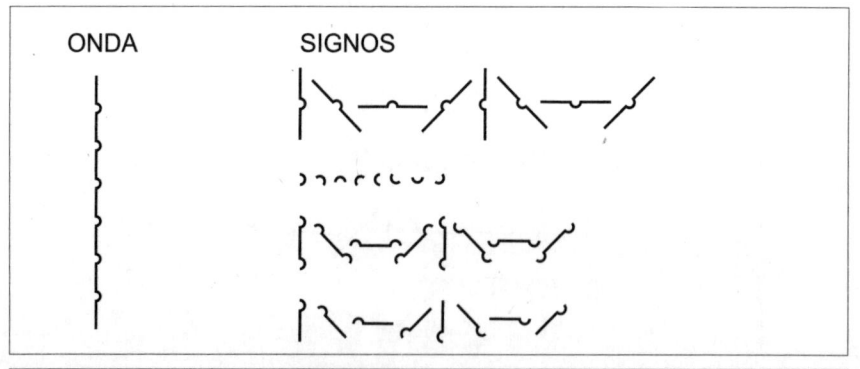 ONDA	SIGNOS

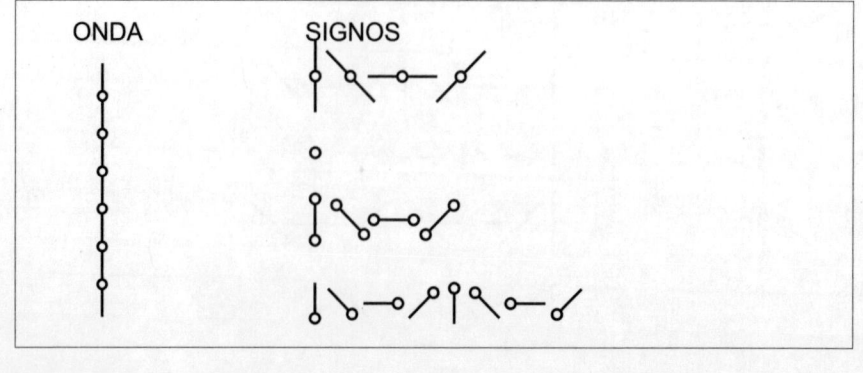

ONDA	SIGNOS

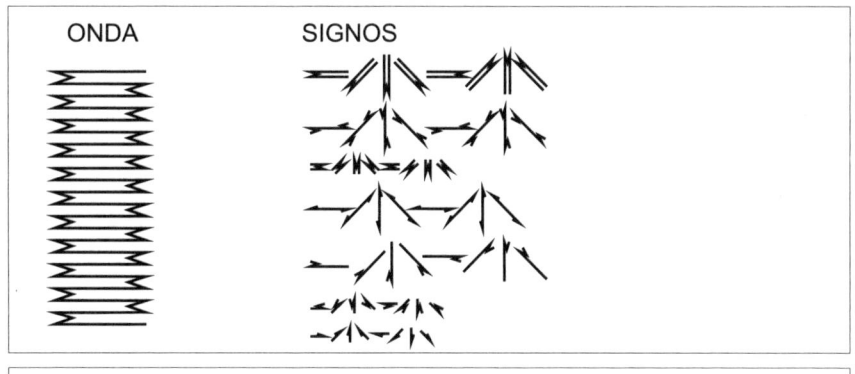

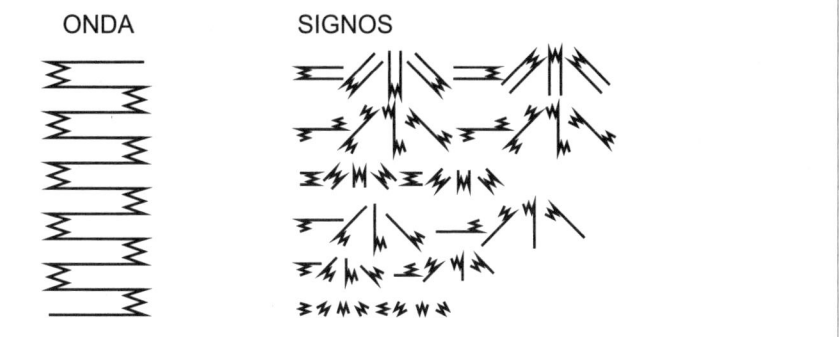

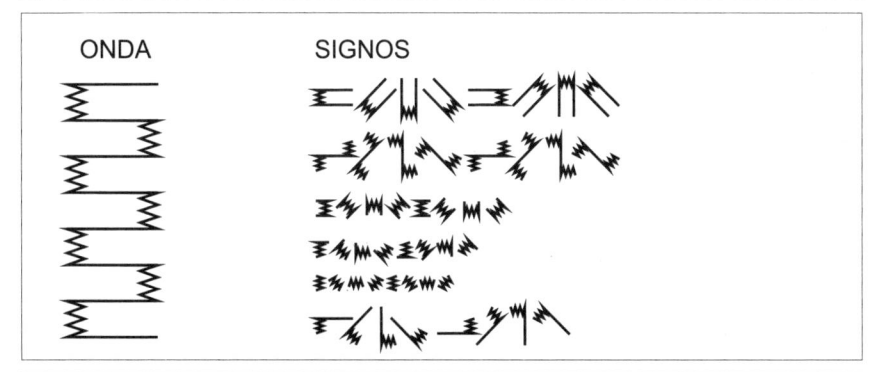

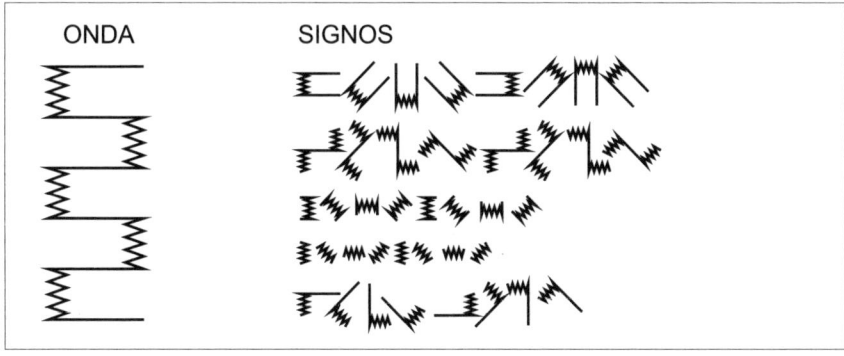

Tábuas de Ondas Vibratórias e Signos Mágicos 181

182 — *Tratado de Escrita Mágica Sagrada*

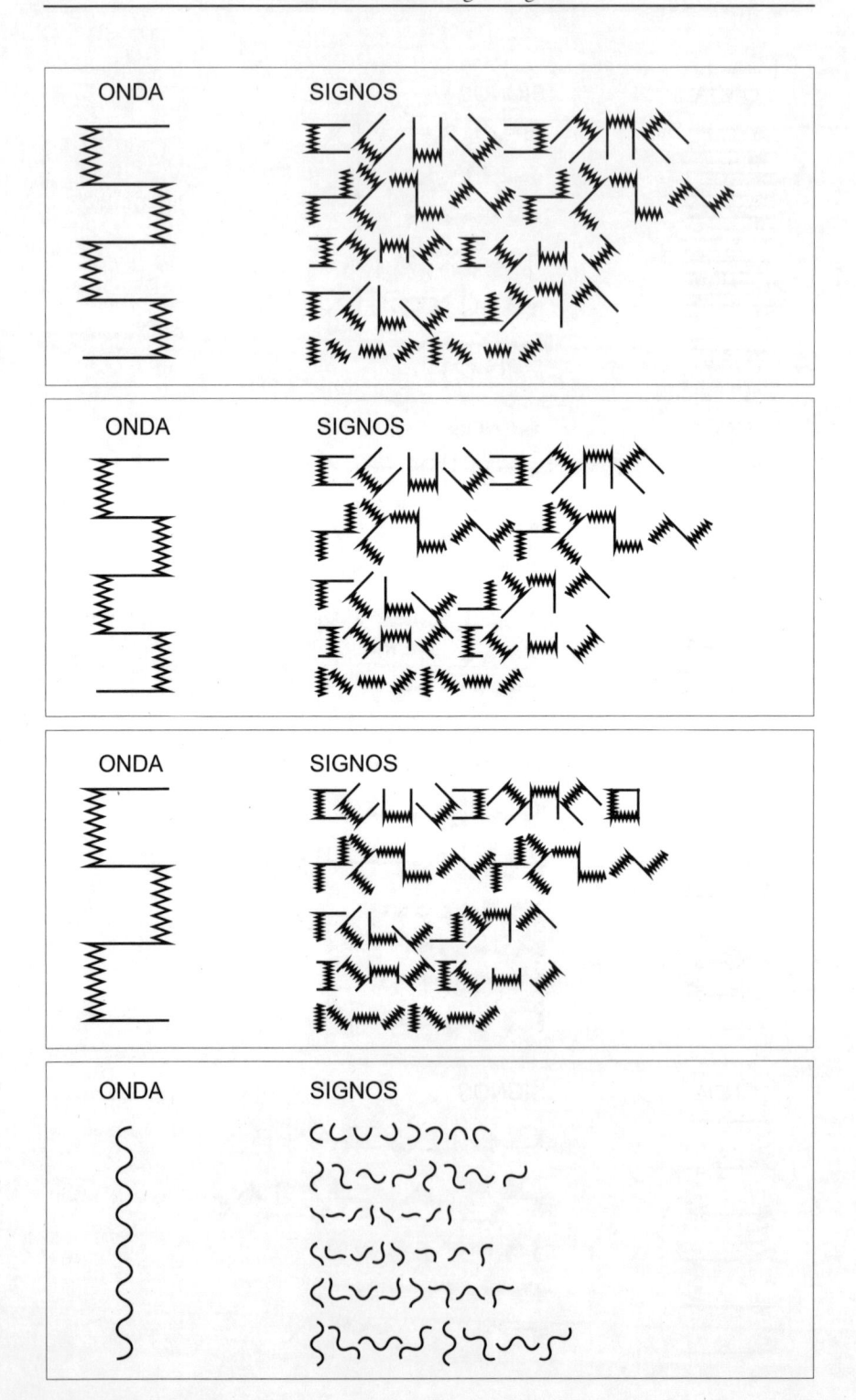

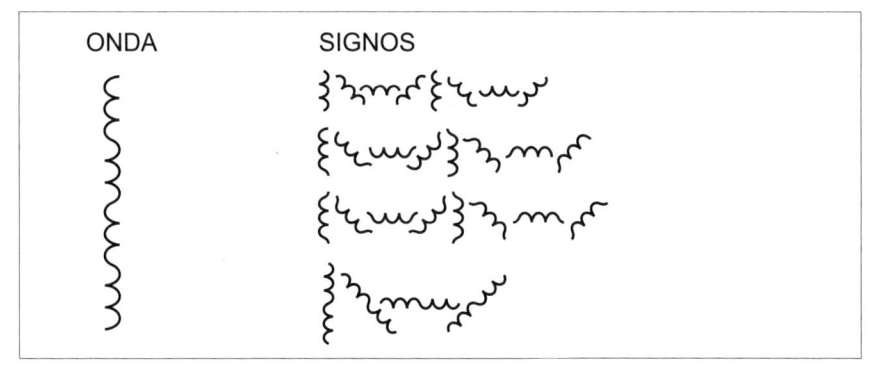

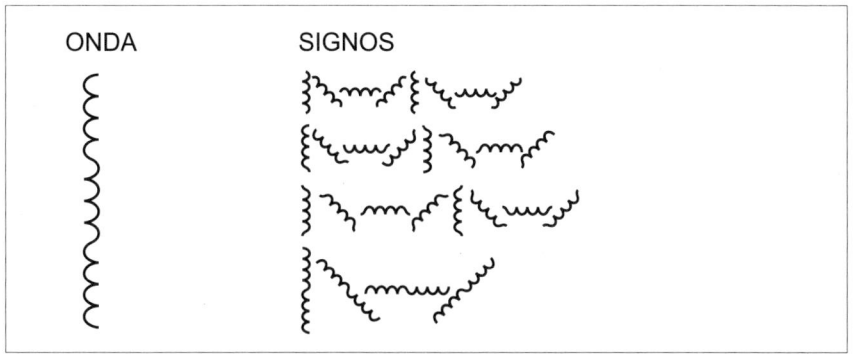

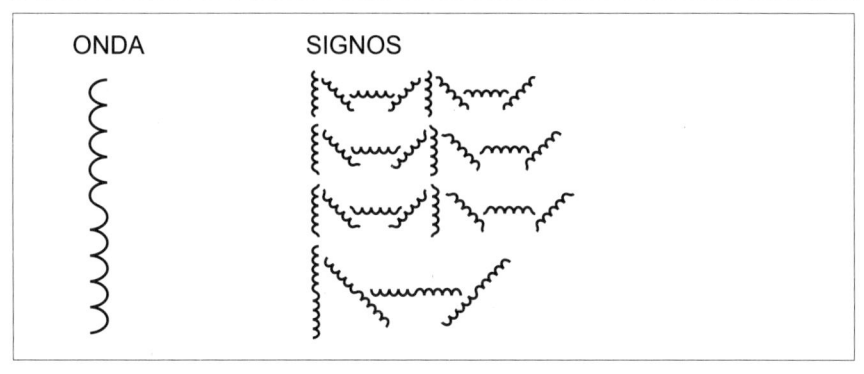

ONDA	SIGNOS
〜	(symbolic signs)
ONDA	SIGNOS
〜	(symbolic signs)
ONDA	SIGNOS
〜	(symbolic signs)
ONDA	SIGNOS
〜	(symbolic signs)

Tratado de Escrita Mágica Sagrada

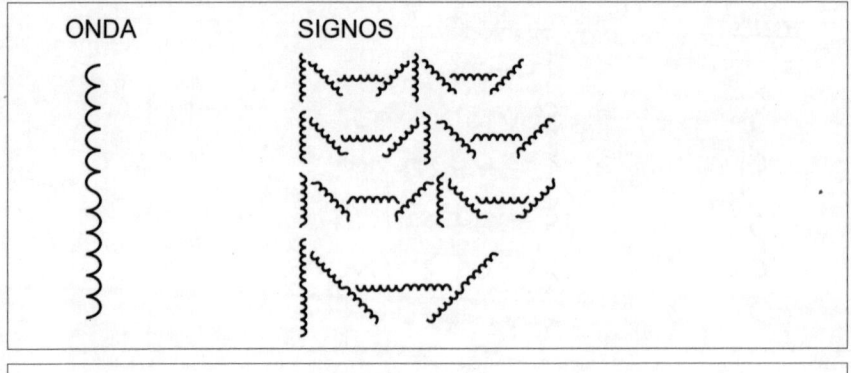

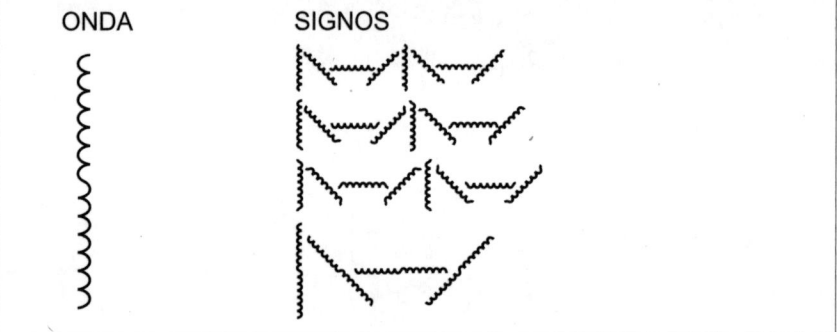

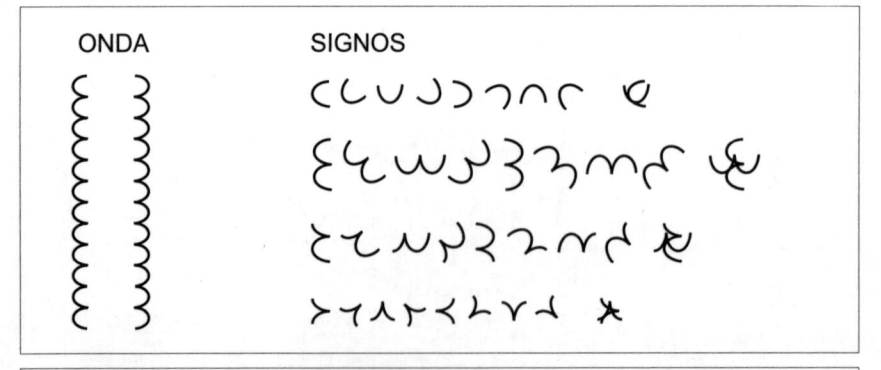

ONDA	SIGNOS

Tábuas de Ondas Vibratórias e Signos Mágicos

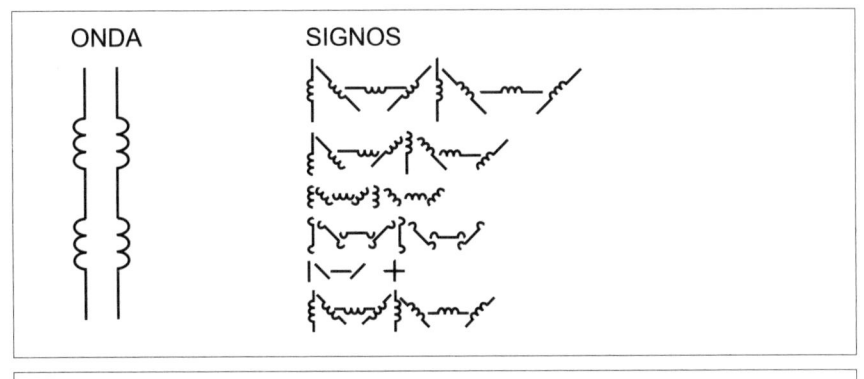

ONDA	SIGNOS

ONDA	SIGNOS

ONDA	SIGNOS

ONDA	SIGNOS

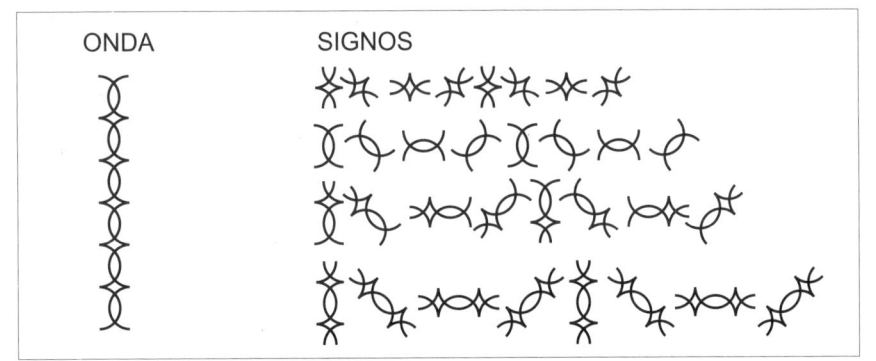

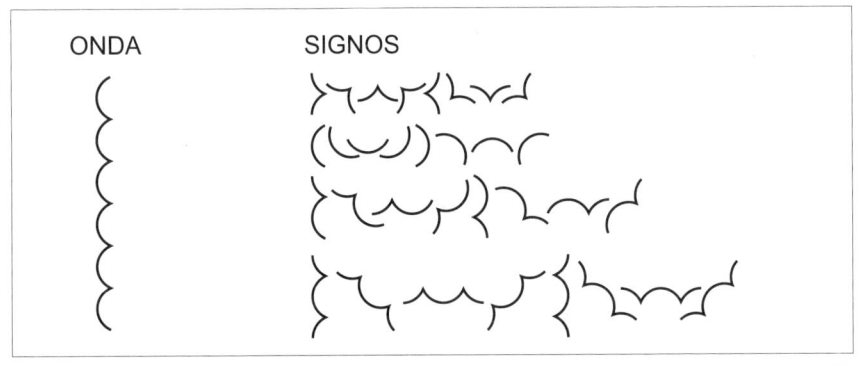

Tábuas de Ondas Vibratórias e Signos Mágicos   187

ONDA	SIGNOS

ONDA	SIGNOS

ONDA	SIGNOS

ONDA	SIGNOS

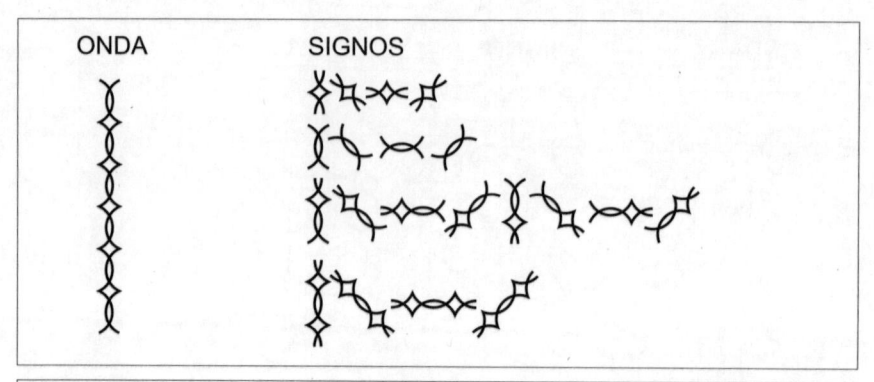

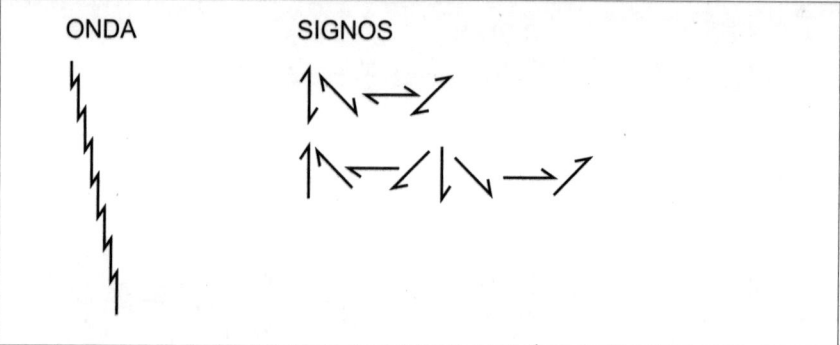

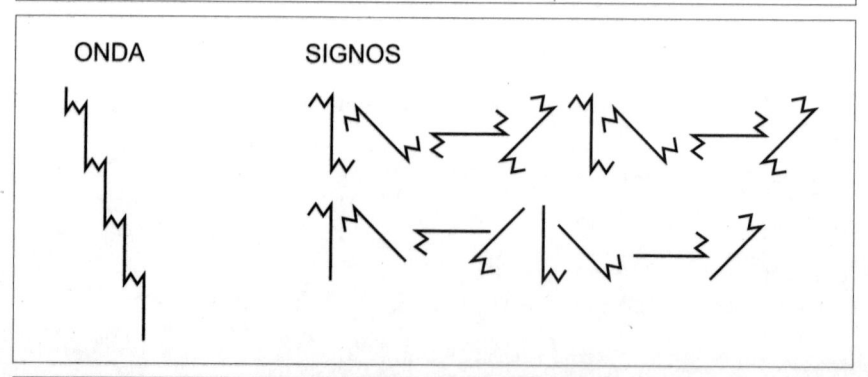

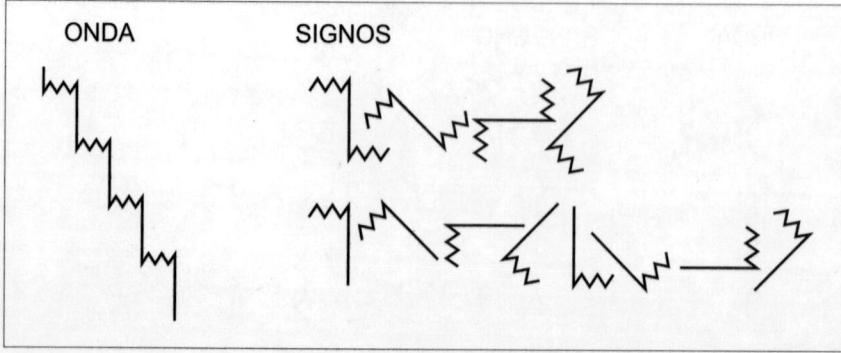

Tábuas de Ondas Vibratórias e Signos Mágicos

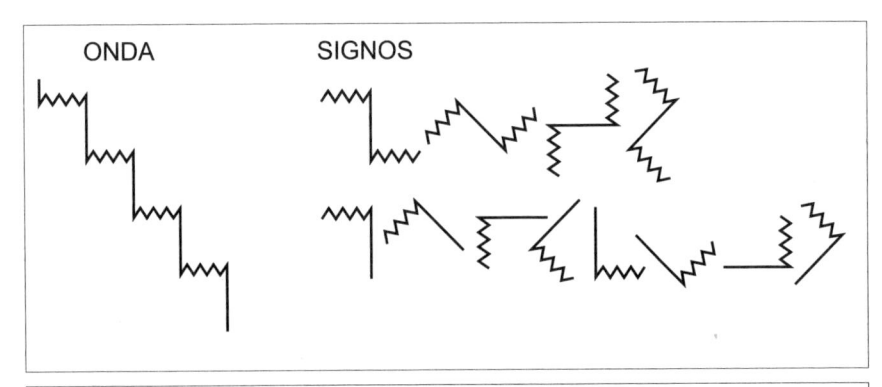

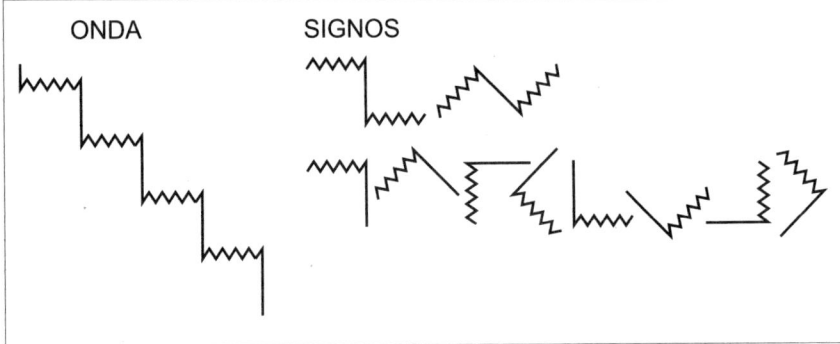

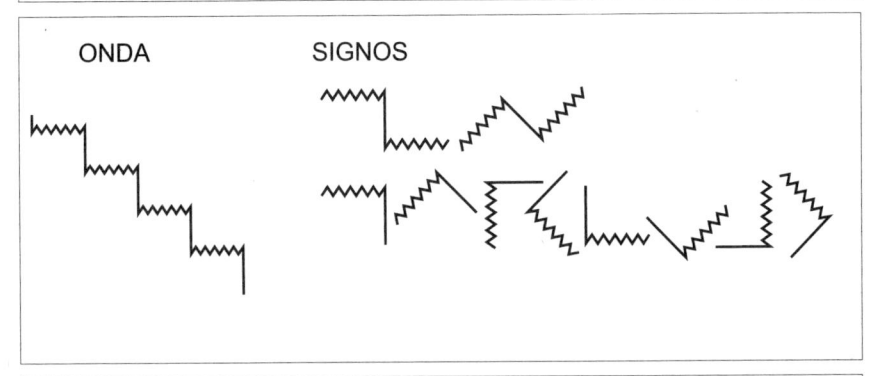

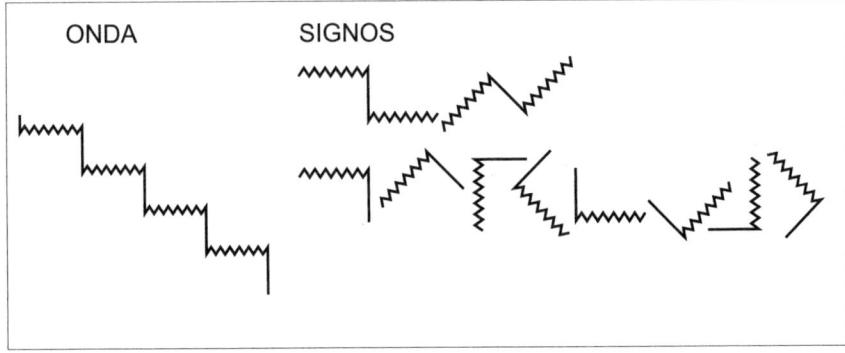

189

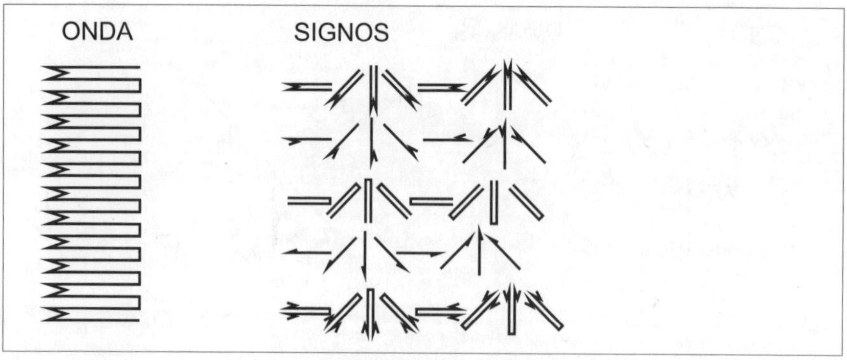
ONDA
SIGNOS

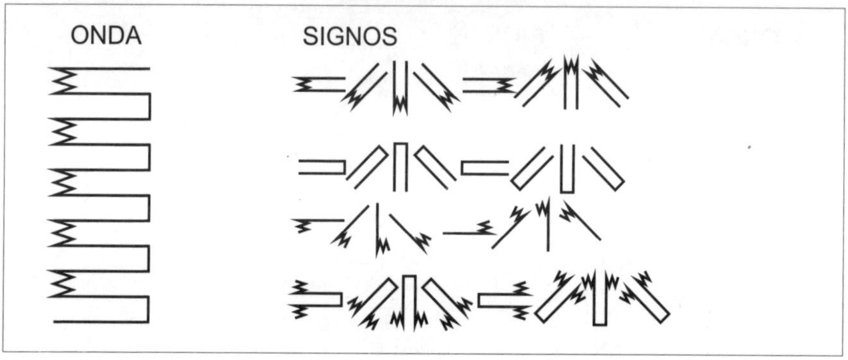
ONDA
SIGNOS

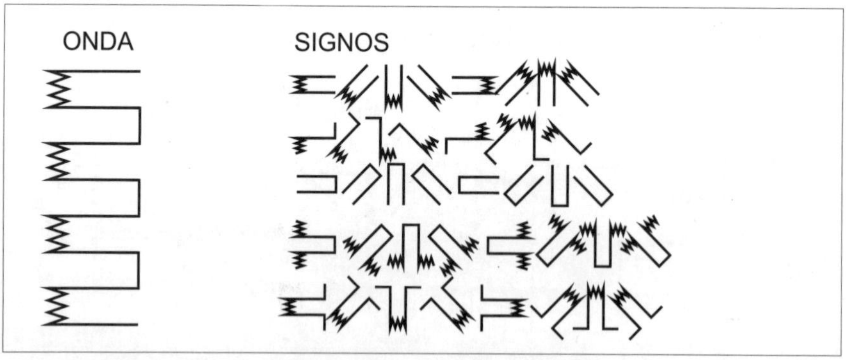
ONDA
SIGNOS

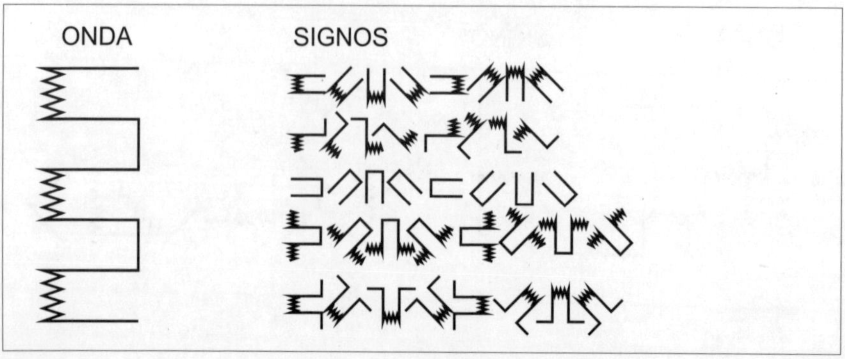
ONDA
SIGNOS

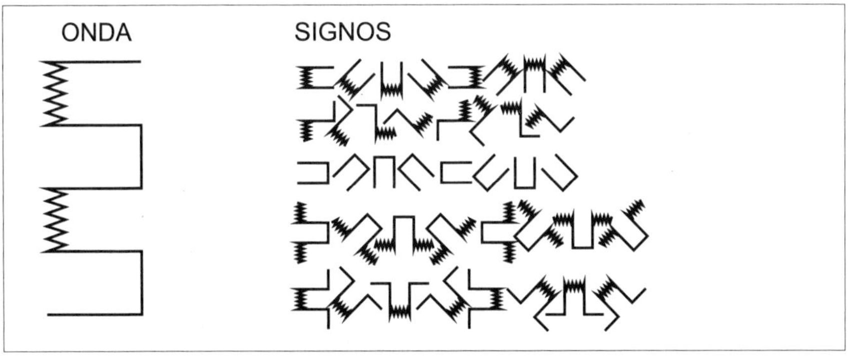
ONDA
SIGNOS

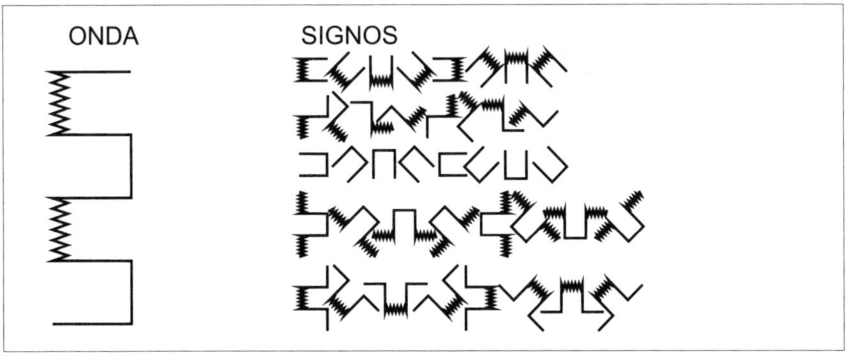
ONDA
SIGNOS

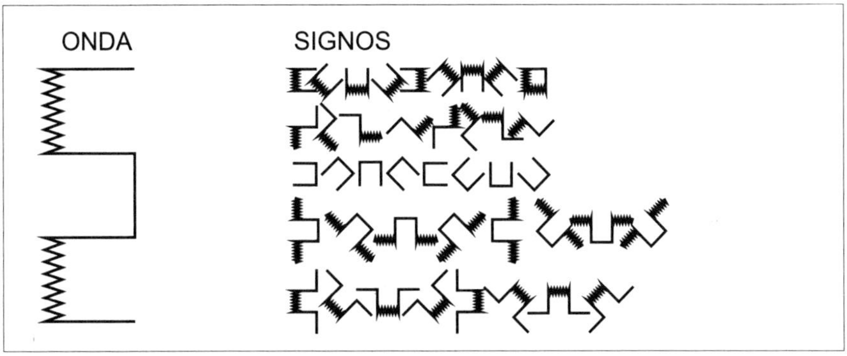
ONDA
SIGNOS

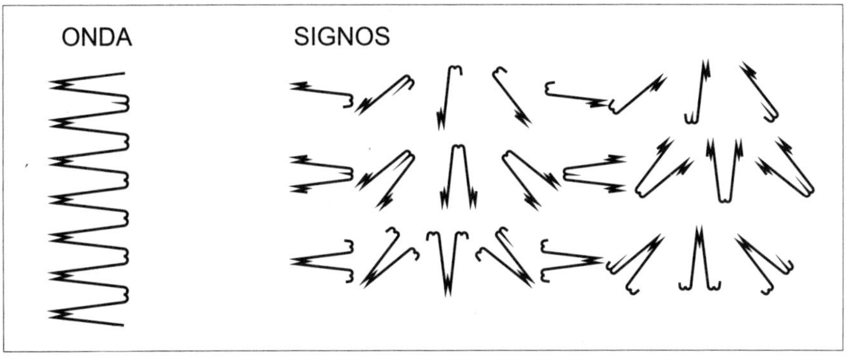
ONDA
SIGNOS

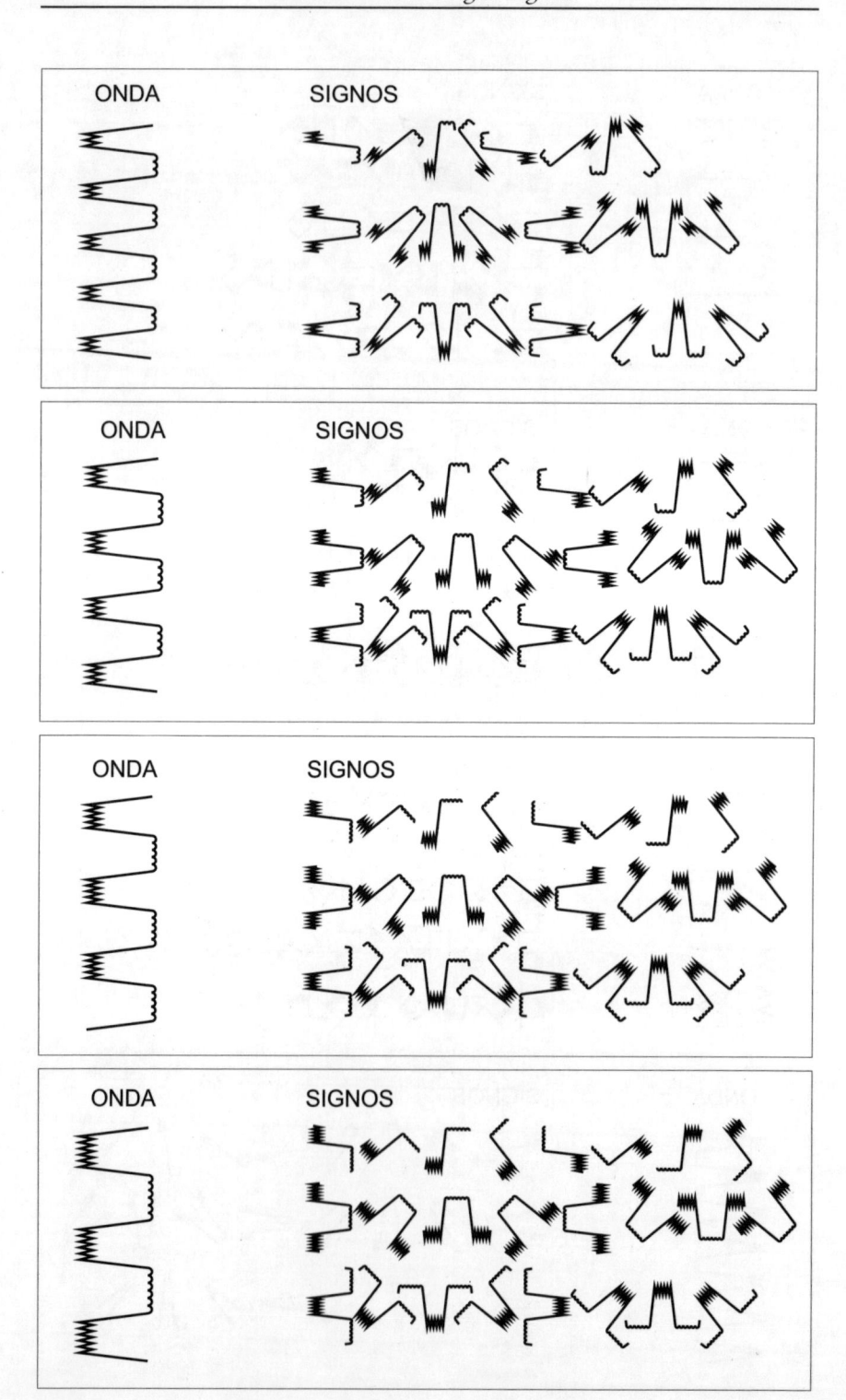

ONDA	SIGNOS

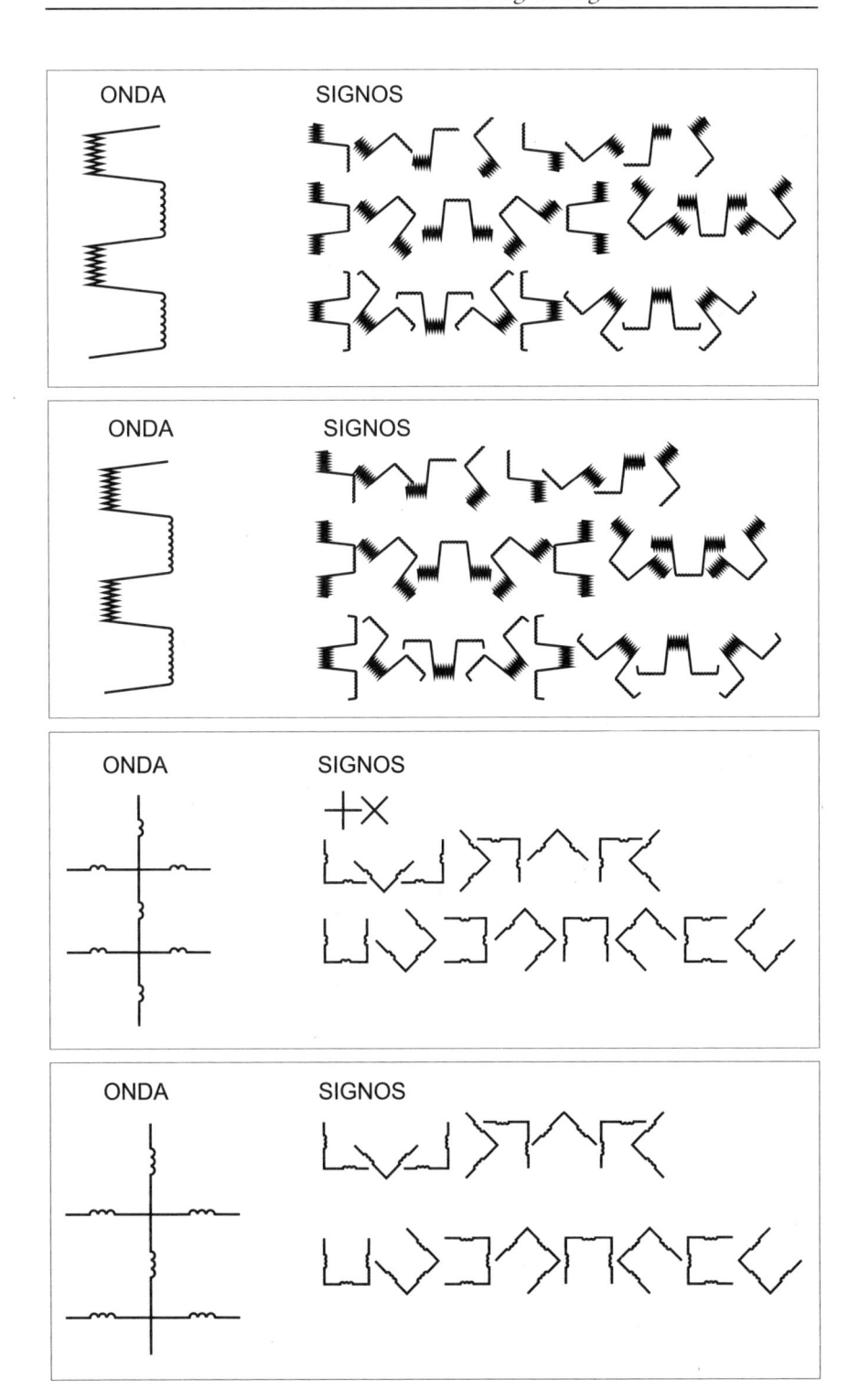

Tábuas de Ondas Vibratórias e Signos Mágicos   193

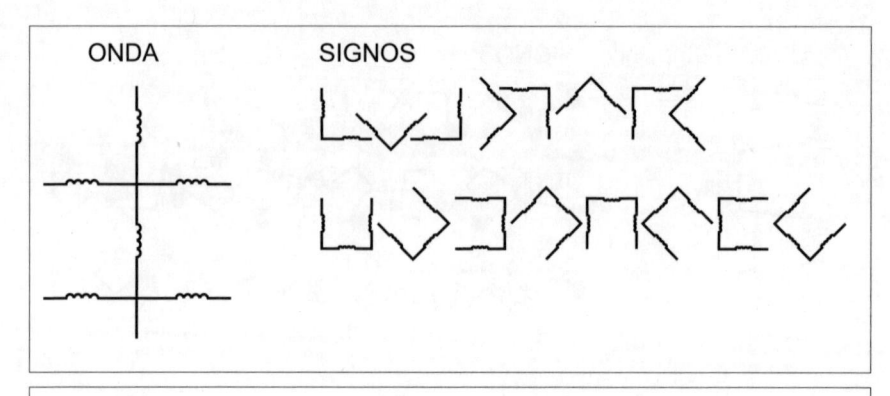

ONDA	SIGNOS
	L V J ⟩ ⊤ ⌐ ⊏
	U ▷ ⊐ ⊃ ⊓ ⊂ ⟨

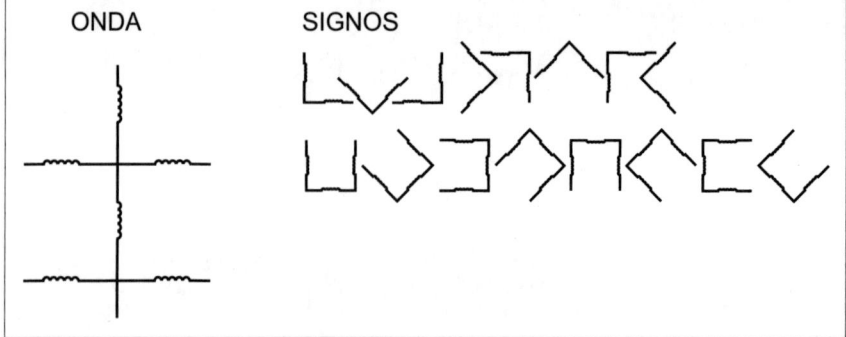 ONDA	SIGNOS
	L V J ⟩ ⊤ ⌐ ⊏
	U ▷ ⊐ ⊃ ⊓ ⊂ ⟨

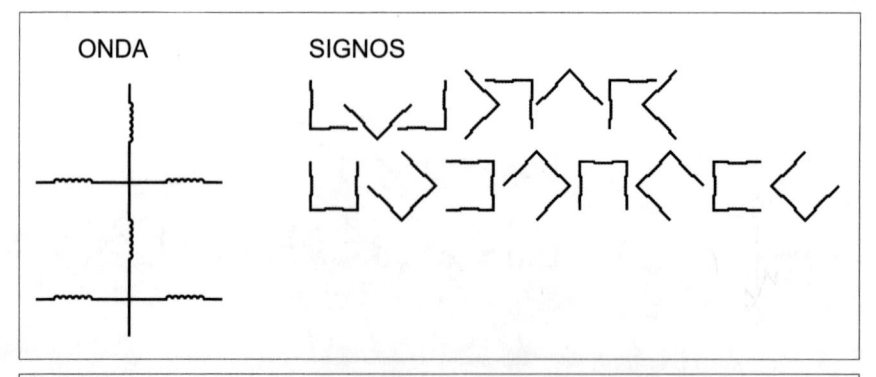 ONDA	SIGNOS
	L V J ⟩ ⊤ ⌐ ⊏
	U ▷ ⊐ ⊃ ⊓ ⊂ ⟨

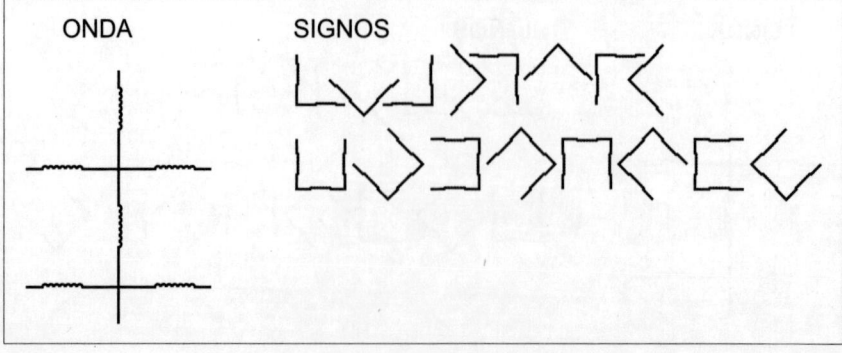

ONDA	SIGNOS
	L V J ⟩ ⊤ ⌐ ⊏
	U ▷ ⊐ ⊃ ⊓ ⊂ ⟨

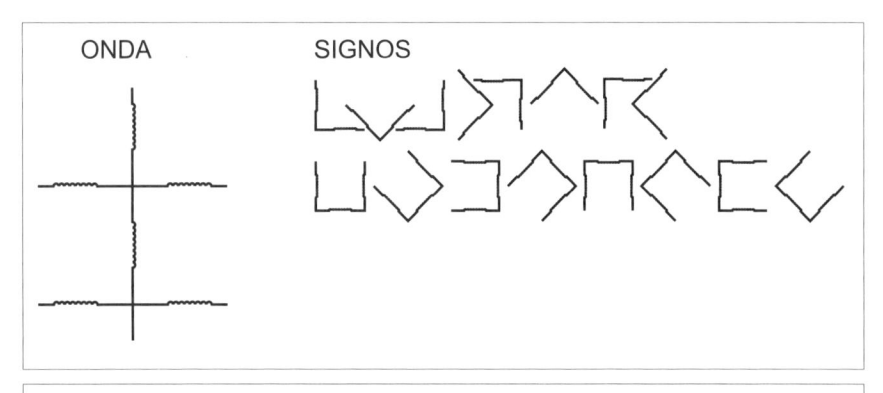

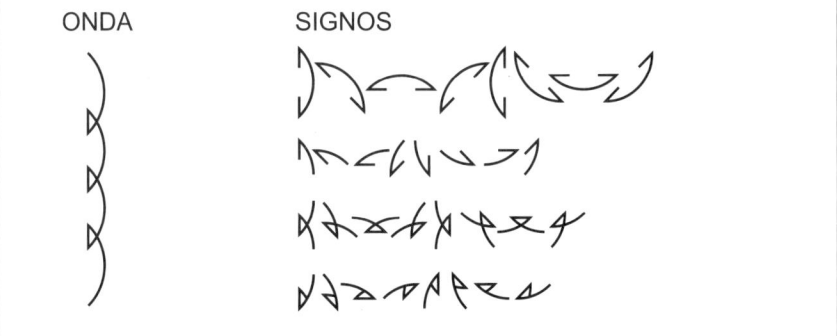

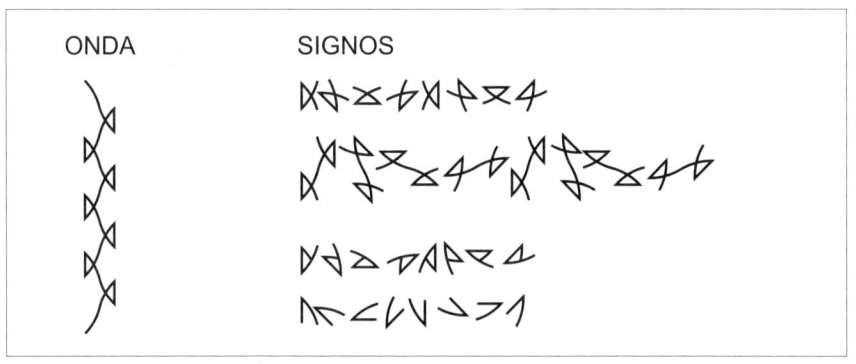

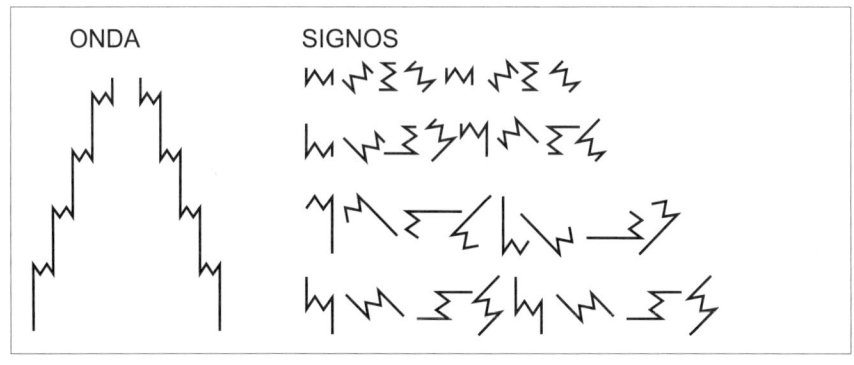

Tábuas de Ondas Vibratórias e Signos Mágicos 195

Tratado de Escrita Mágica Sagrada

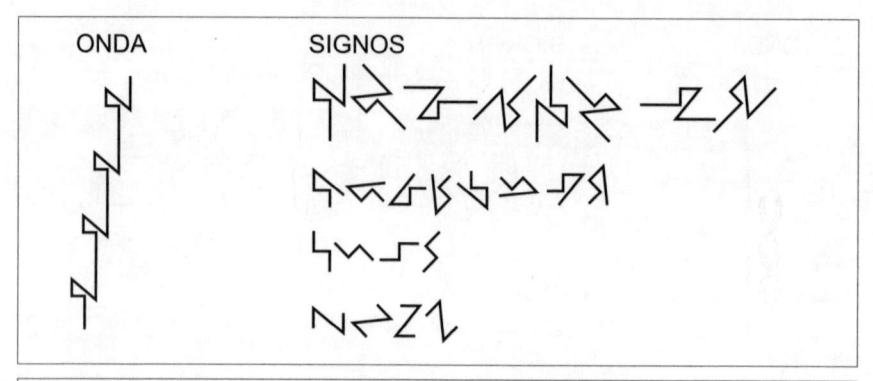

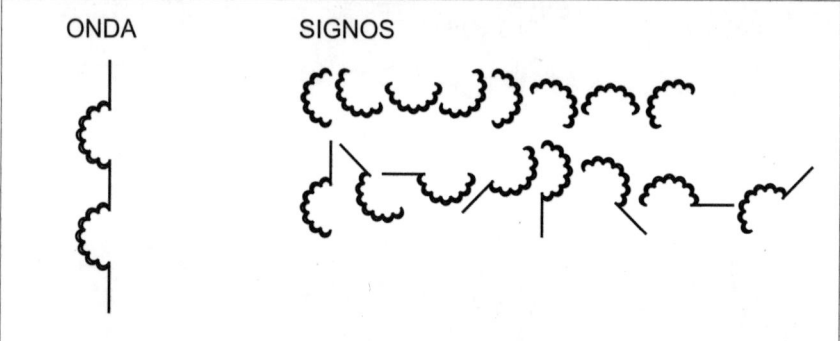

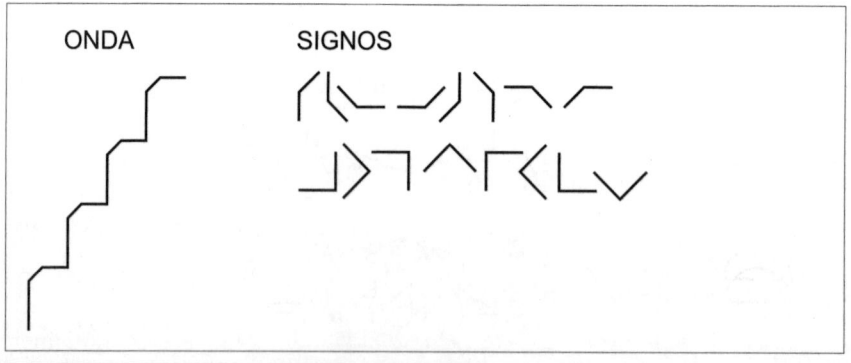

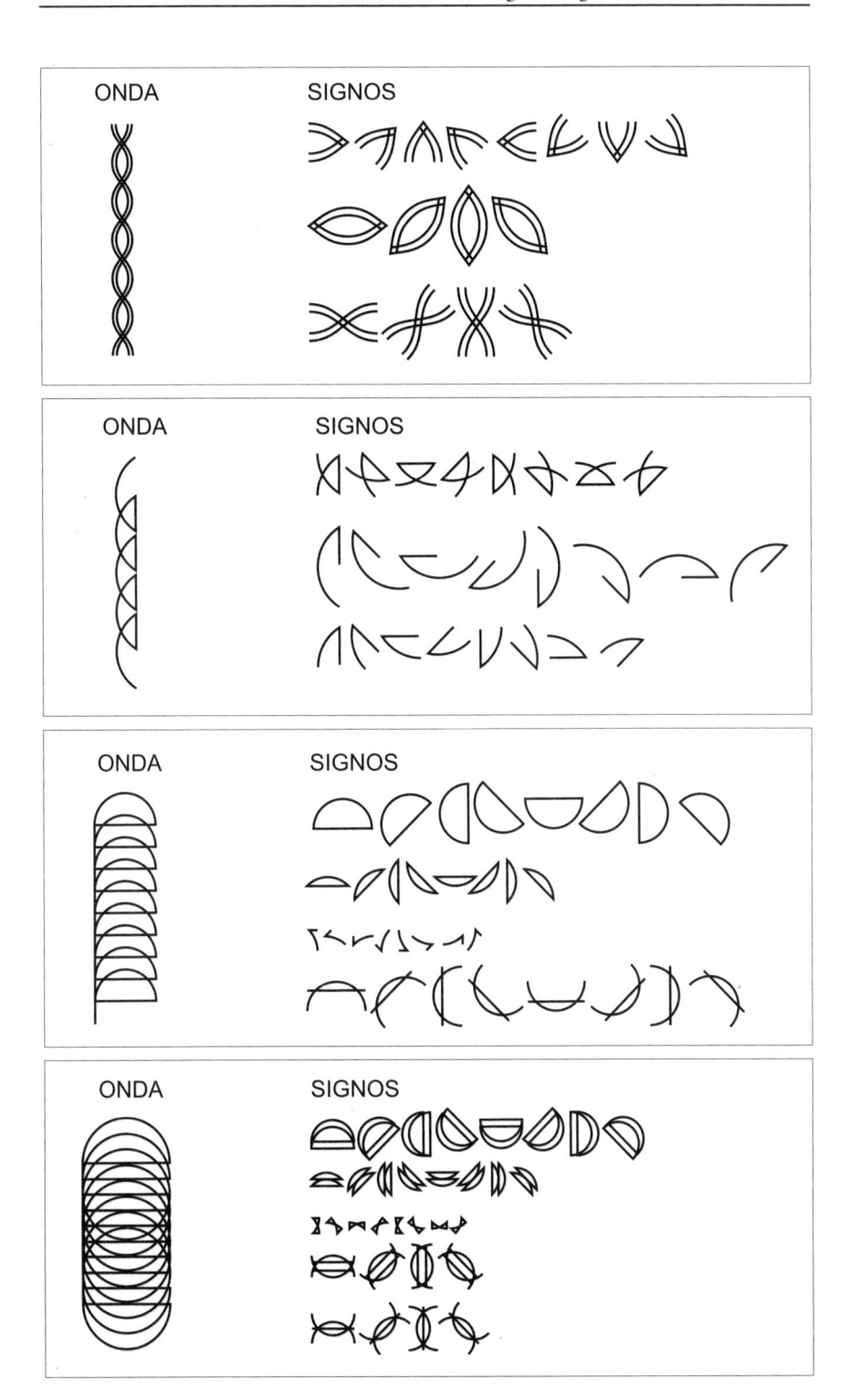

Tábuas de Ondas Vibratórias e Signos Mágicos 197

ONDA	SIGNOS

ONDA	SIGNOS

ONDA	SIGNOS

ONDA	SIGNOS

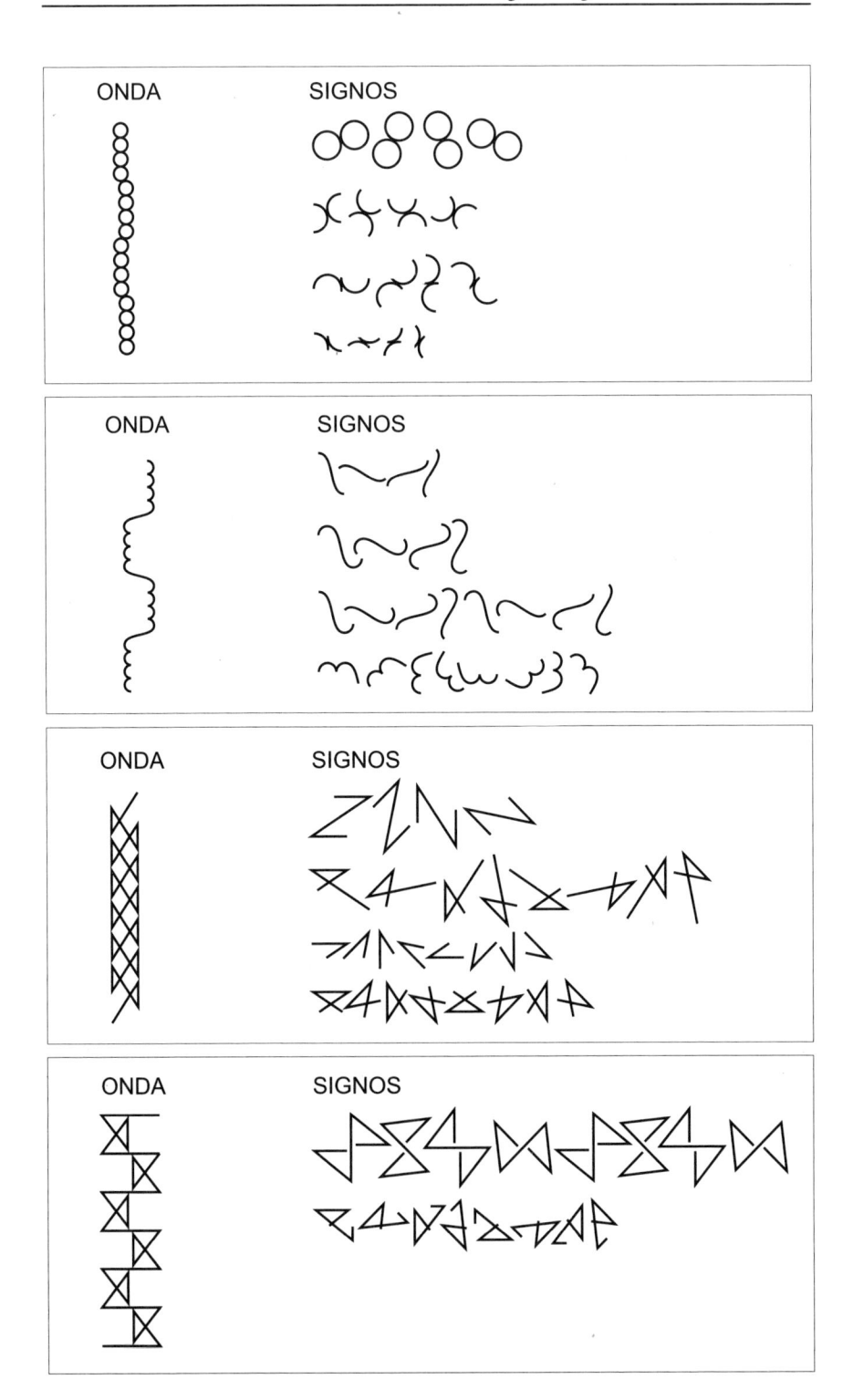

Tábuas de Ondas Vibratórias e Signos Mágicos 199

ONDA	SIGNOS

ONDA	SIGNOS

ONDA	SIGNOS

ONDA	SIGNOS

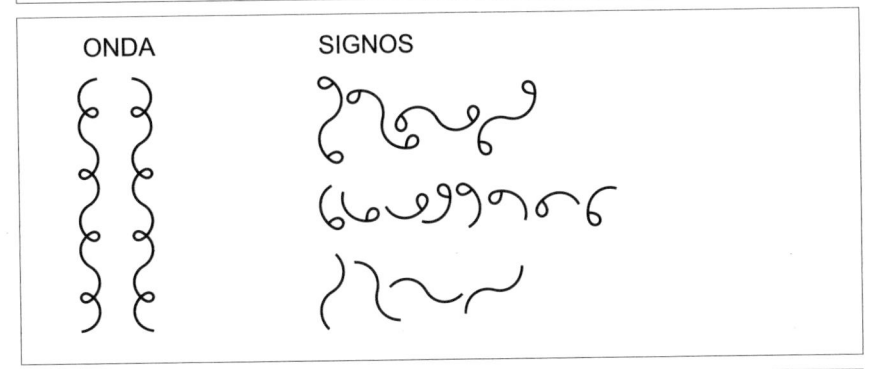

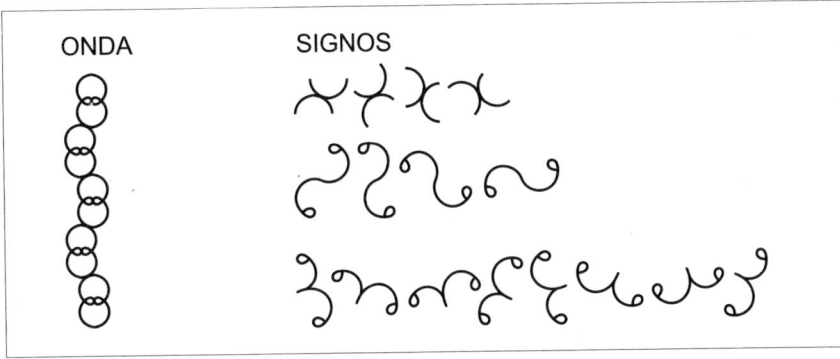

Tábuas de Ondas Vibratórias e Signos Mágicos 201

ONDA	SIGNOS

Tábuas de Ondas Vibratórias e Signos Mágicos

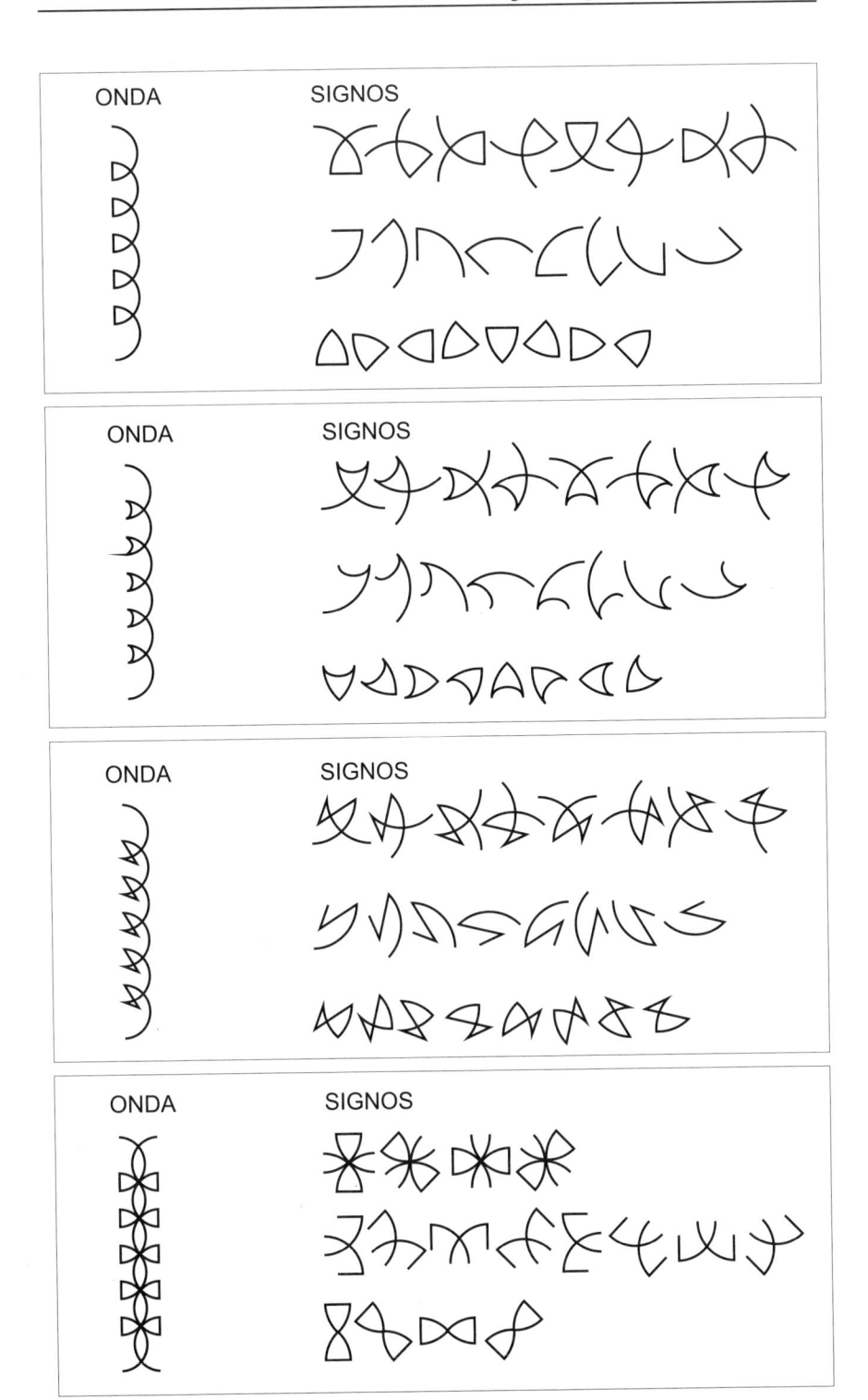

ONDA	SIGNOS

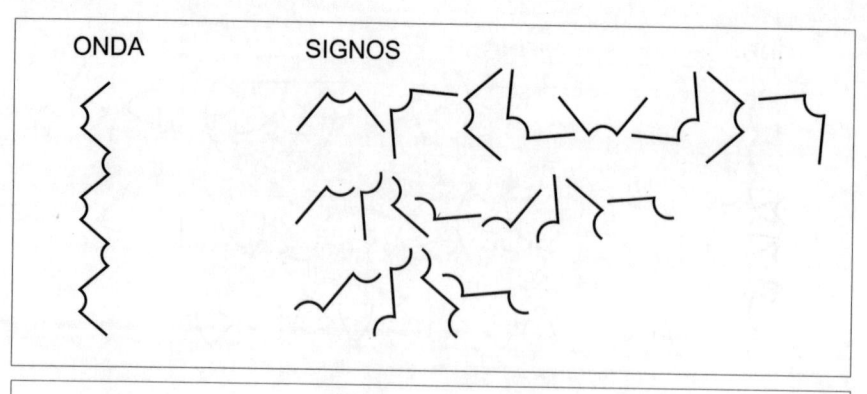

ONDA	SIGNOS

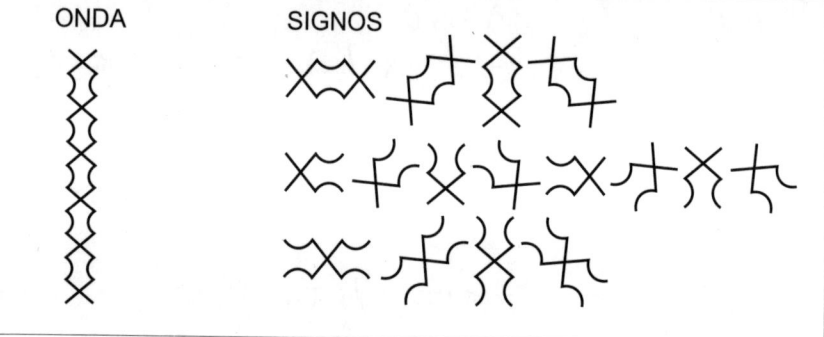

ONDA	SIGNOS

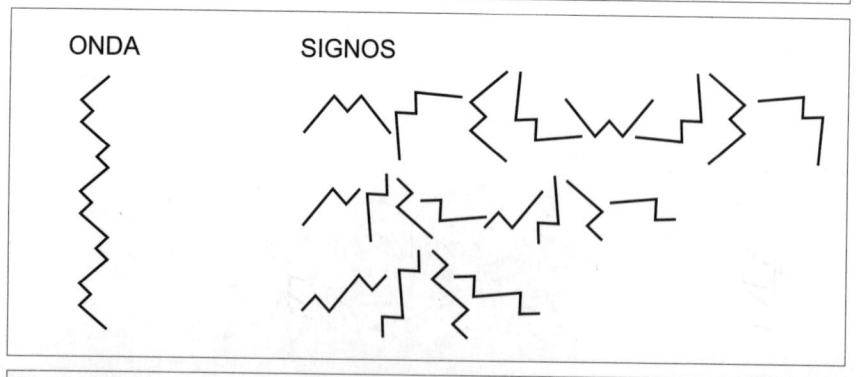 ONDA	SIGNOS

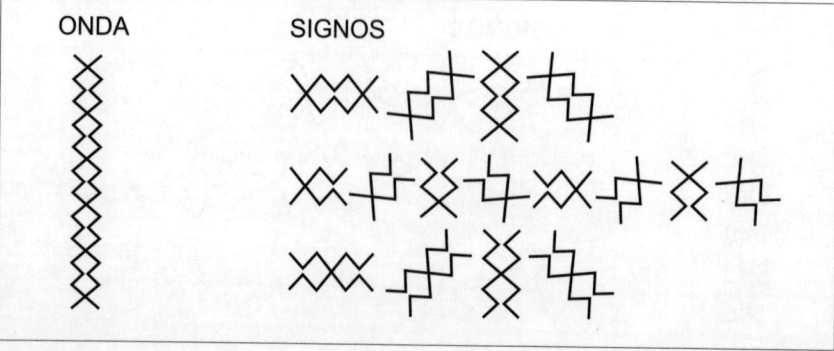

ONDA	SIGNOS

Tábuas de Ondas Vibratórias e Signos Mágicos   205

206   *Tratado de Escrita Mágica Sagrada*

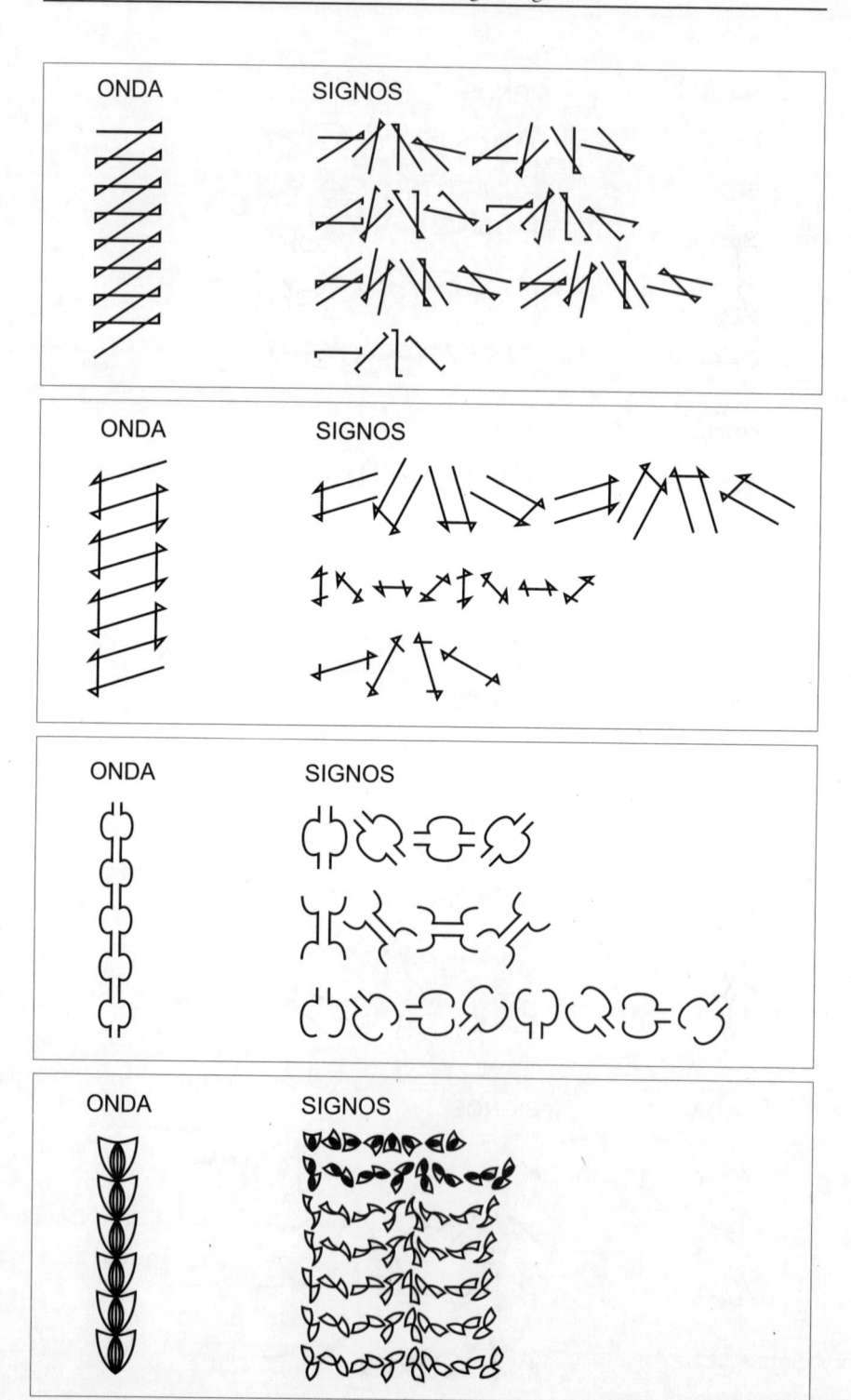

ONDA	SIGNOS

ONDA	SIGNOS

ONDA	SIGNOS

ONDA	SIGNOS

Tábuas de Ondas Vibratórias e Signos Mágicos 207

ONDA	SIGNOS

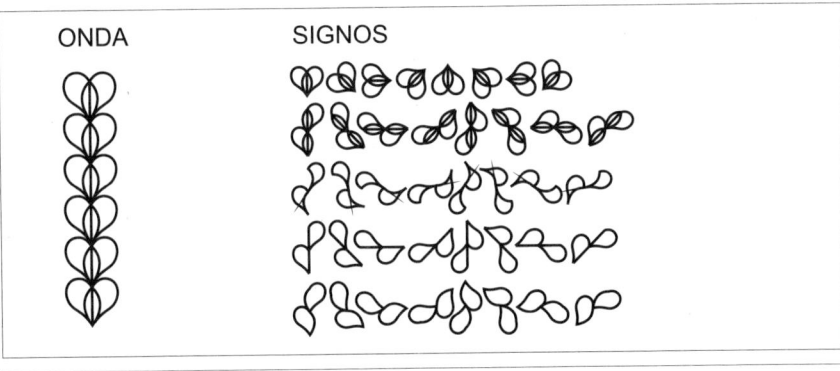

ONDA	SIGNOS

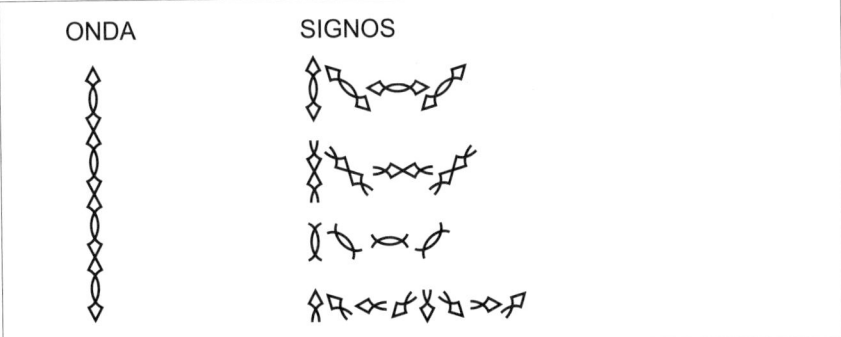

ONDA	SIGNOS

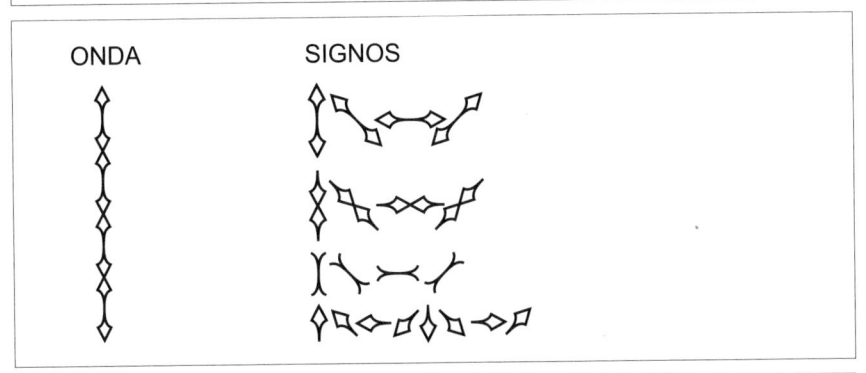

ONDA	SIGNOS

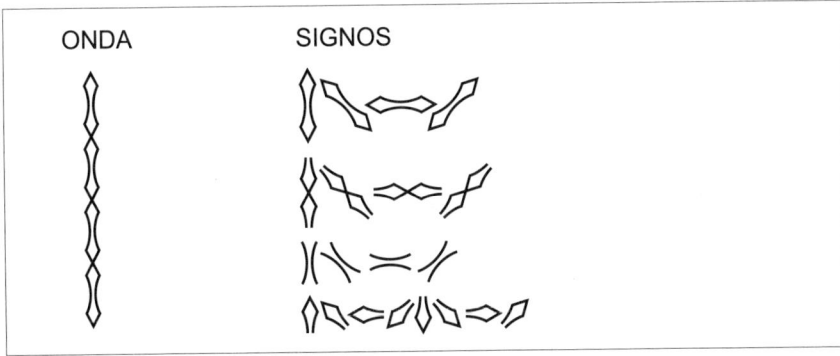

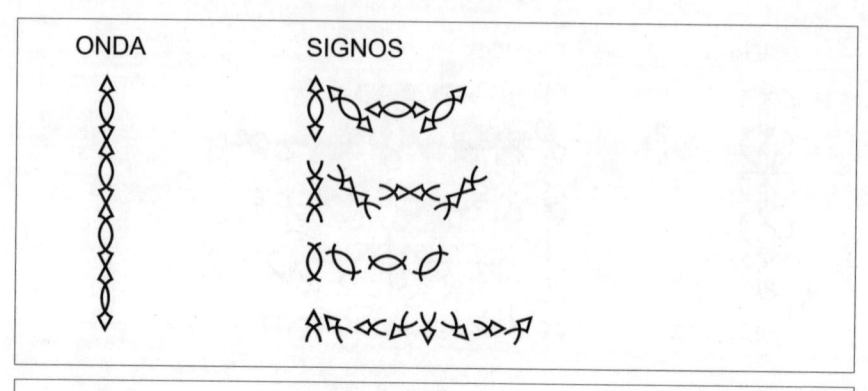

ONDA	SIGNOS

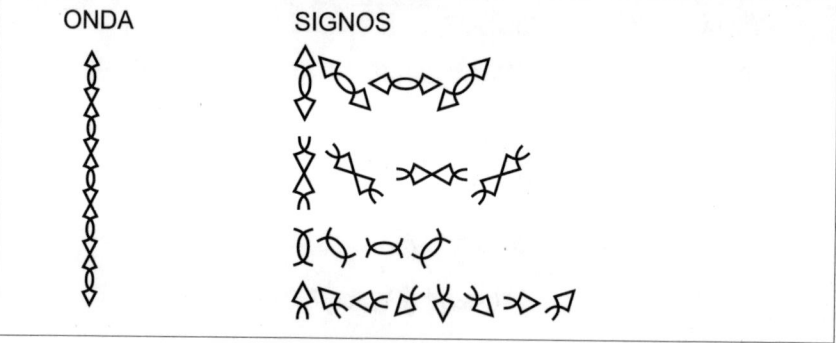

ONDA	SIGNOS

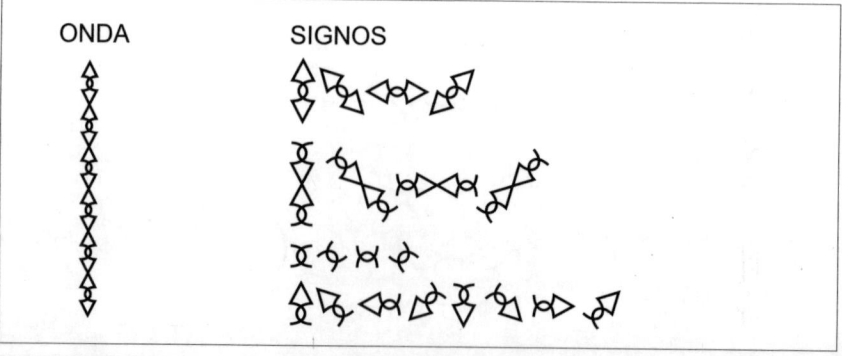 ONDA	SIGNOS

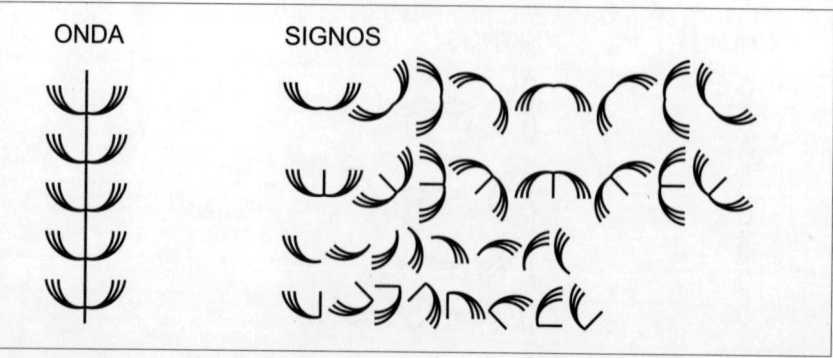

ONDA	SIGNOS

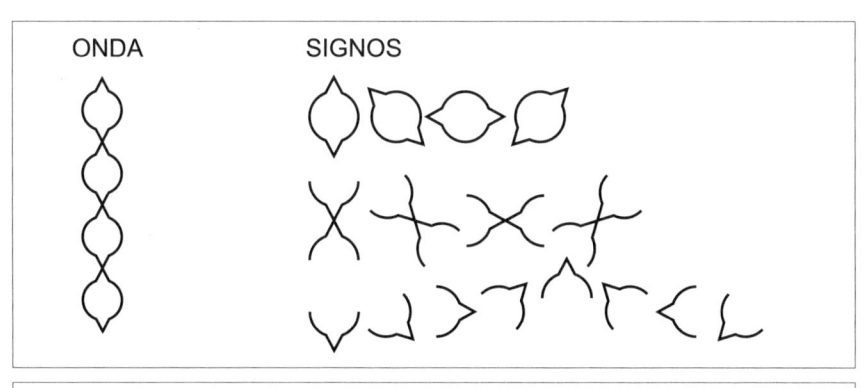

Tábuas de Ondas Vibratórias e Signos Mágicos 209

210   *Tratado de Escrita Mágica Sagrada*

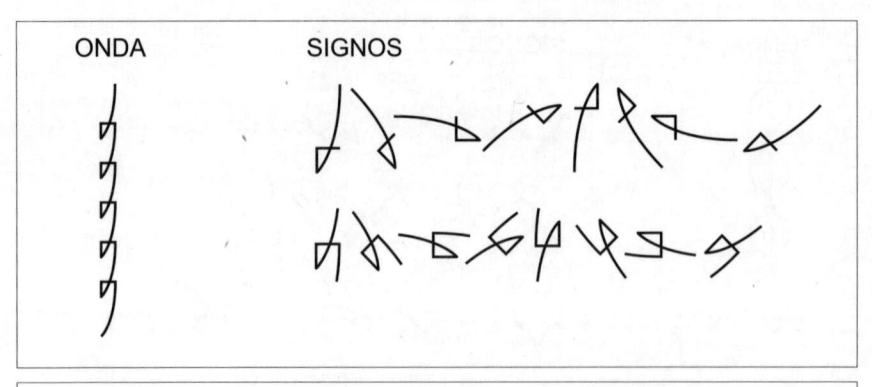

ONDA	SIGNOS

ONDA	SIGNOS

ONDA	SIGNOS

ONDA	SIGNOS

Tábuas de Ondas Vibratórias e Signos Mágicos

ONDA	SIGNOS

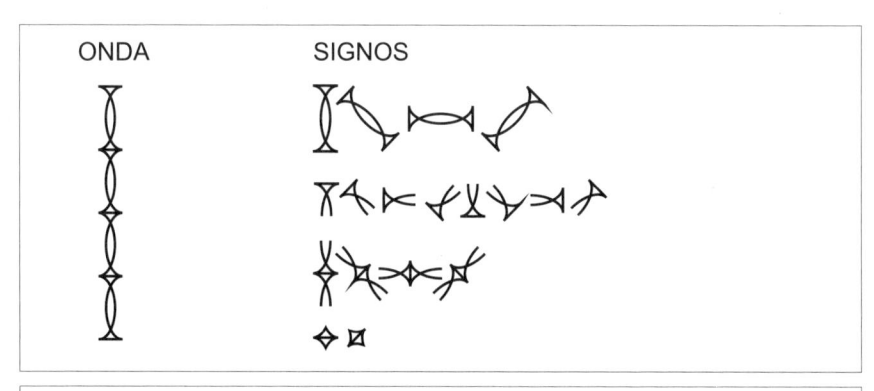

ONDA	SIGNOS

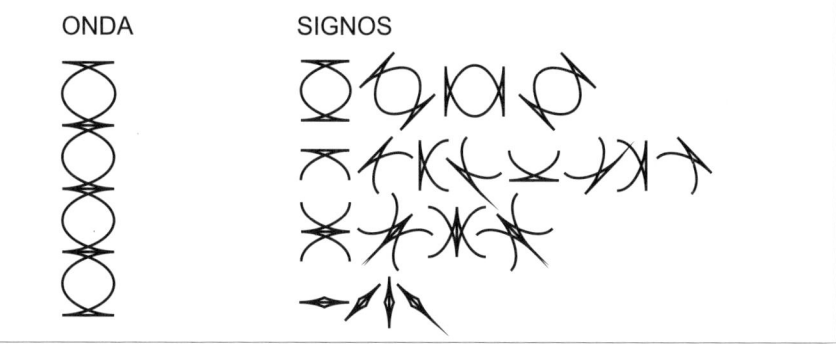

ONDA	SIGNOS

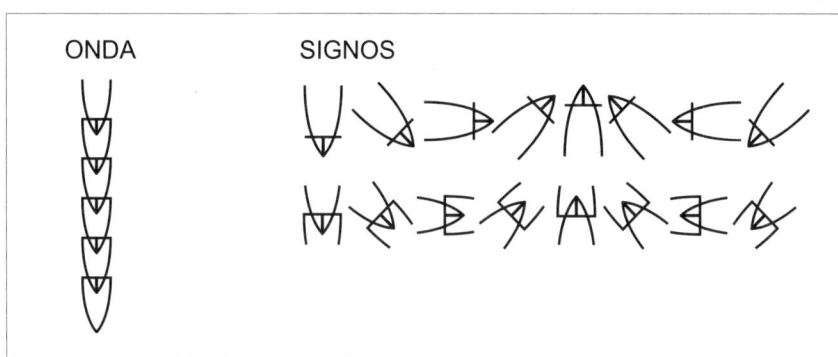

ONDA	SIGNOS

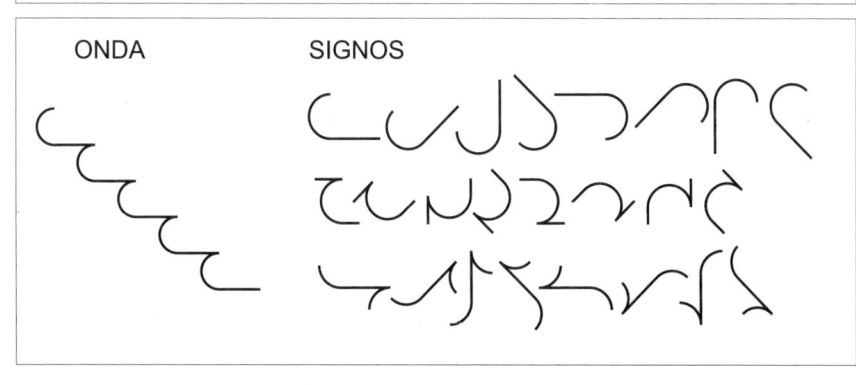

Tratado de Escrita Mágica Sagrada

Tábuas de Ondas Vibratórias e Signos Mágicos 213

214 — *Tratado de Escrita Mágica Sagrada*

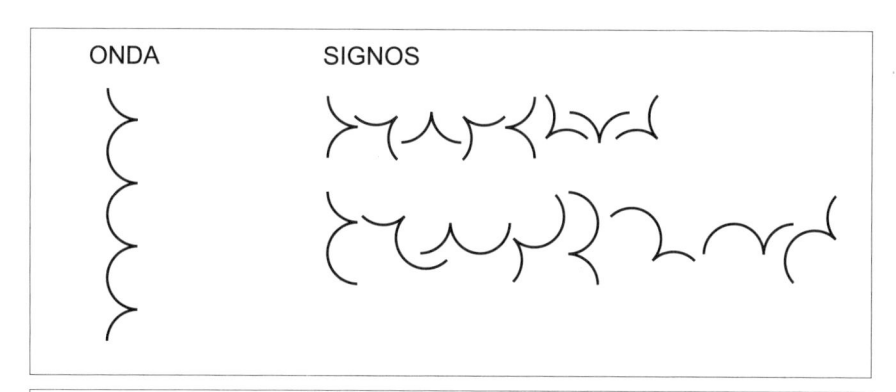

ONDA	SIGNOS

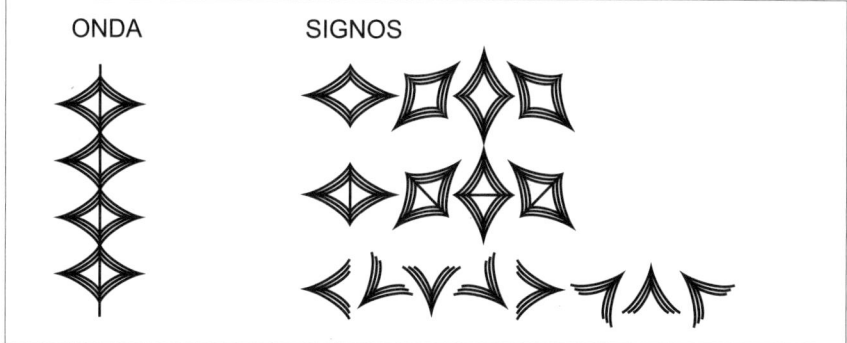

ONDA	SIGNOS

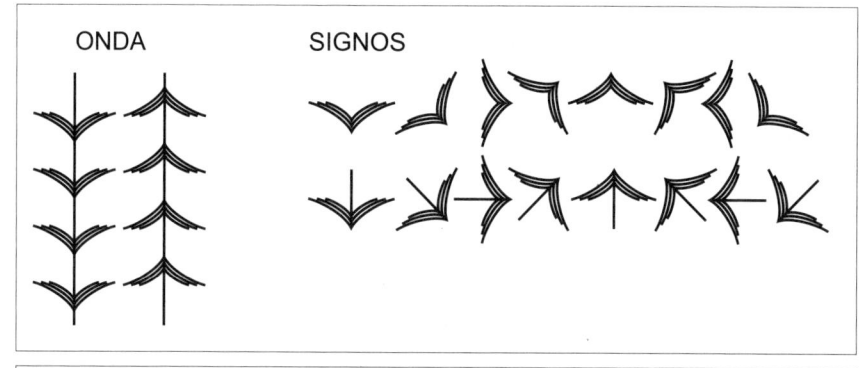 ONDA	SIGNOS

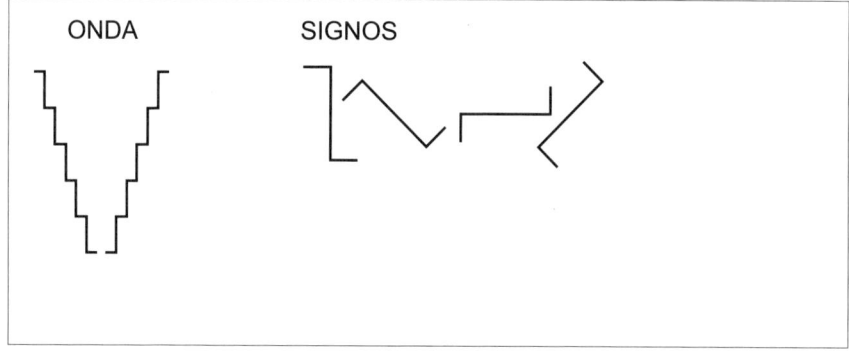

ONDA	SIGNOS

ONDA	SIGNOS

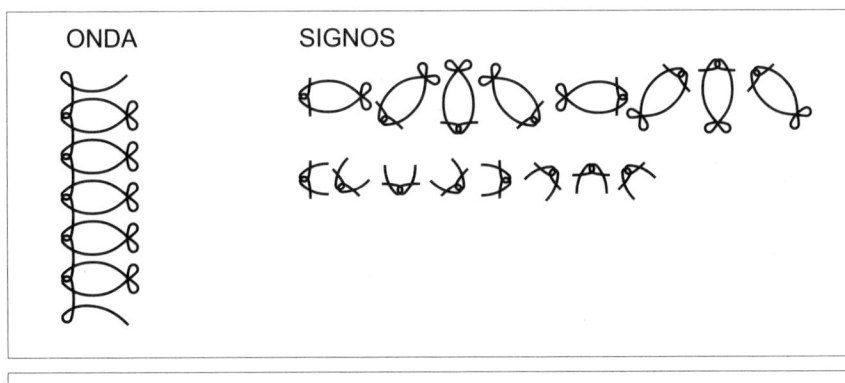

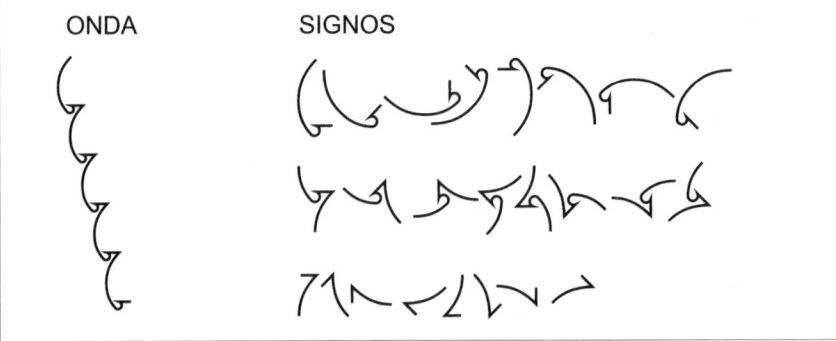

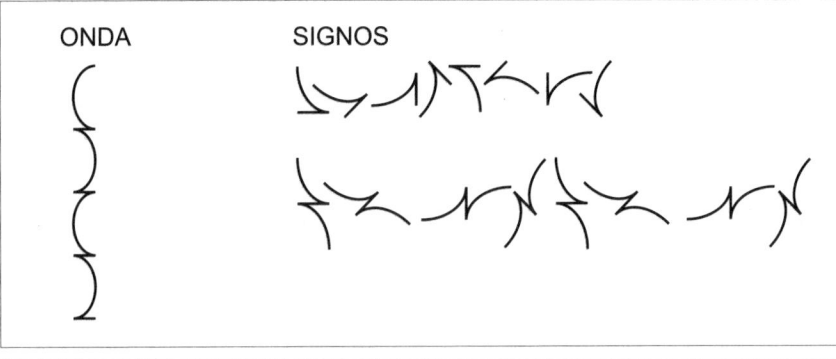

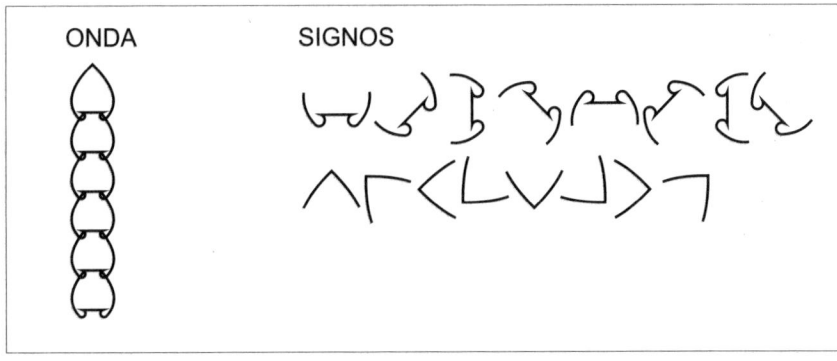

Tábuas de Ondas Vibratórias e Signos Mágicos 217

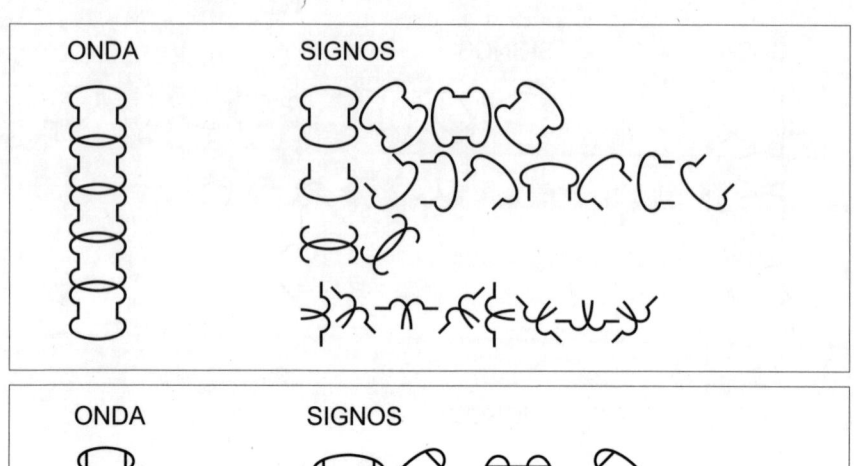

ONDA	SIGNOS

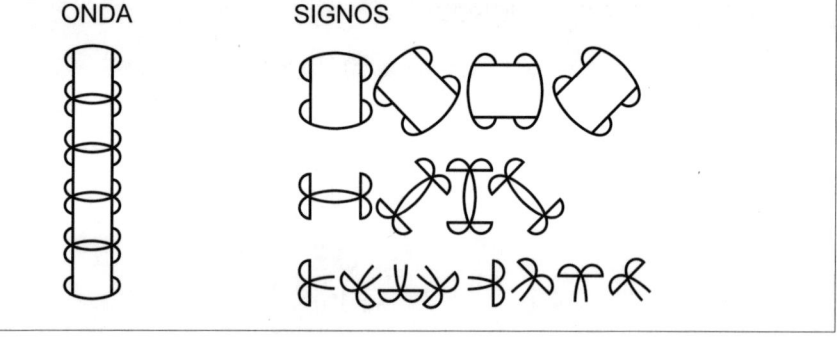

ONDA	SIGNOS

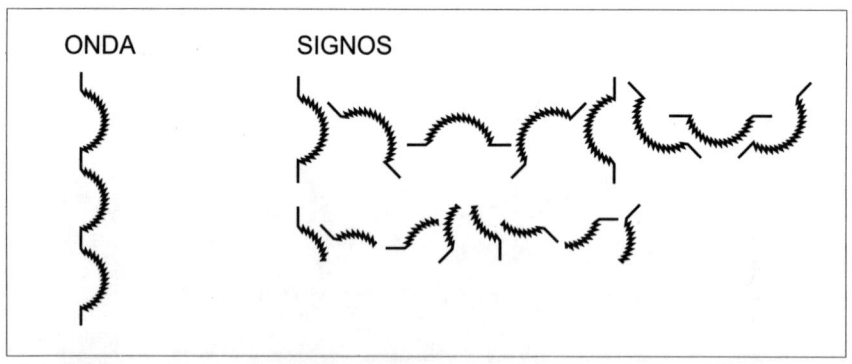 ONDA	SIGNOS

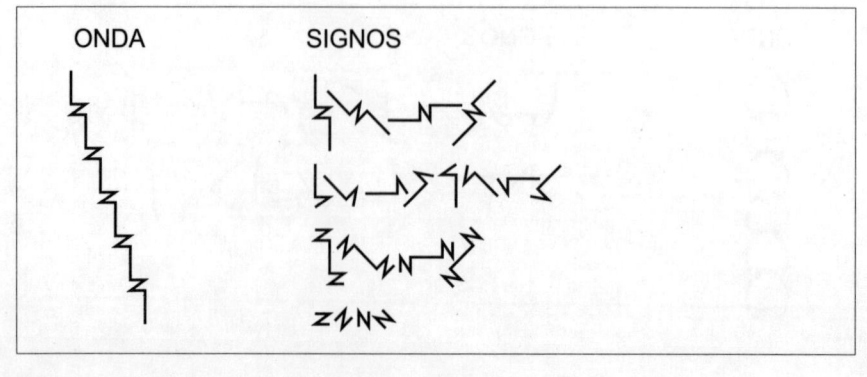

ONDA	SIGNOS

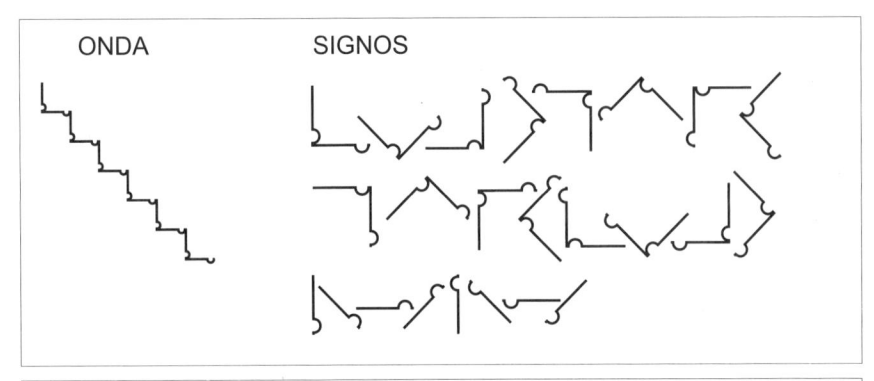

Tábuas de Ondas Vibratórias e Signos Mágicos 219

ONDA SIGNOS

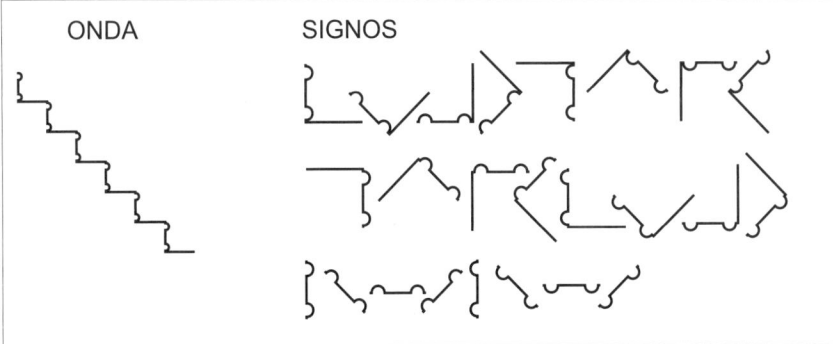

ONDA SIGNOS

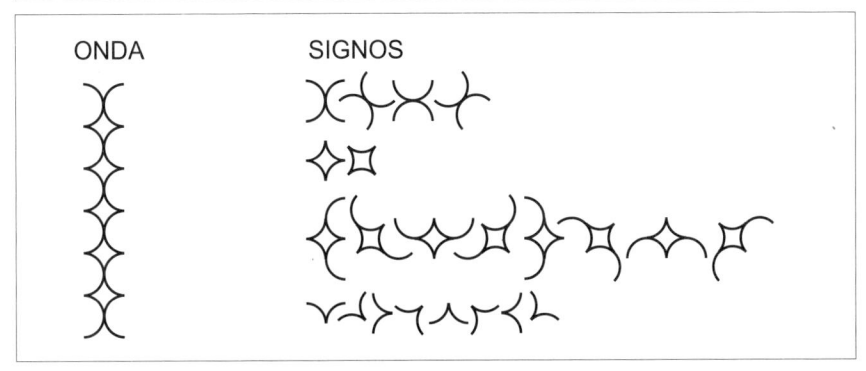

ONDA SIGNOS

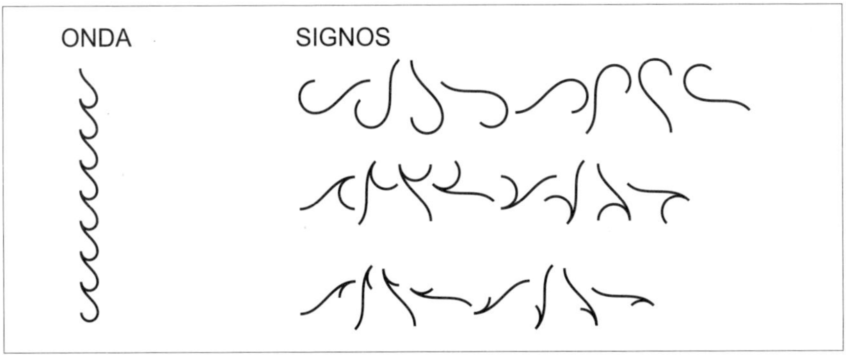

ONDA SIGNOS

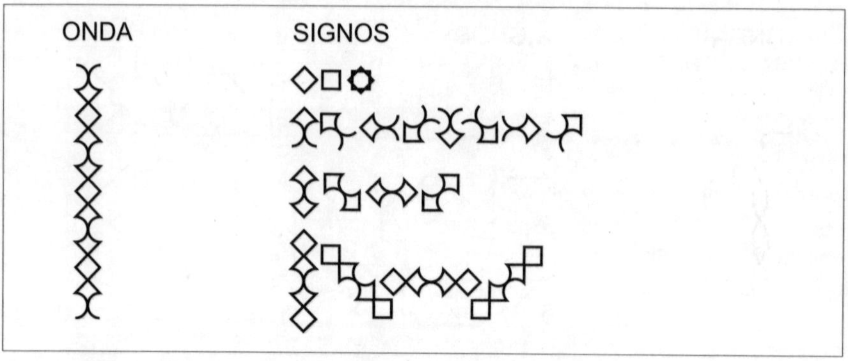

220   *Tratado de Escrita Mágica Sagrada*

ONDA	SIGNOS

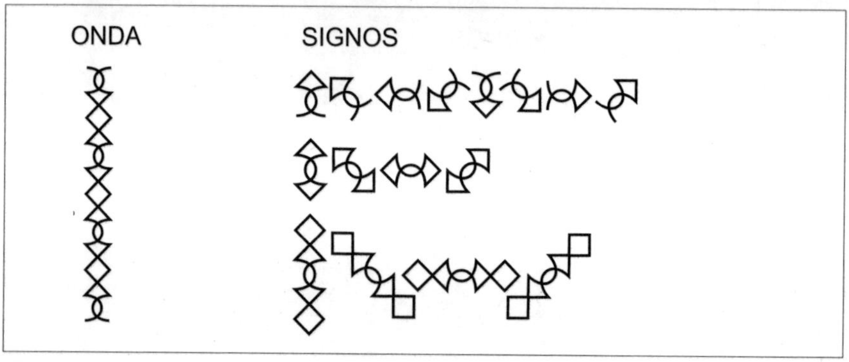

ONDA	SIGNOS

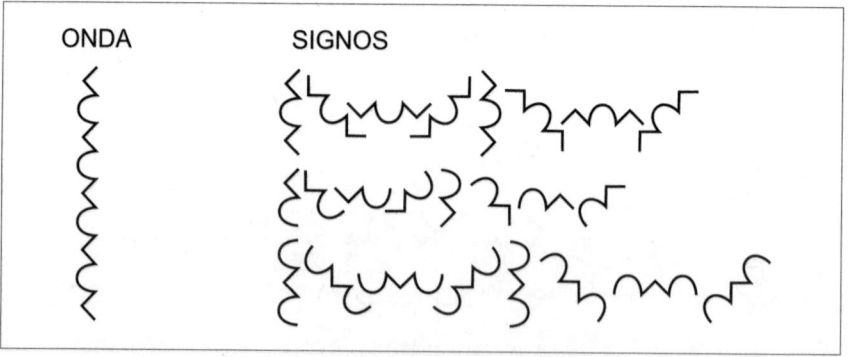 ONDA	SIGNOS

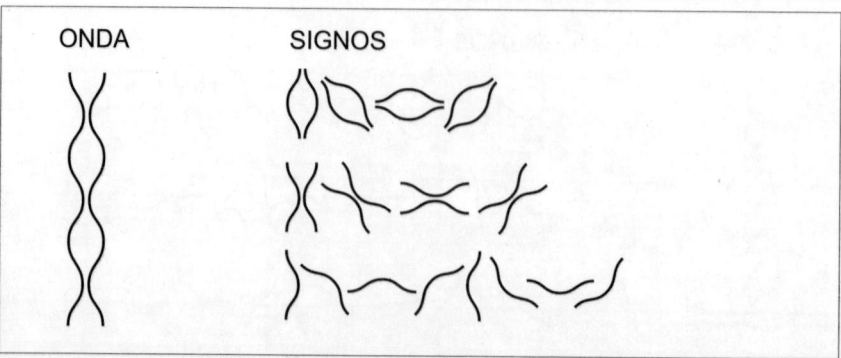

ONDA	SIGNOS

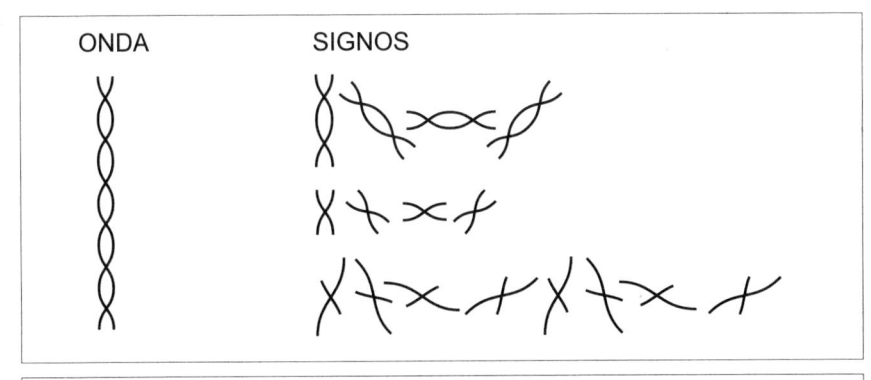

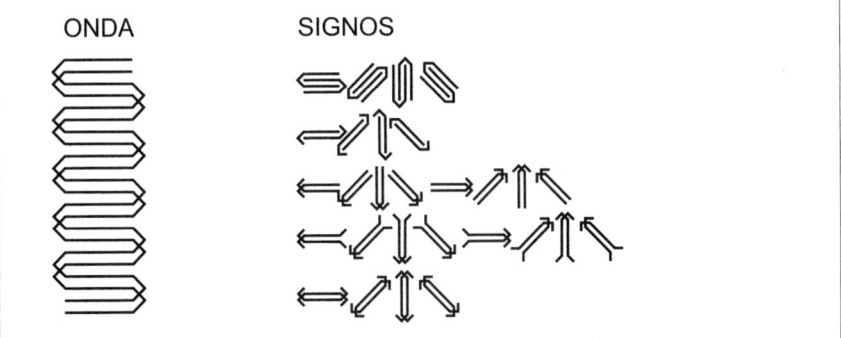

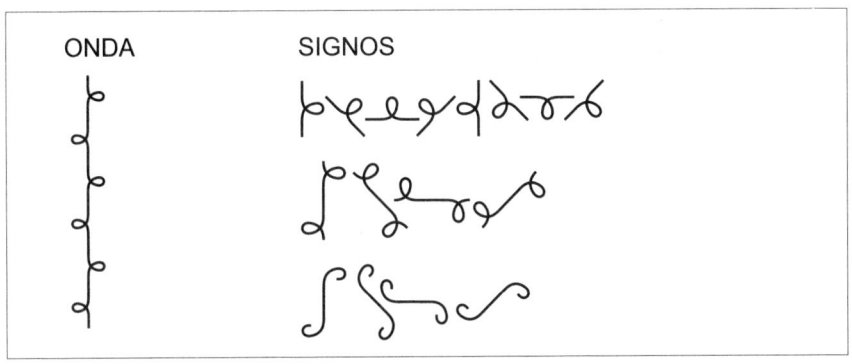

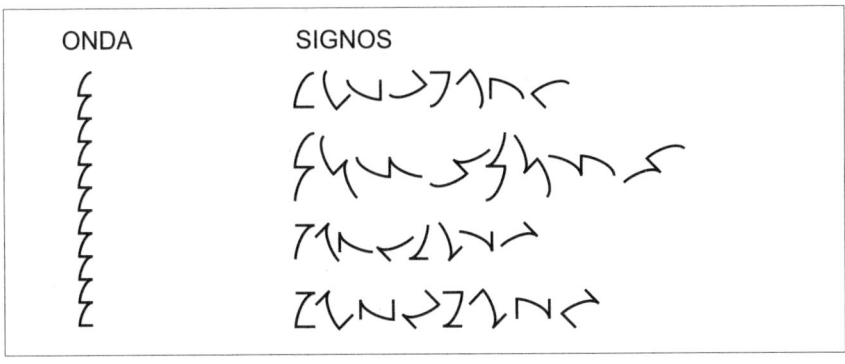

Tábuas de Ondas Vibratórias e Signos Mágicos   221

Tratado de Escrita Mágica Sagrada

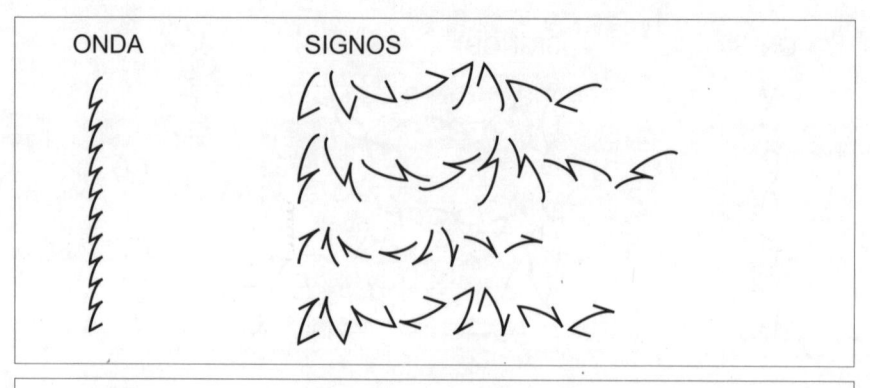

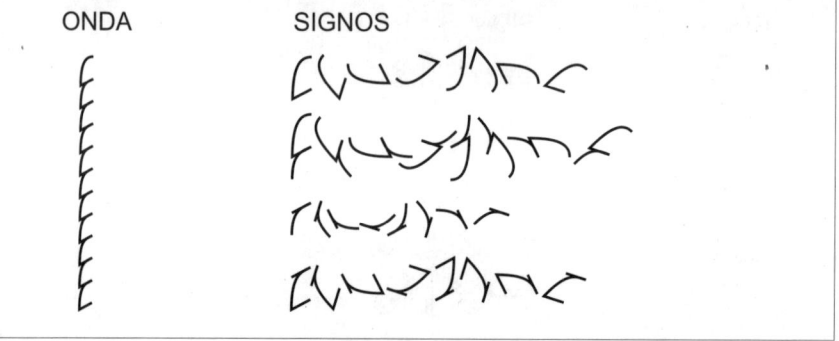

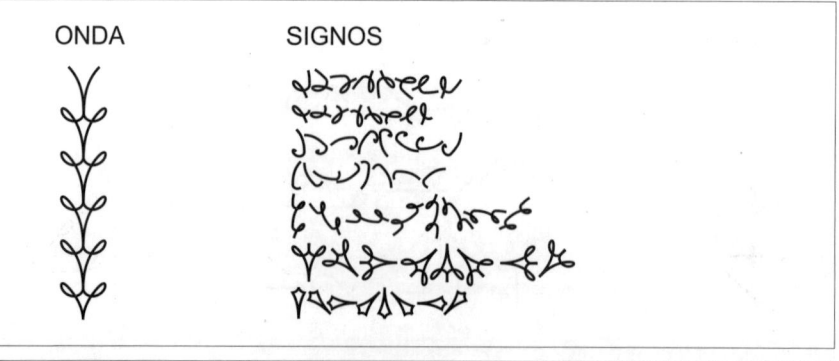

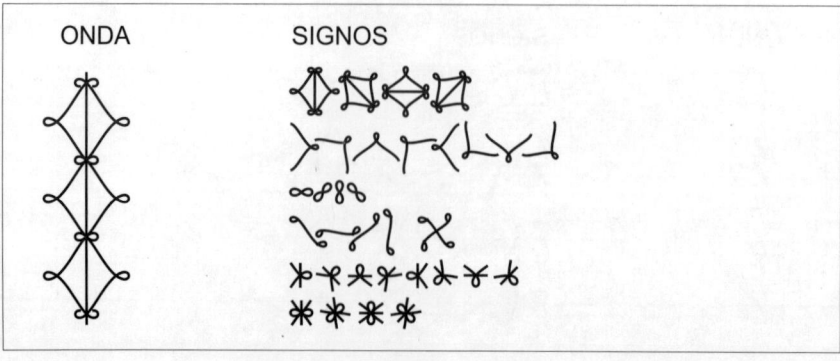

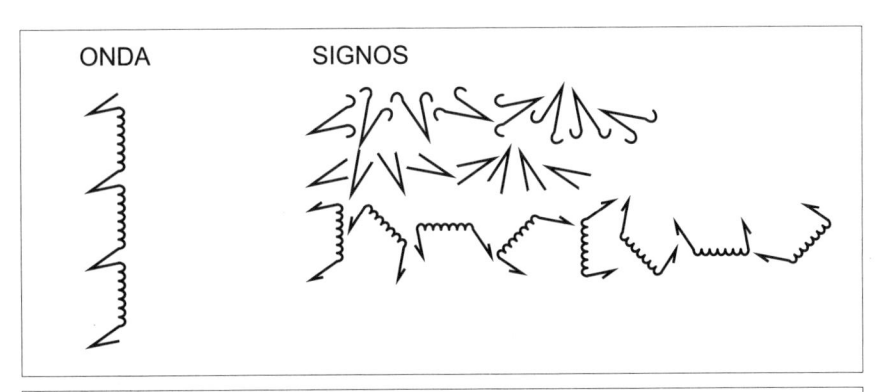

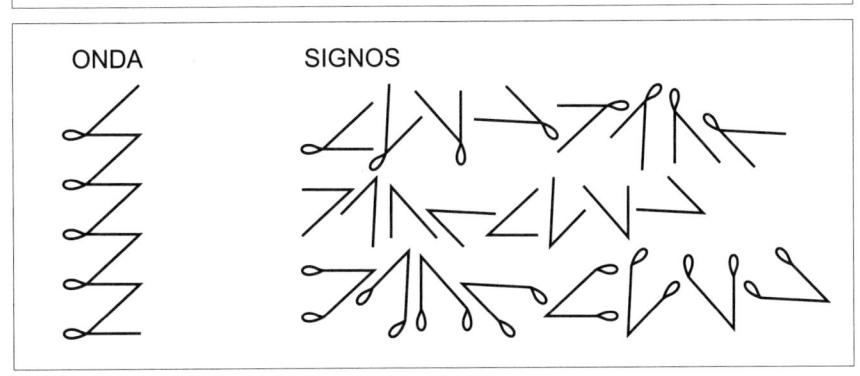

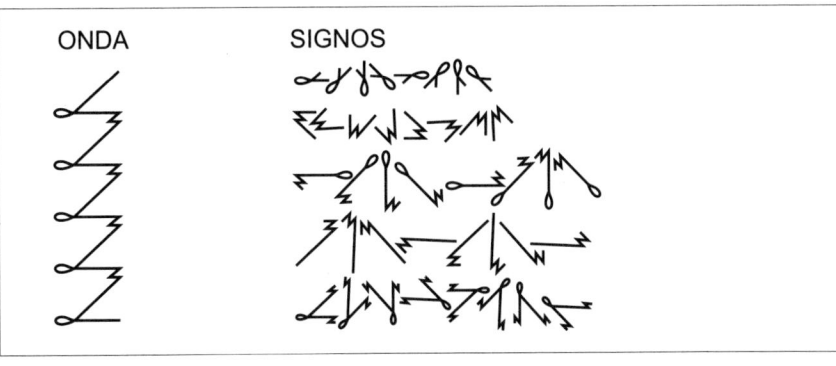

Tábuas de Ondas Vibratórias e Signos Mágicos 223

224 *Tratado de Escrita Mágica Sagrada*

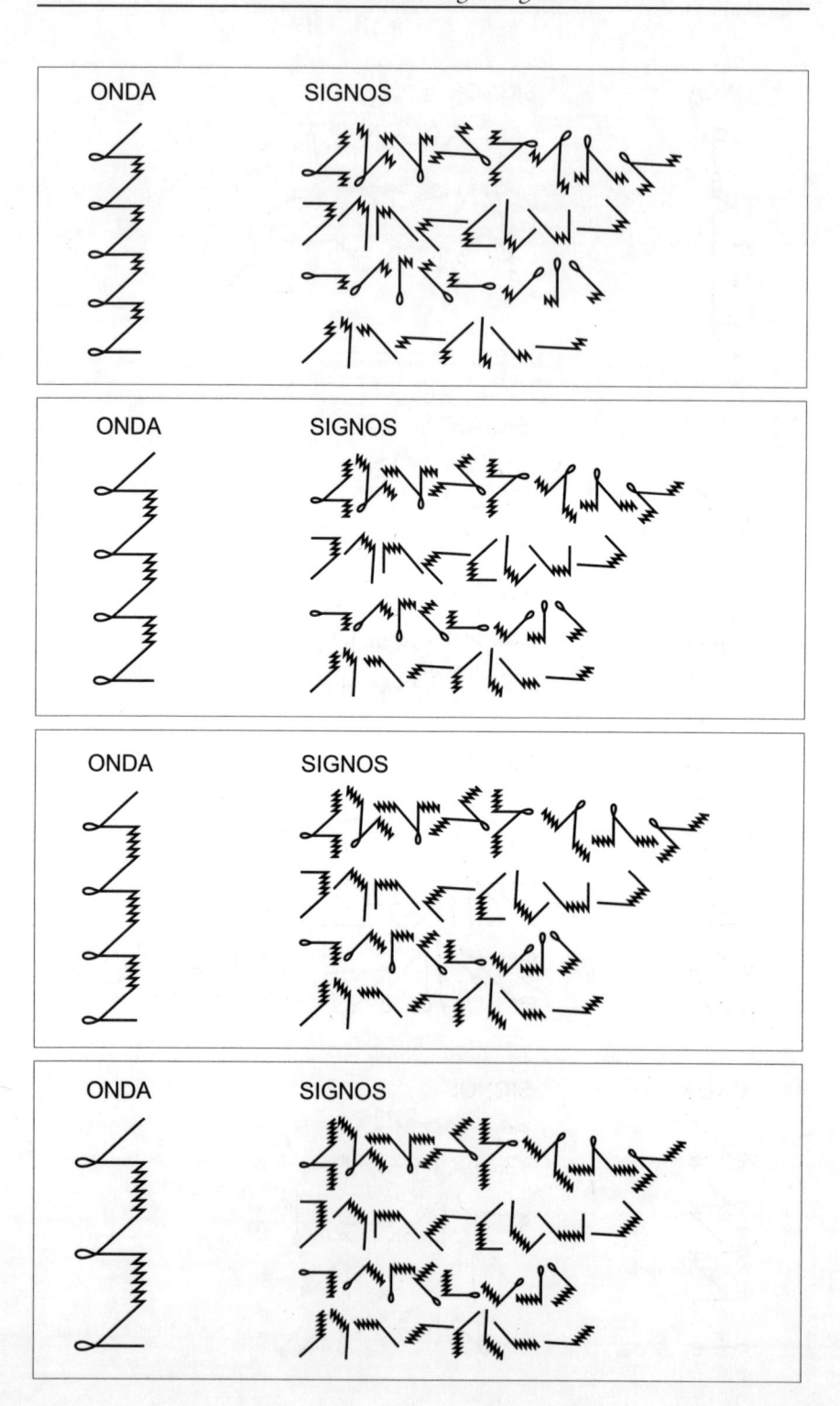

ONDA	SIGNOS

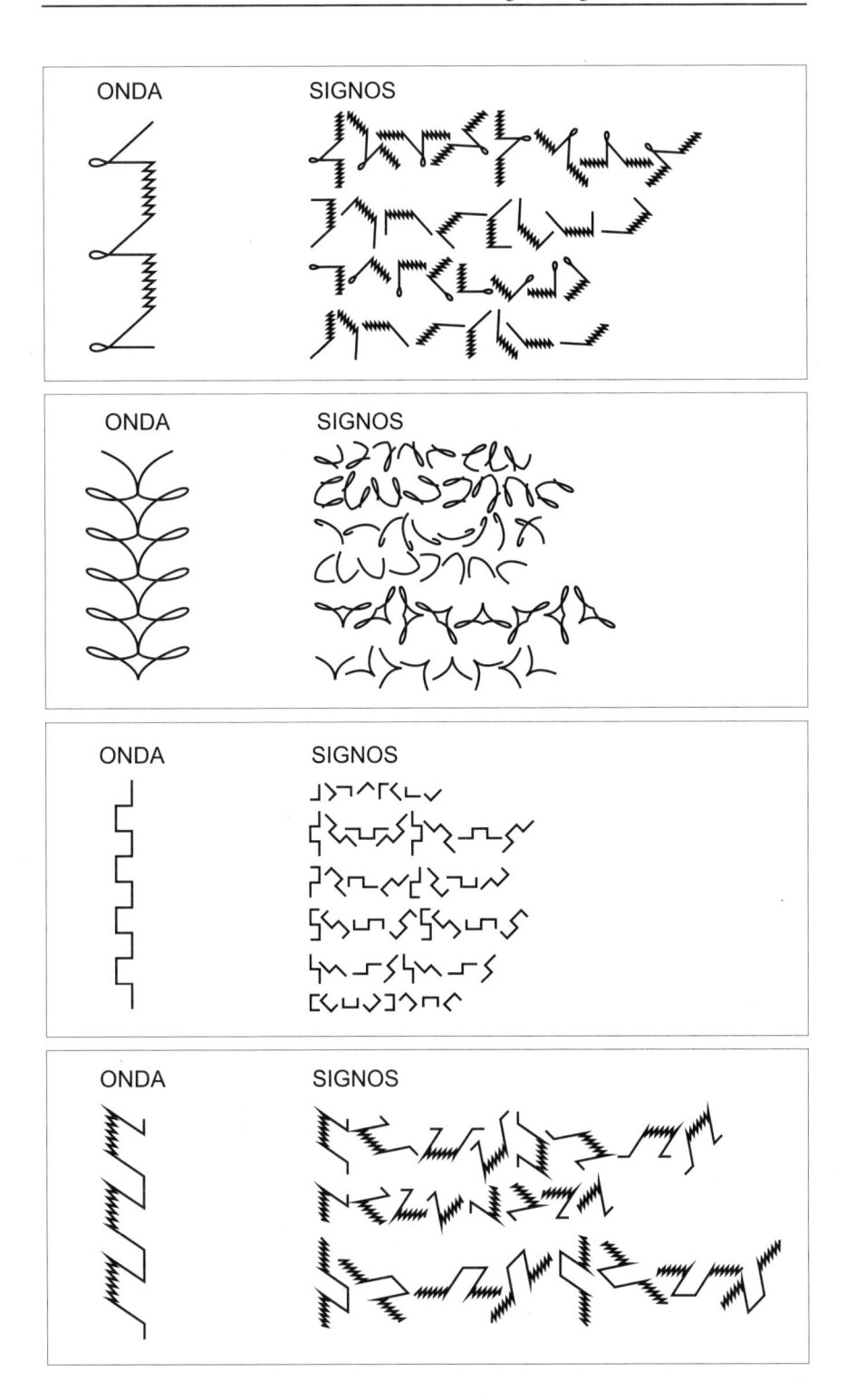

Tábuas de Ondas Vibratórias e Signos Mágicos 225

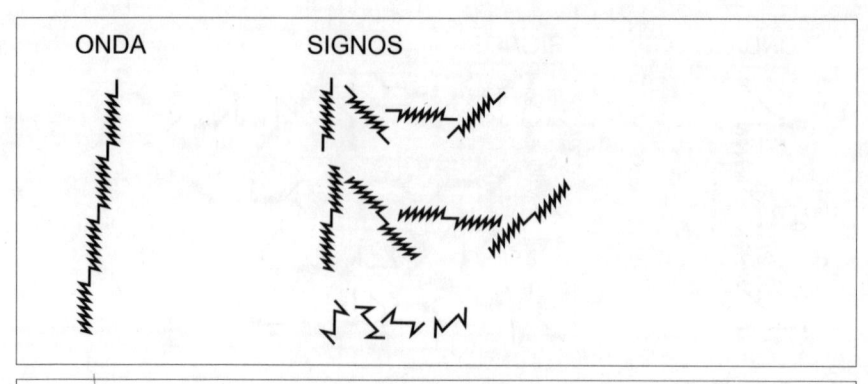

226   *Tratado de Escrita Mágica Sagrada*

ONDA	SIGNOS

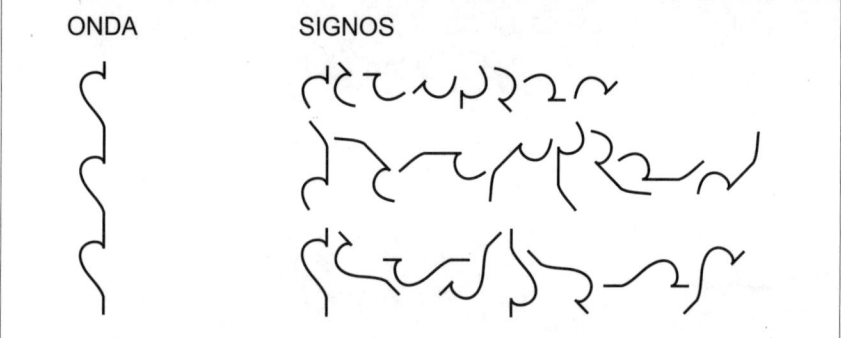

ONDA	SIGNOS

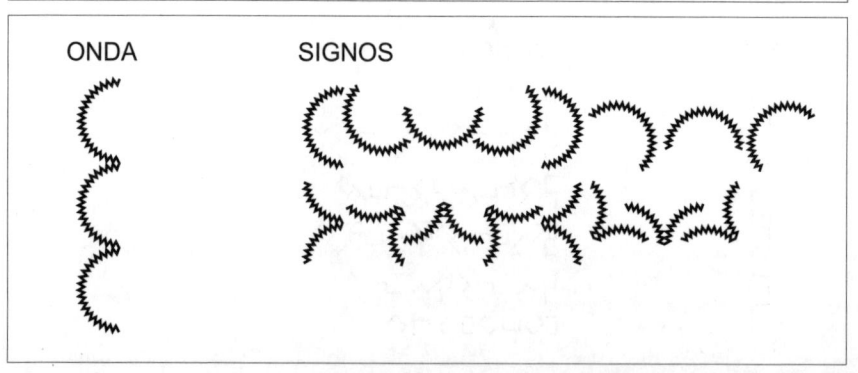 ONDA	SIGNOS

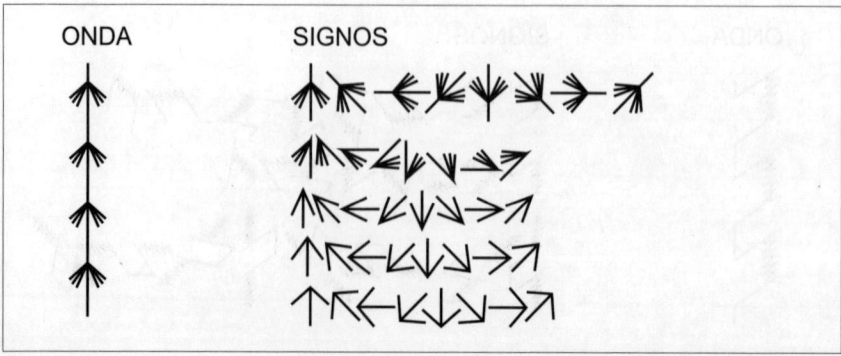

ONDA	SIGNOS

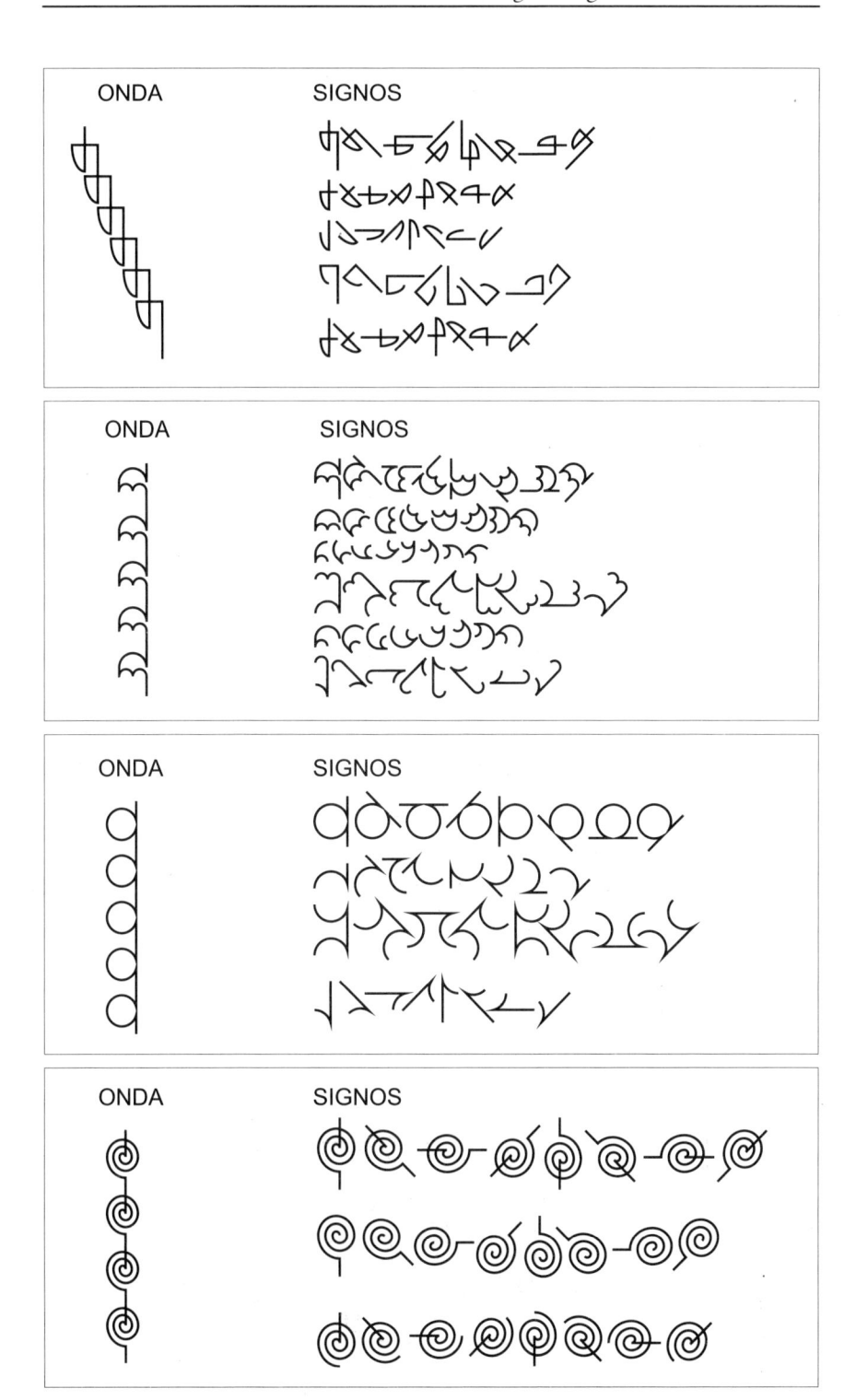

Tábuas de Ondas Vibratórias e Signos Mágicos   227

ONDA	SIGNOS

ONDA	SIGNOS

ONDA	SIGNOS

ONDA	SIGNOS

ONDA	SIGNOS

Tábuas de Ondas Vibratórias e Signos Mágicos — 229

230 — Tratado de Escrita Mágica Sagrada

ONDA	SIGNOS
(onda)	(signos)
(onda)	(signos)
(onda)	(signos)
(onda)	(signos)

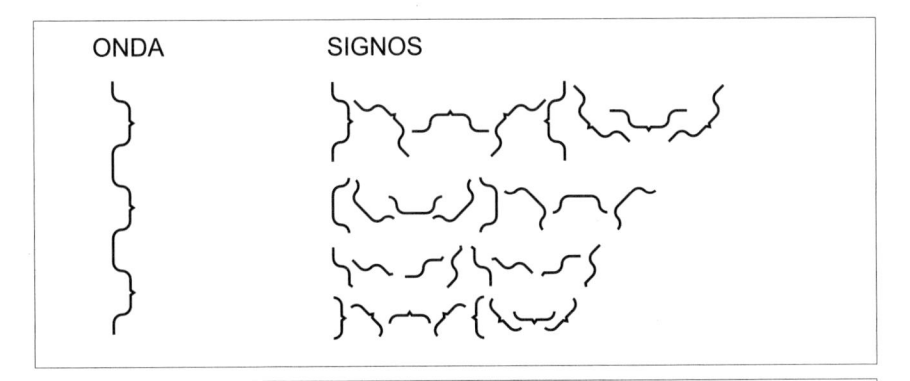

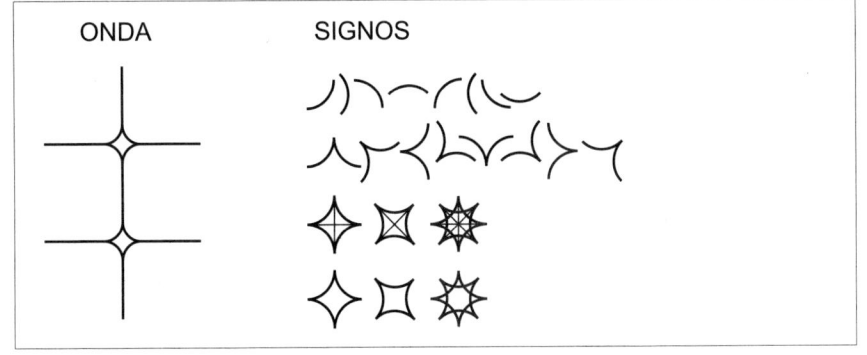

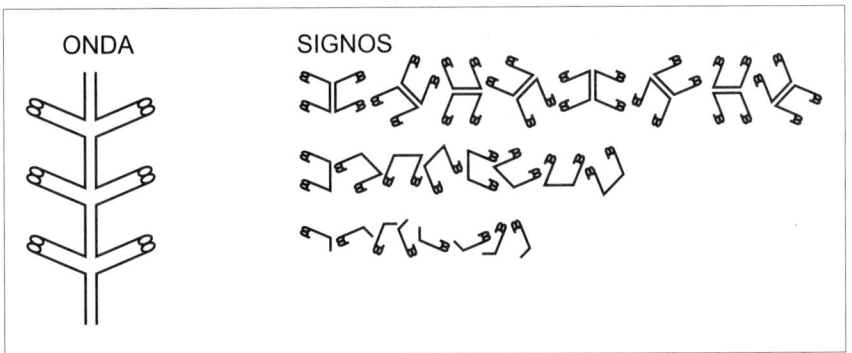

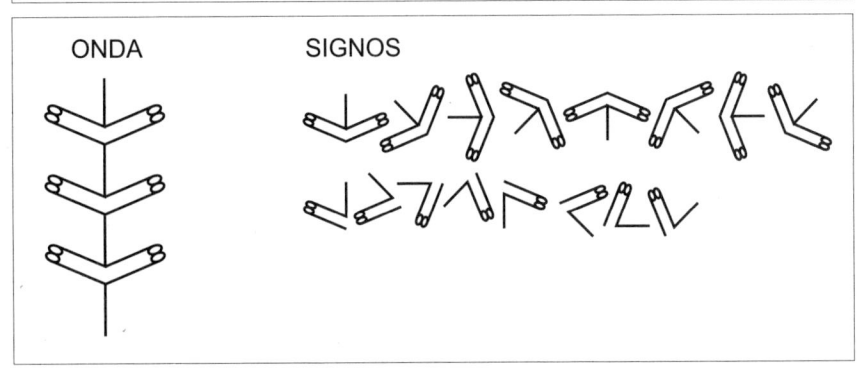

Tábuas de Ondas Vibratórias e Signos Mágicos 231

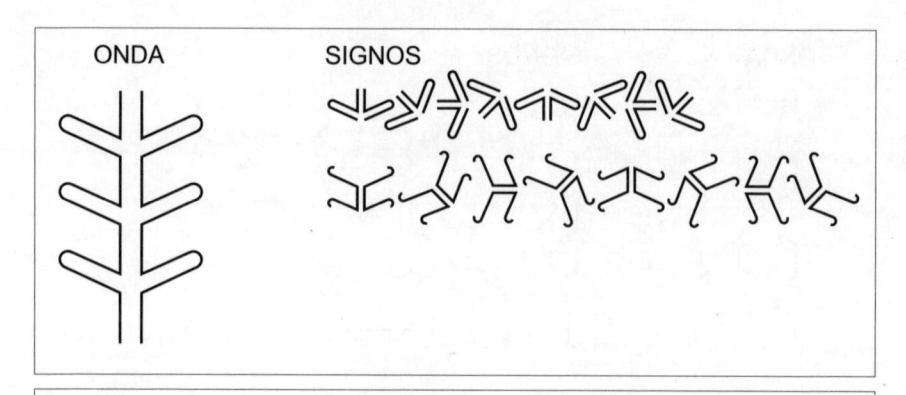

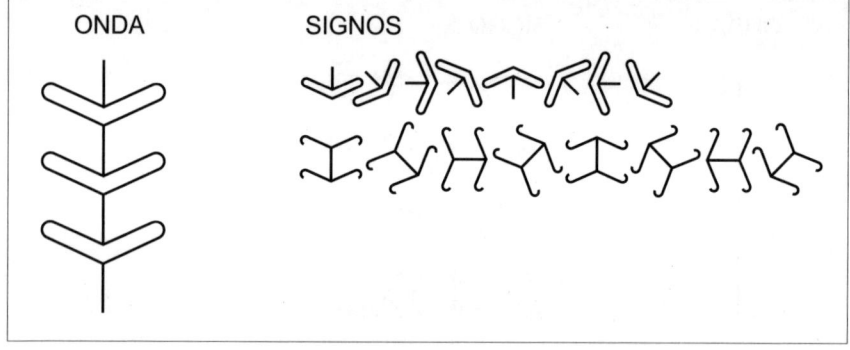

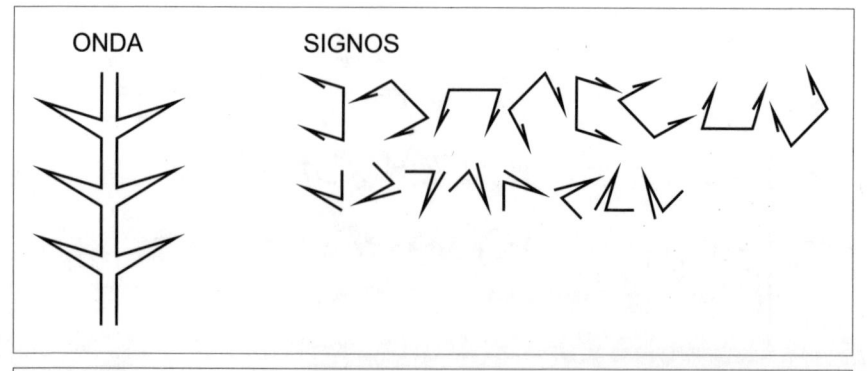

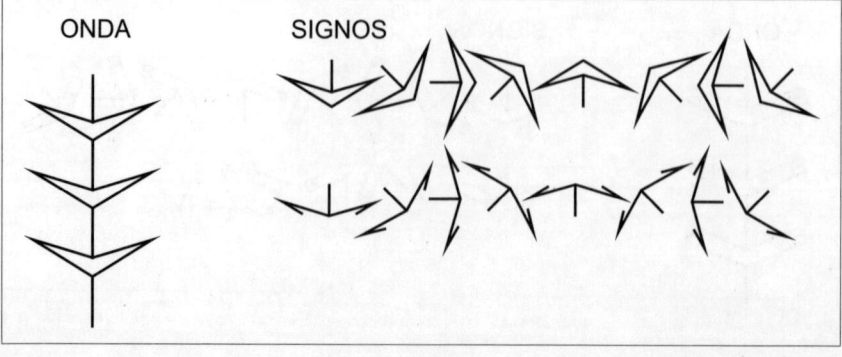

ONDA	SIGNOS

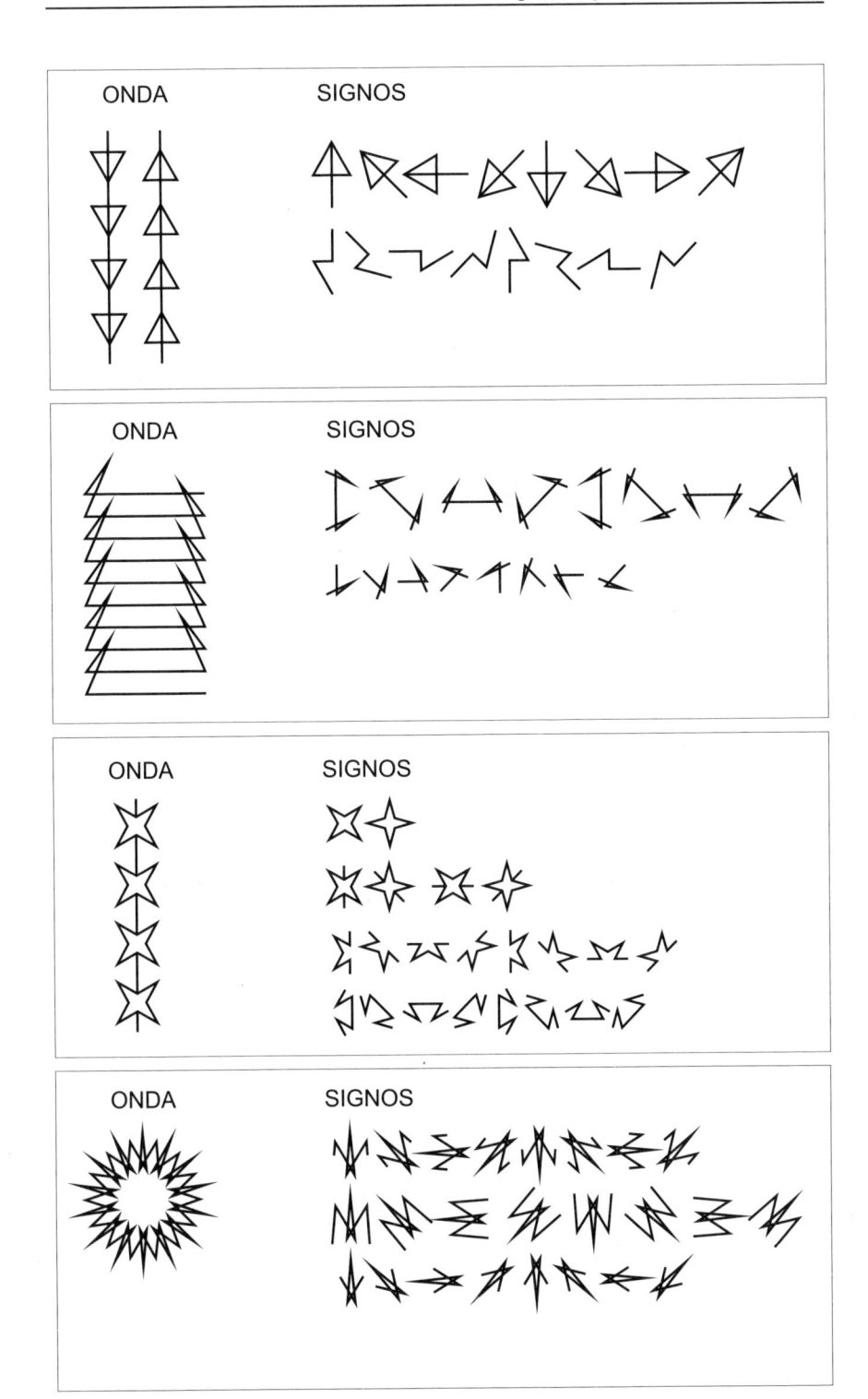

Tábuas de Ondas Vibratórias e Signos Mágicos 233

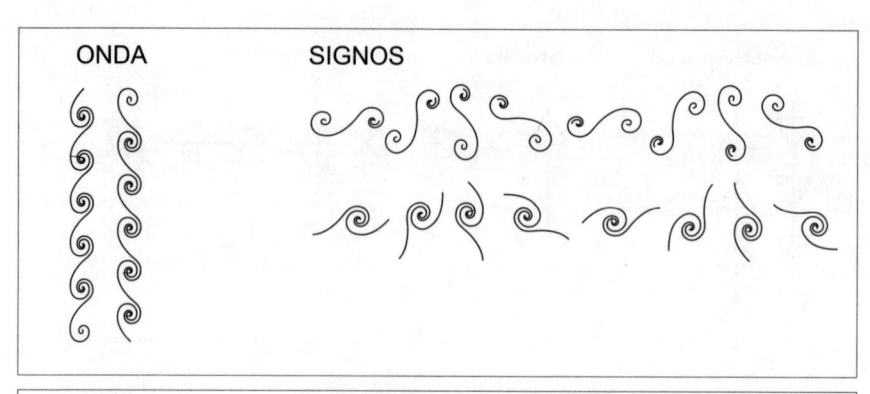

ONDA   SIGNOS

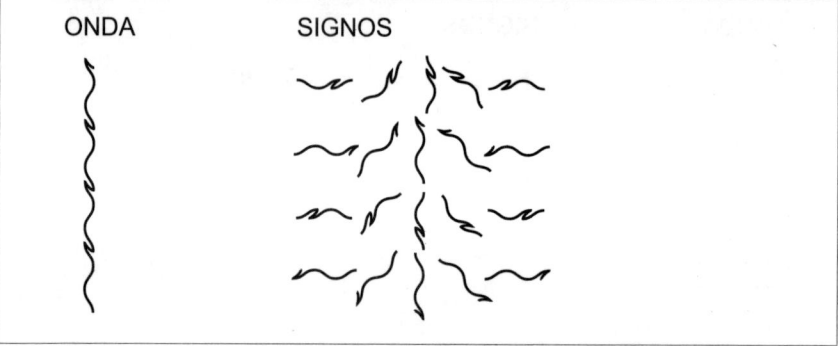

ONDA   SIGNOS

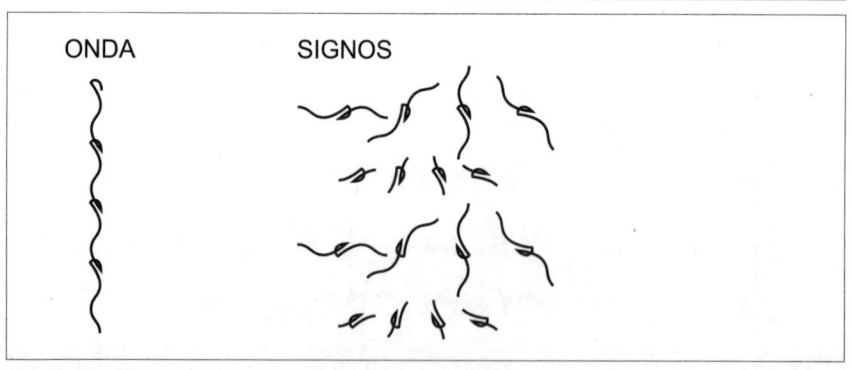

ONDA   SIGNOS

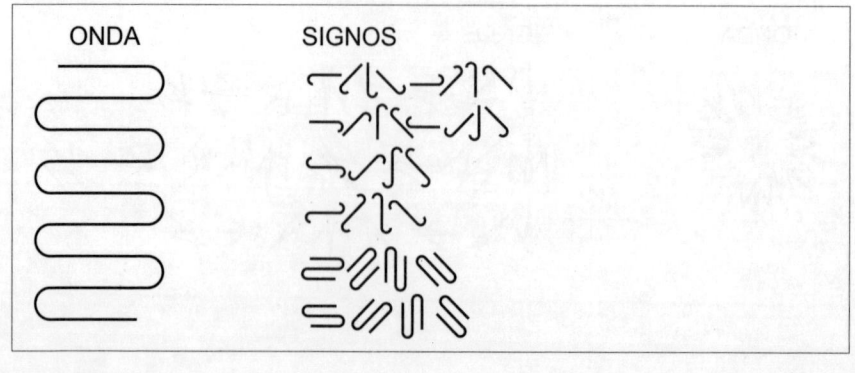

ONDA   SIGNOS

Tábuas de Ondas Vibratórias e Signos Mágicos

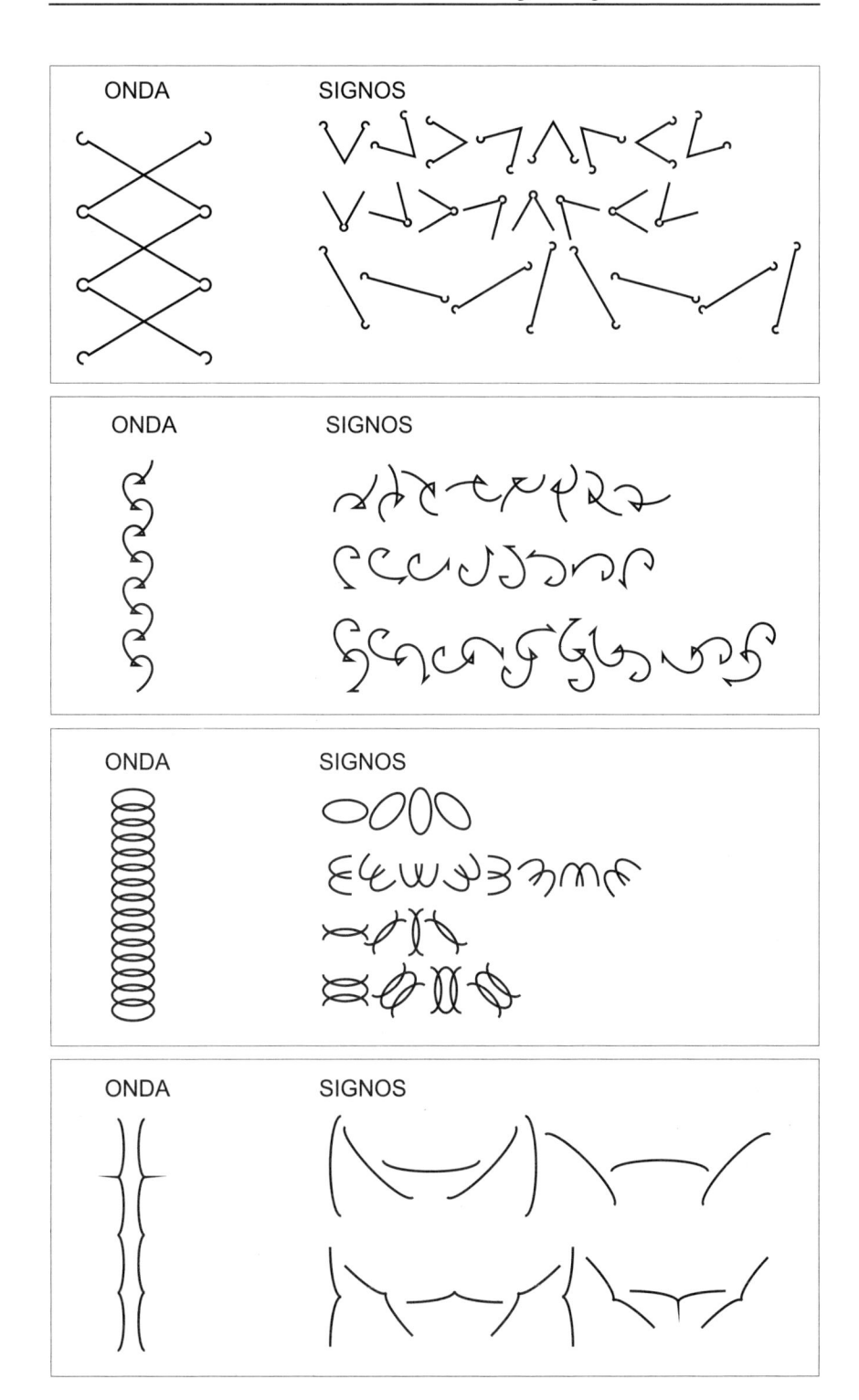

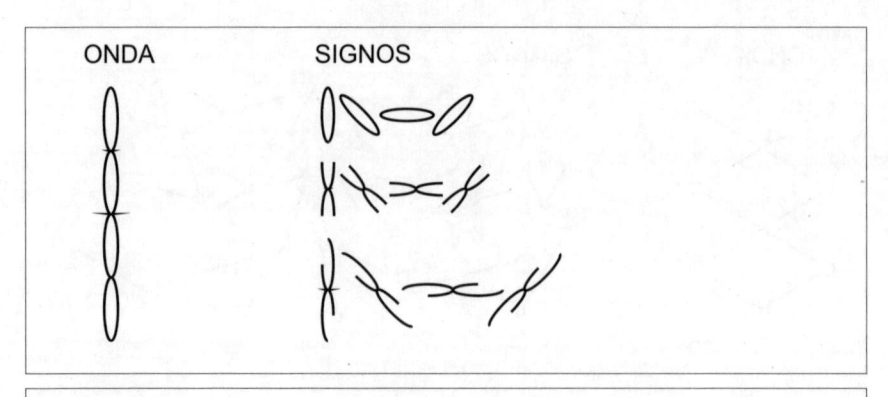

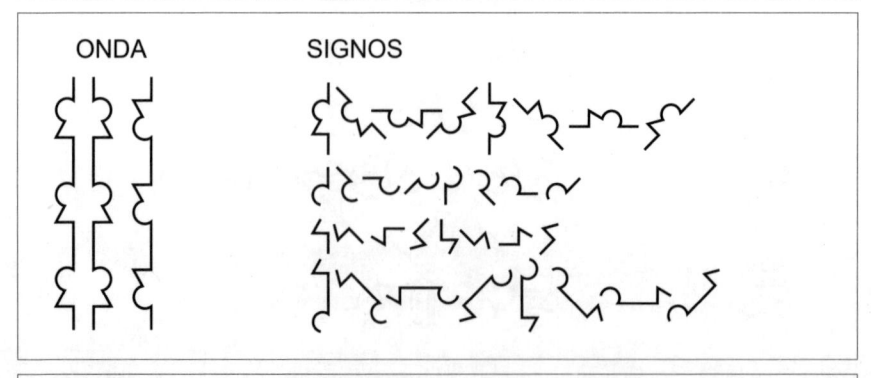

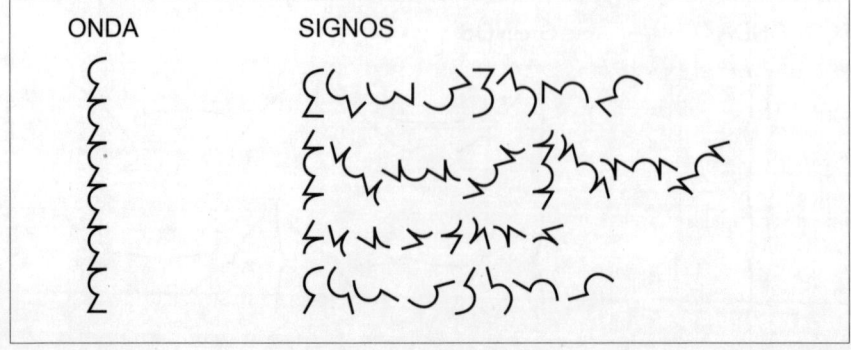

ONDA	SIGNOS

Tábuas de Ondas Vibratórias e Signos Mágicos   237

ONDA SIGNOS

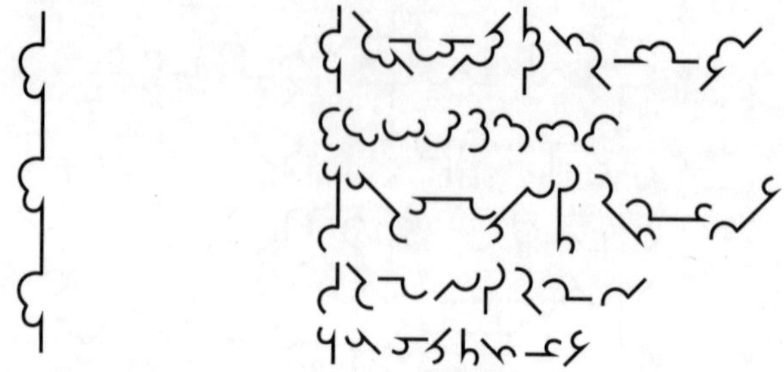

ONDA SIGNOS

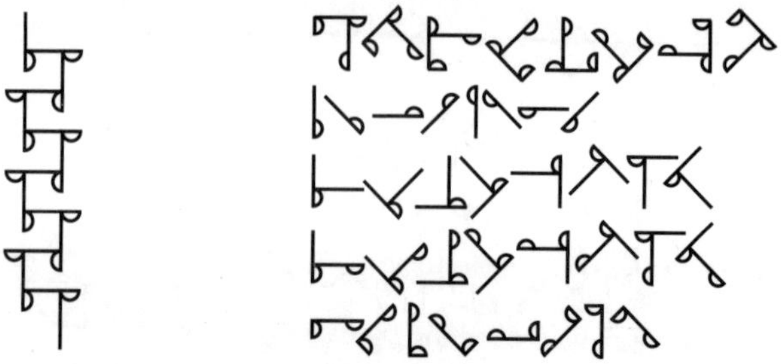

ONDA SIGNOS

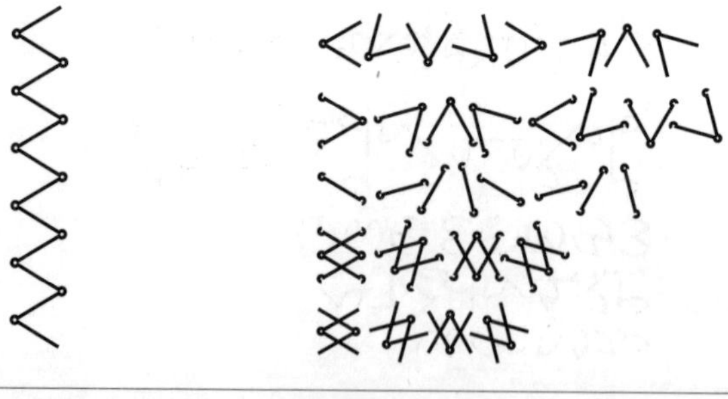

ONDA SIGNOS

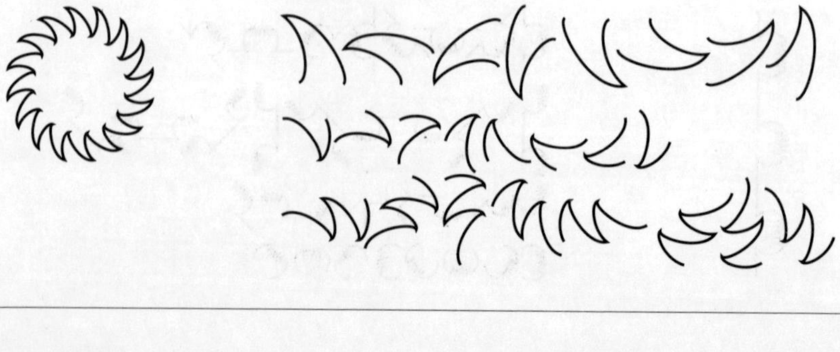

ONDA	SIGNOS
(zigzag wave)	(magical signs)
ONDA	SIGNOS
(zigzag wave)	(magical signs)
ONDA	SIGNOS
(zigzag wave)	(magical signs)
ONDA	SIGNOS
(zigzag wave)	(magical signs)

240   *Tratado de Escrita Mágica Sagrada*

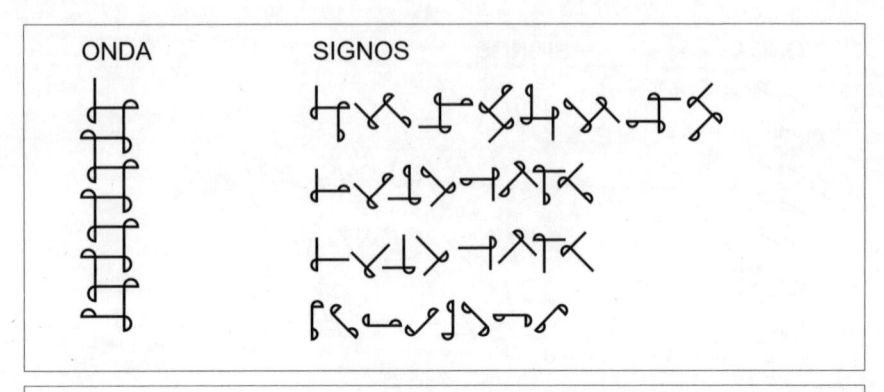

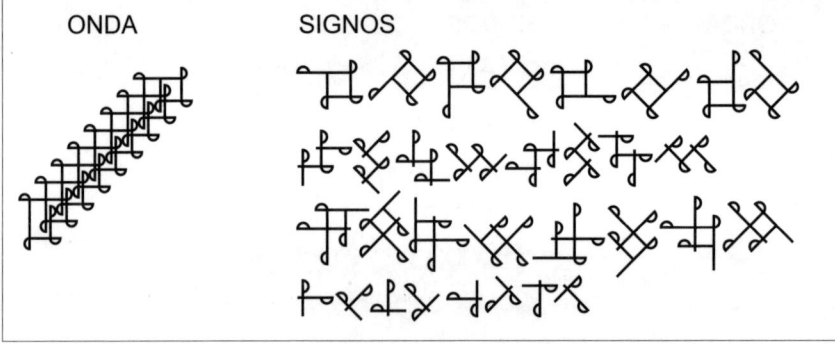

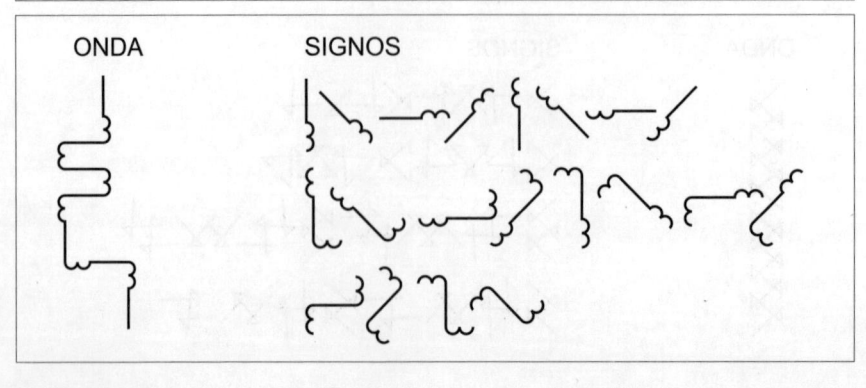

ONDA	SIGNOS

Tábuas de Ondas Vibratórias e Signos Mágicos

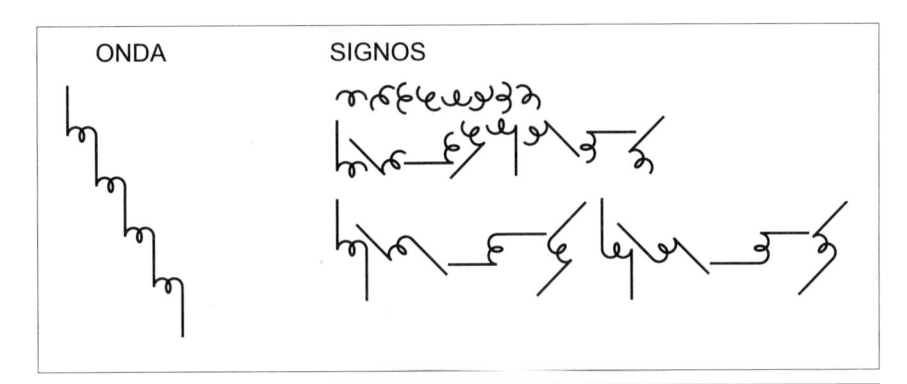

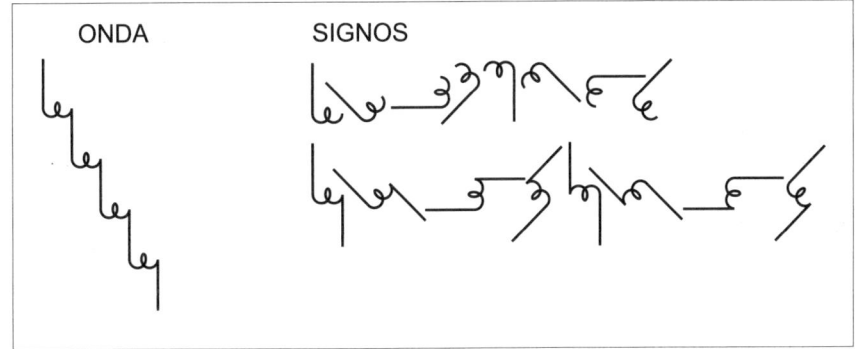

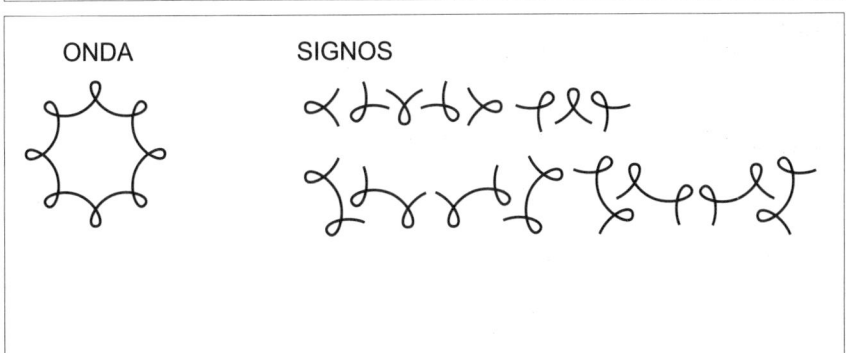

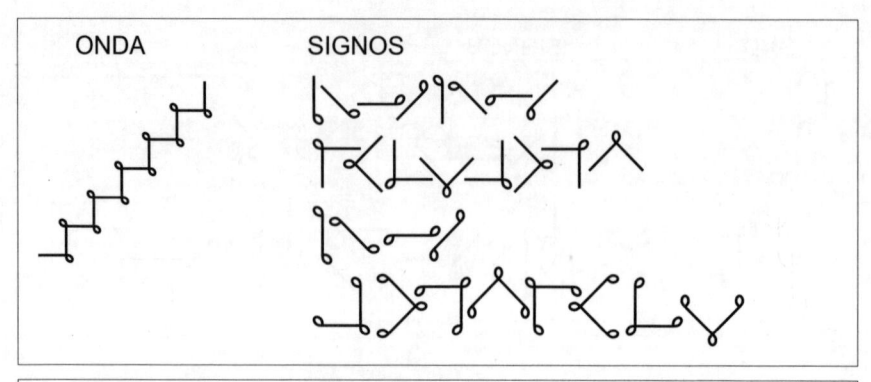

ONDA	SIGNOS

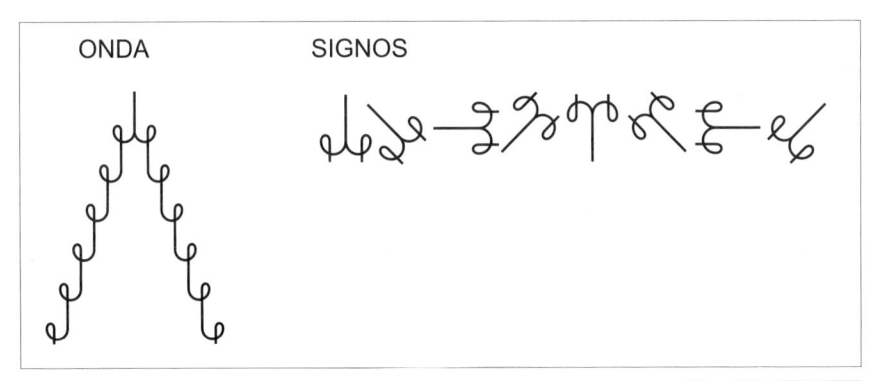

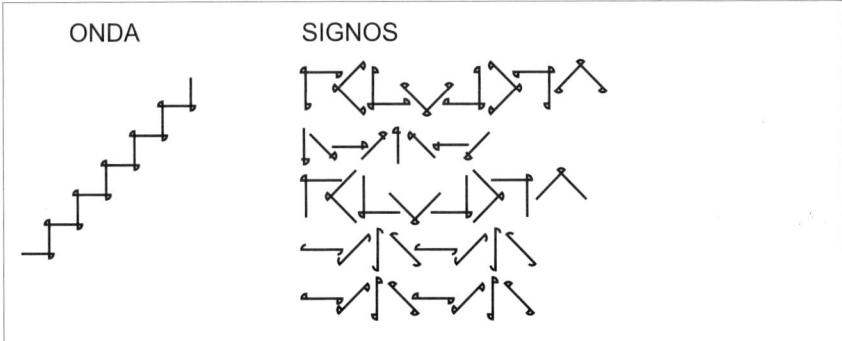

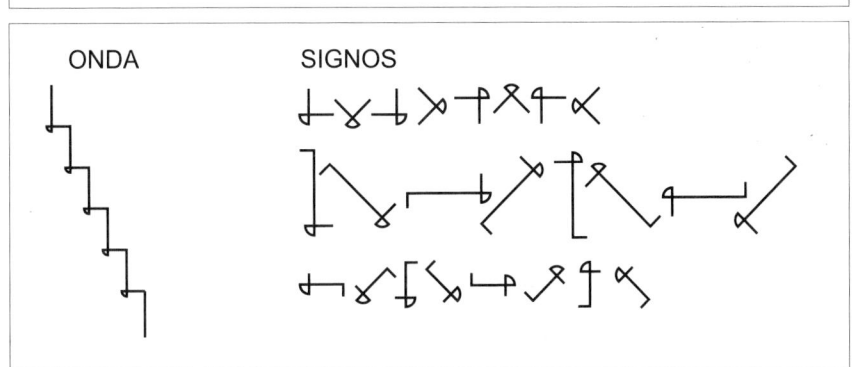

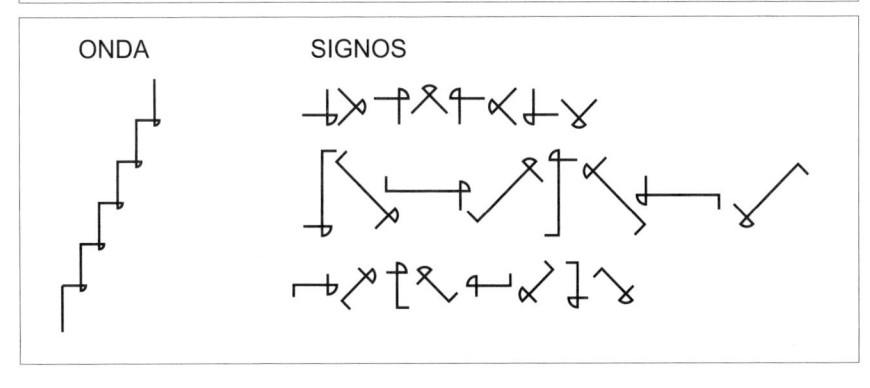

Tábuas de Ondas Vibratórias e Signos Mágicos 243

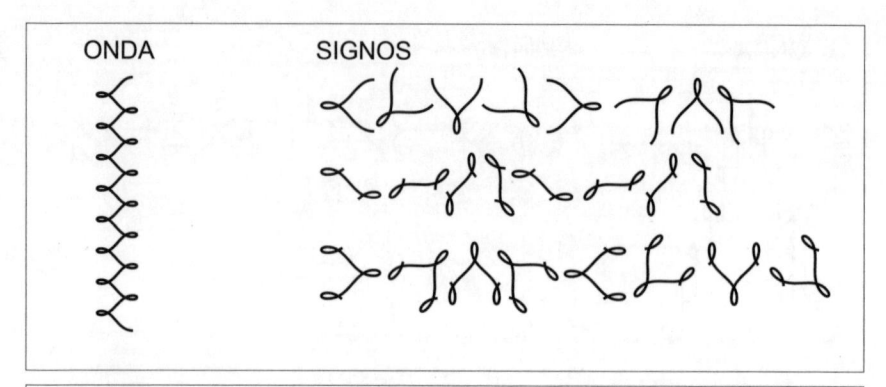

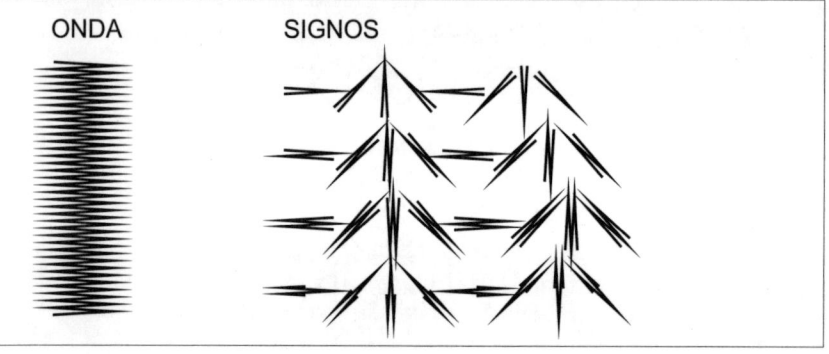

ONDA	SIGNOS
ONDA	SIGNOS
ONDA	SIGNOS
ONDA	SIGNOS

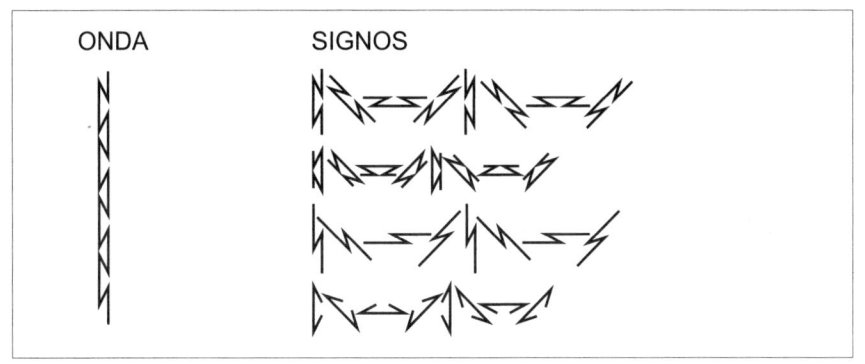

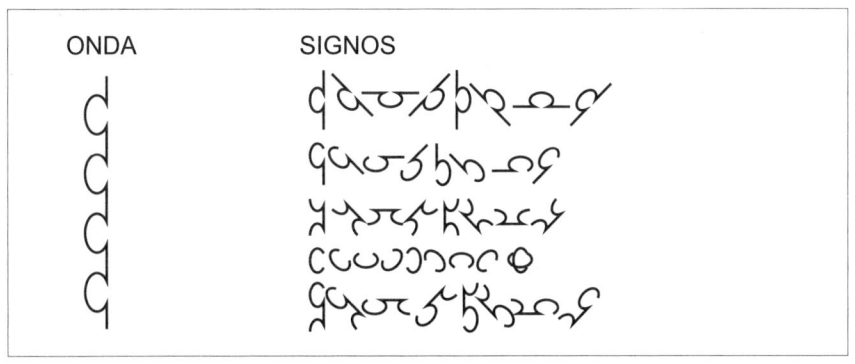

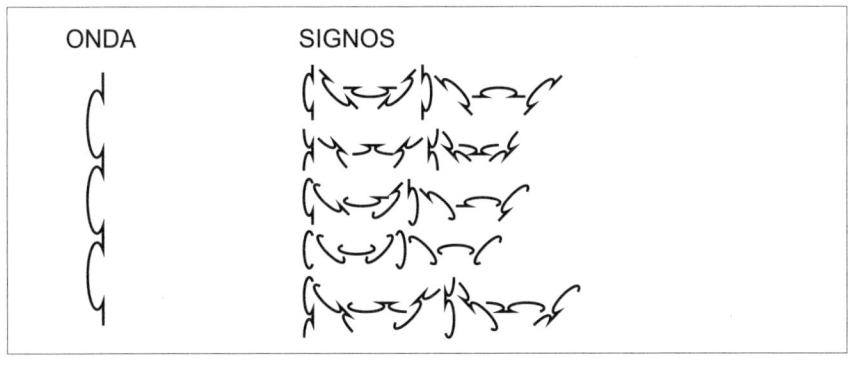

Tábuas de Ondas Vibratórias e Signos Mágicos   245

Tratado de Escrita Mágica Sagrada

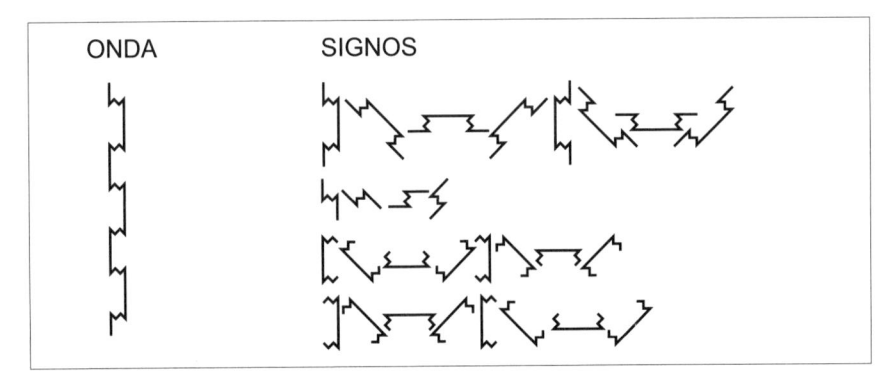

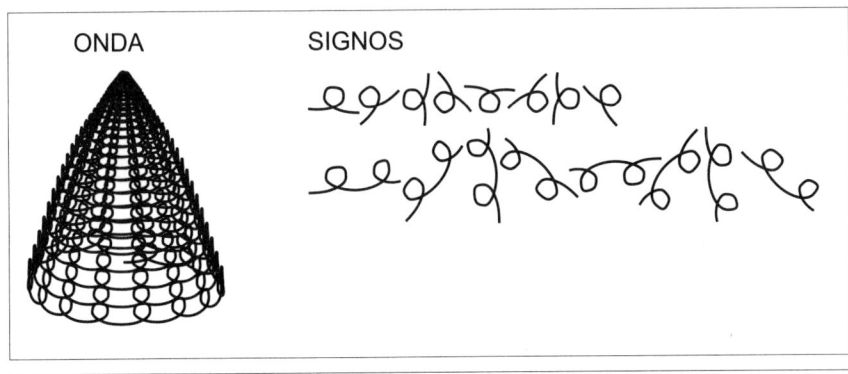

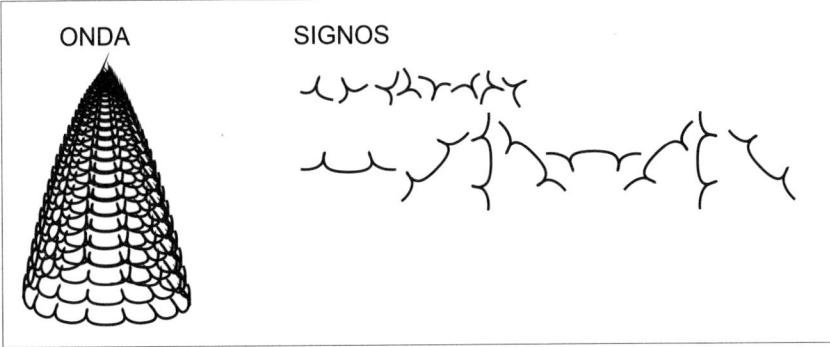

Tábuas de Ondas Vibratórias e Signos Mágicos   247

ONDA	SIGNOS

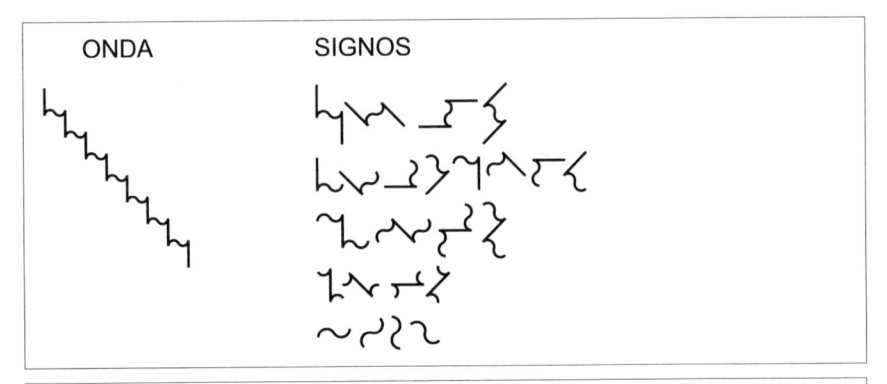

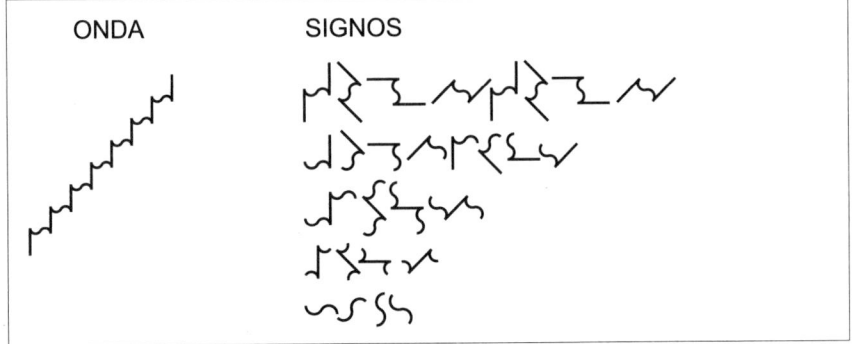

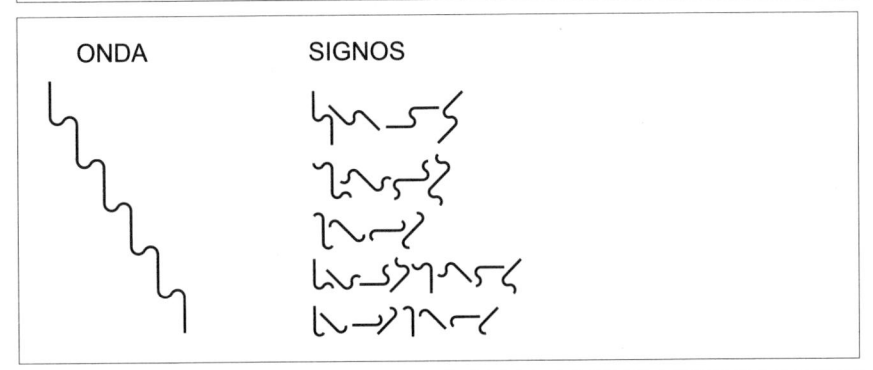

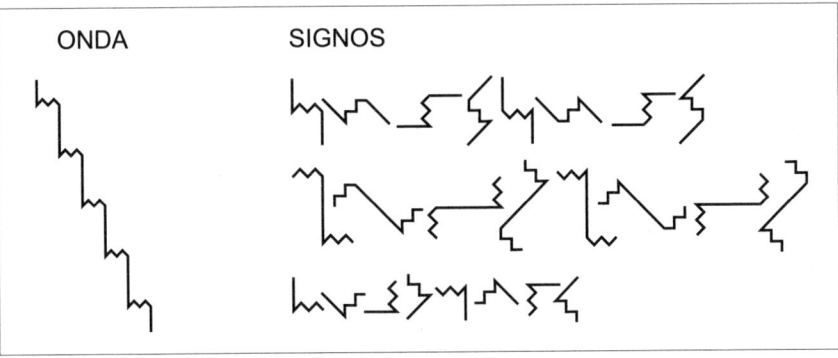

ONDA	SIGNOS
(descending zigzag wave)	(magical signs)
ONDA	SIGNOS
(ascending zigzag wave)	(magical signs)
ONDA	SIGNOS
(descending wavy line)	(magical signs)
ONDA	SIGNOS
(descending zigzag wave)	(magical signs)

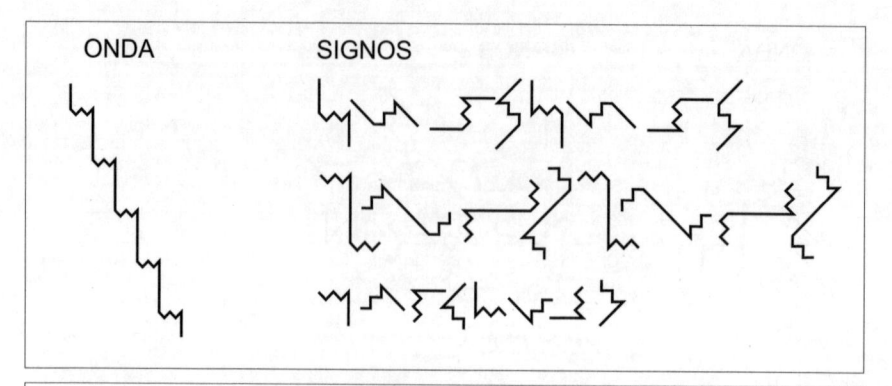

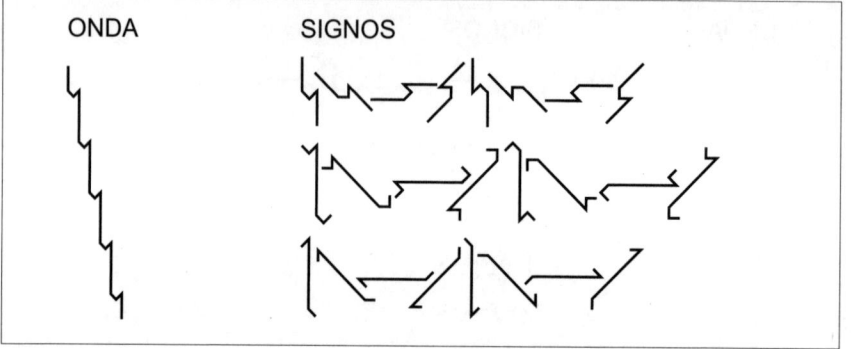

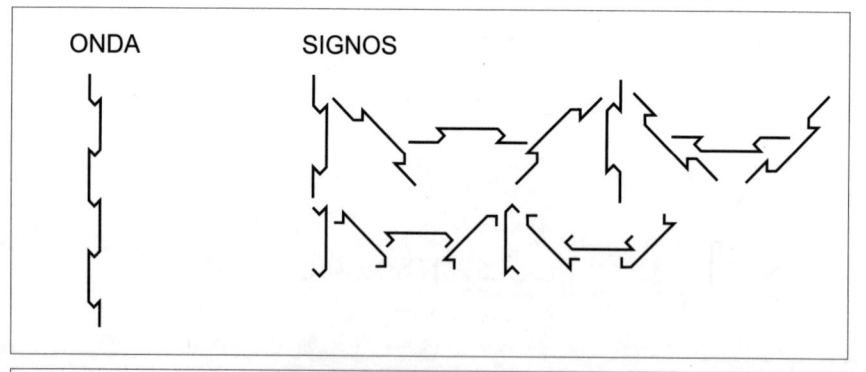

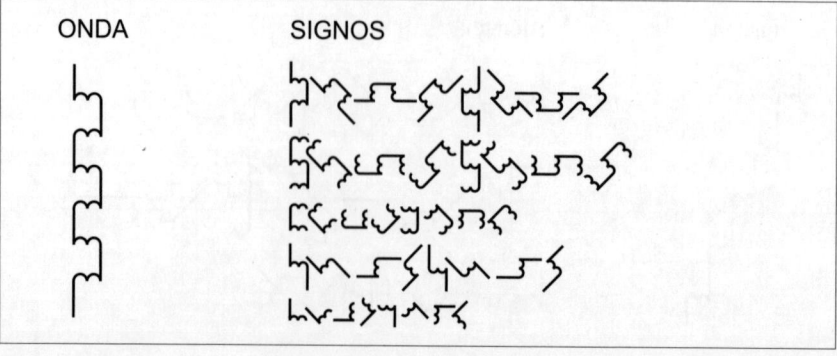

ONDA	SIGNOS

ONDA	SIGNOS

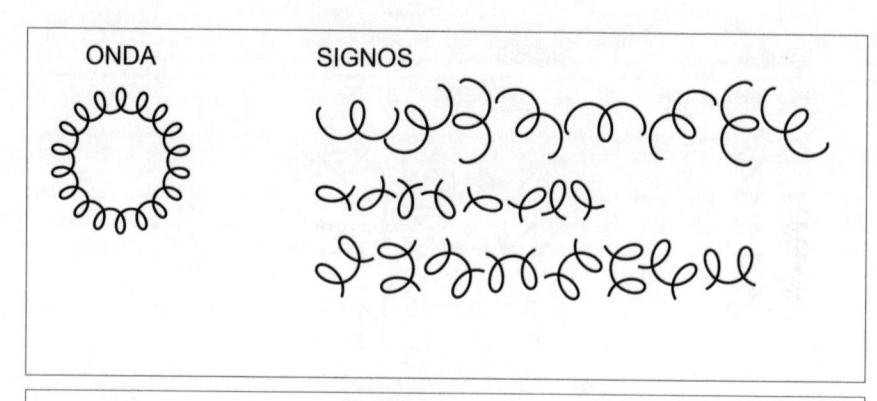

252   *Tratado de Escrita Mágica Sagrada*

ONDA	SIGNOS

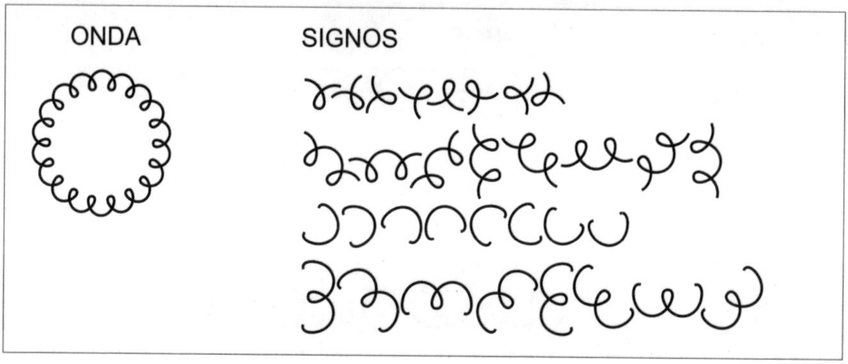

ONDA	SIGNOS

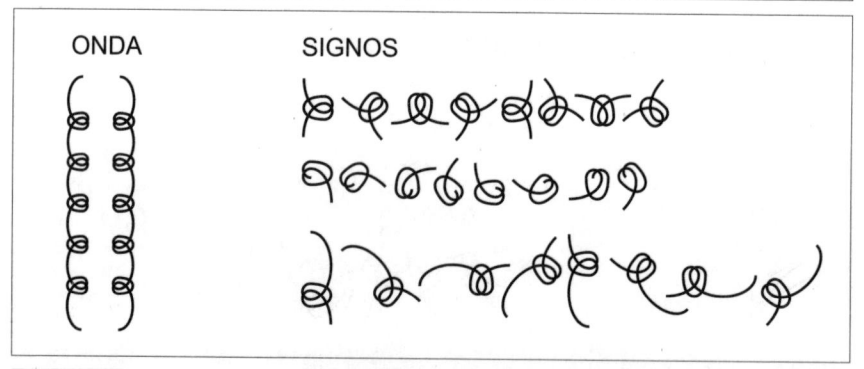 ONDA	SIGNOS

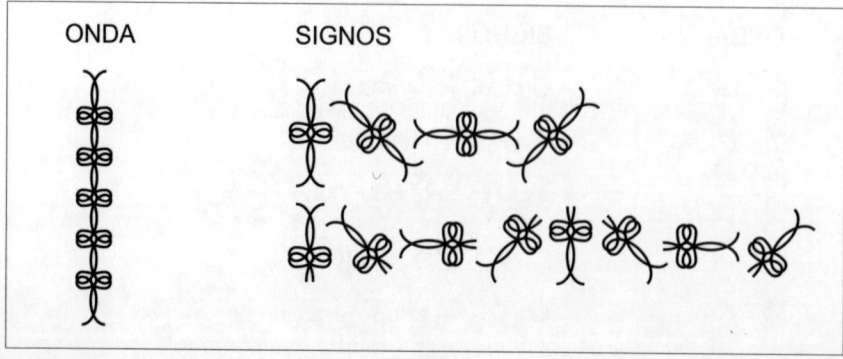

ONDA	SIGNOS

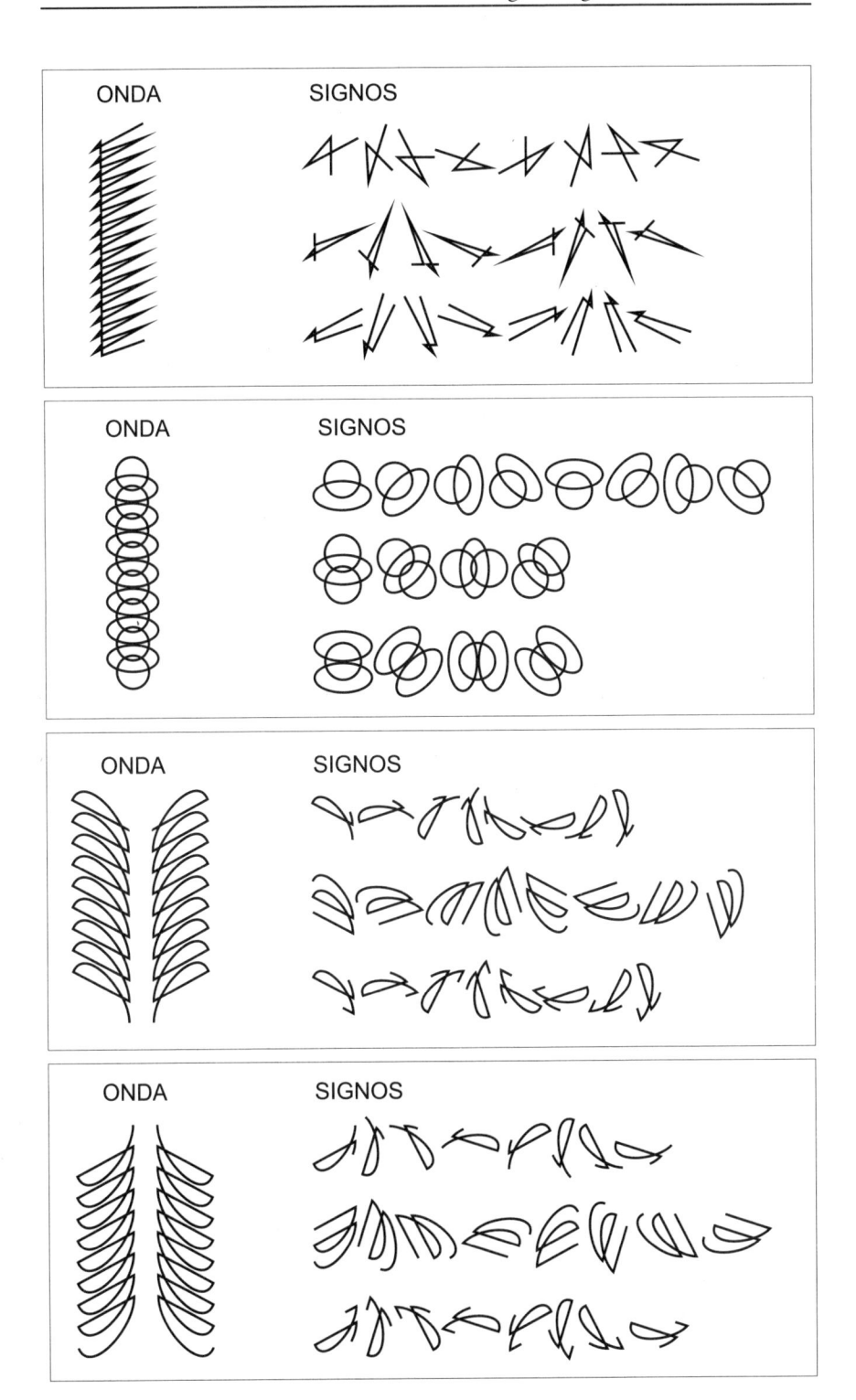

Tábuas de Ondas Vibratórias e Signos Mágicos   253

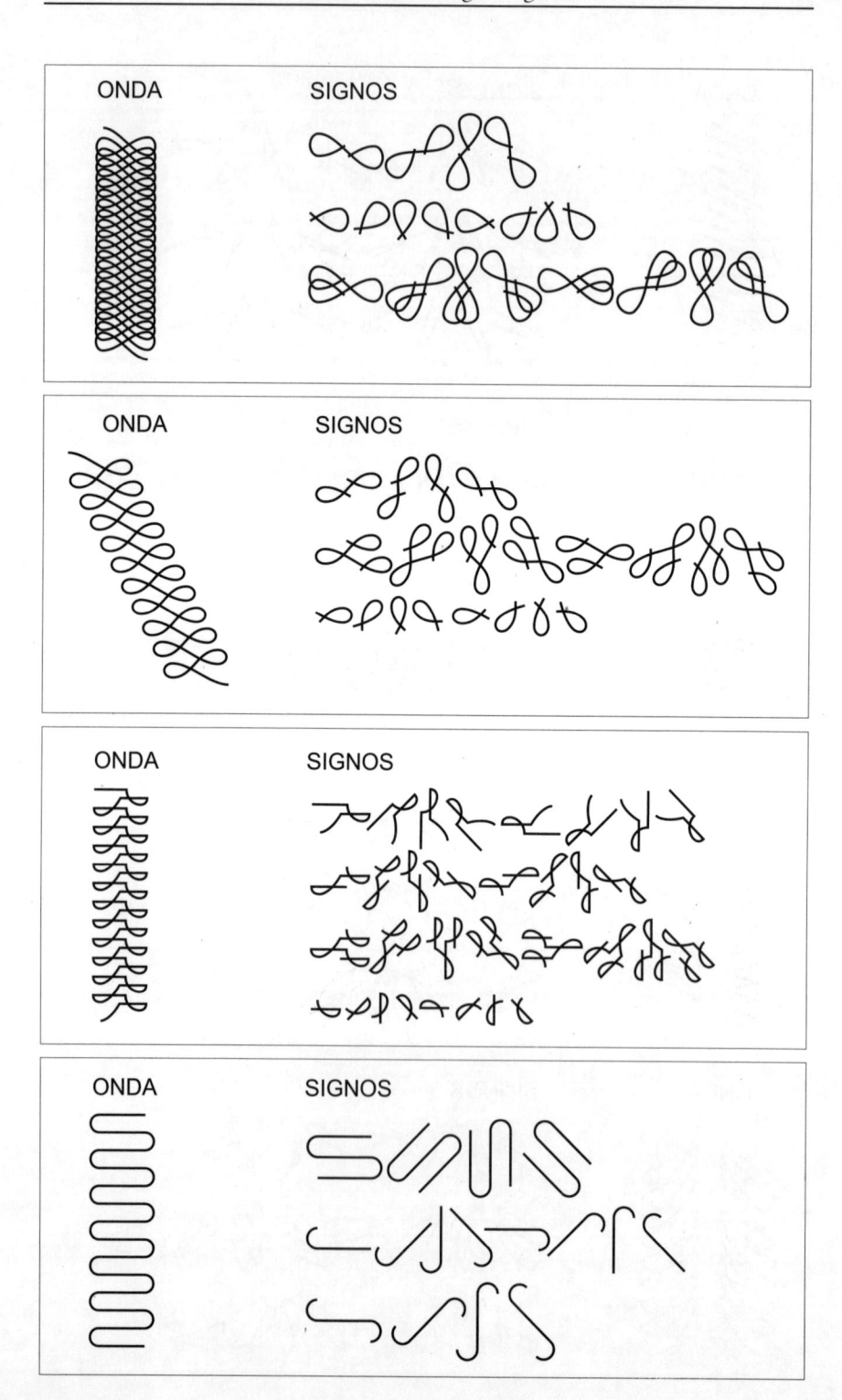

ONDA	SIGNOS

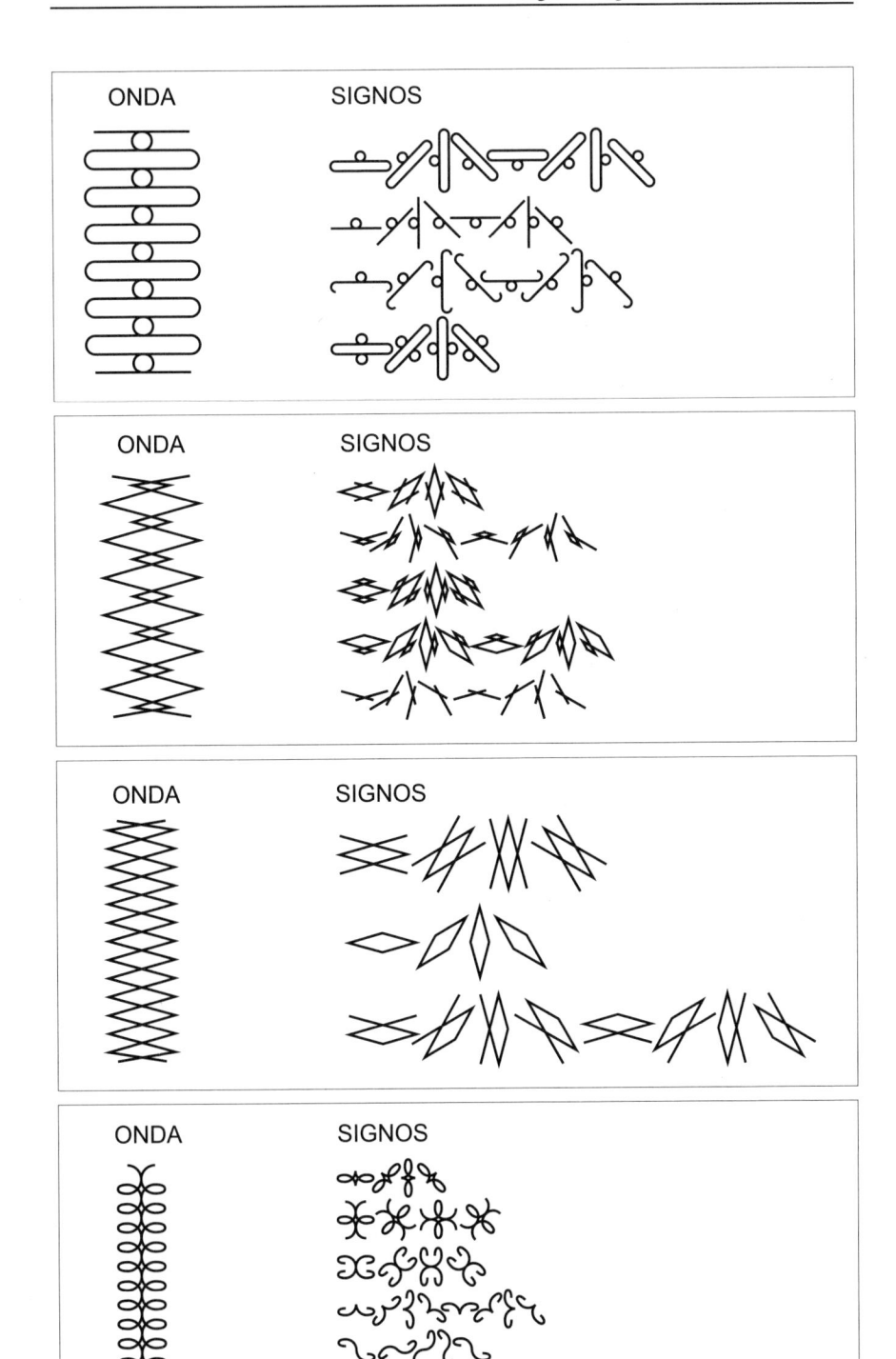

Tábuas de Ondas Vibratórias e Signos Mágicos 255

ONDA	SIGNOS

ONDA	SIGNOS

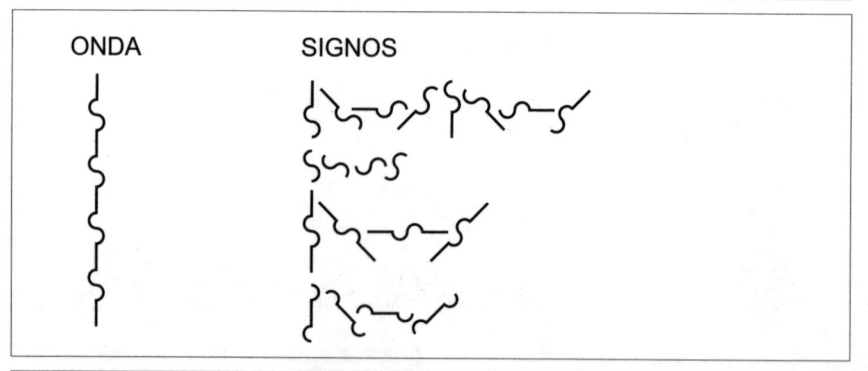

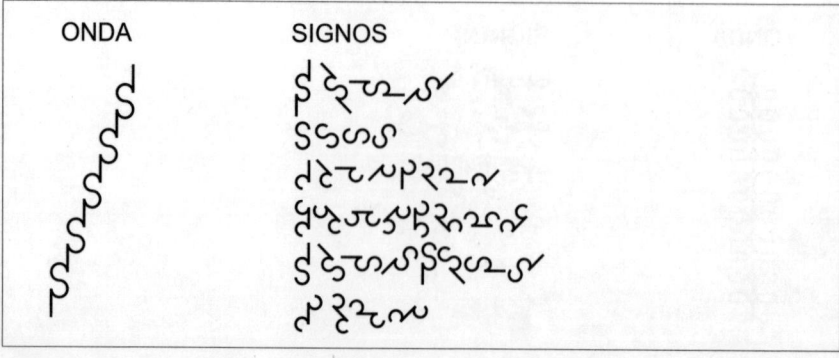

ONDA	SIGNOS

ONDA	SIGNOS

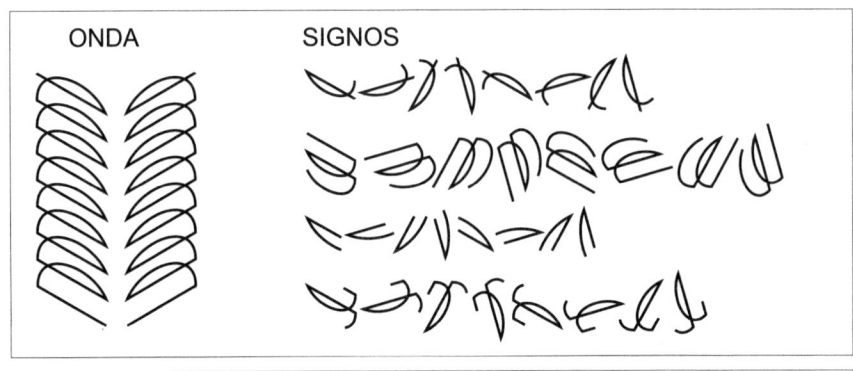

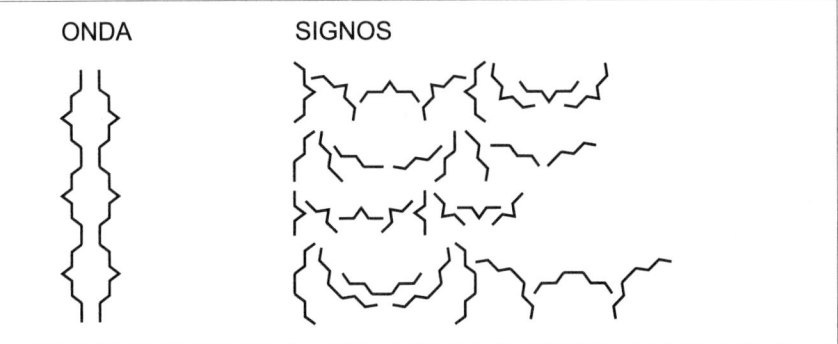

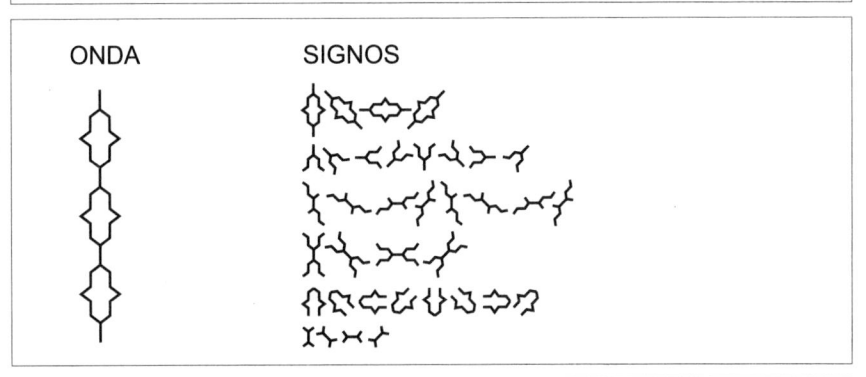

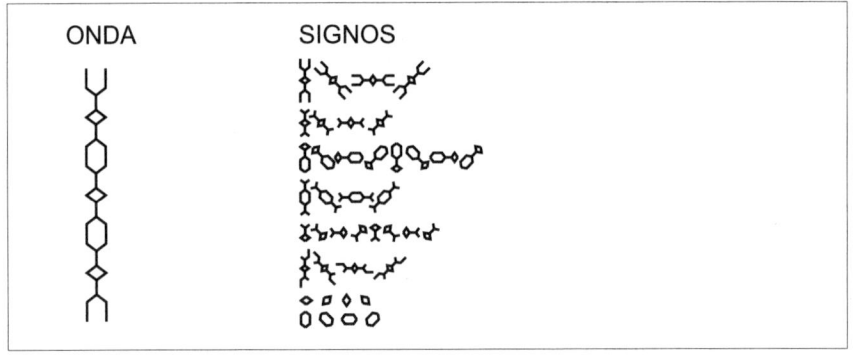

ONDA	SIGNOS

258 · *Tratado de Escrita Mágica Sagrada*

ONDA	SIGNOS

ONDA	SIGNOS

ONDA	SIGNOS

ONDA	SIGNOS

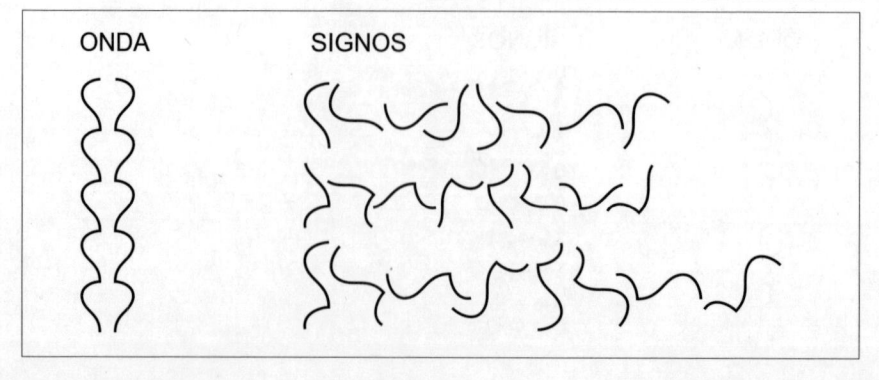

Tábuas de Ondas Vibratórias e Signos Mágicos

ONDA	SIGNOS

ONDA	SIGNOS

ONDA	SIGNOS

ONDA	SIGNOS

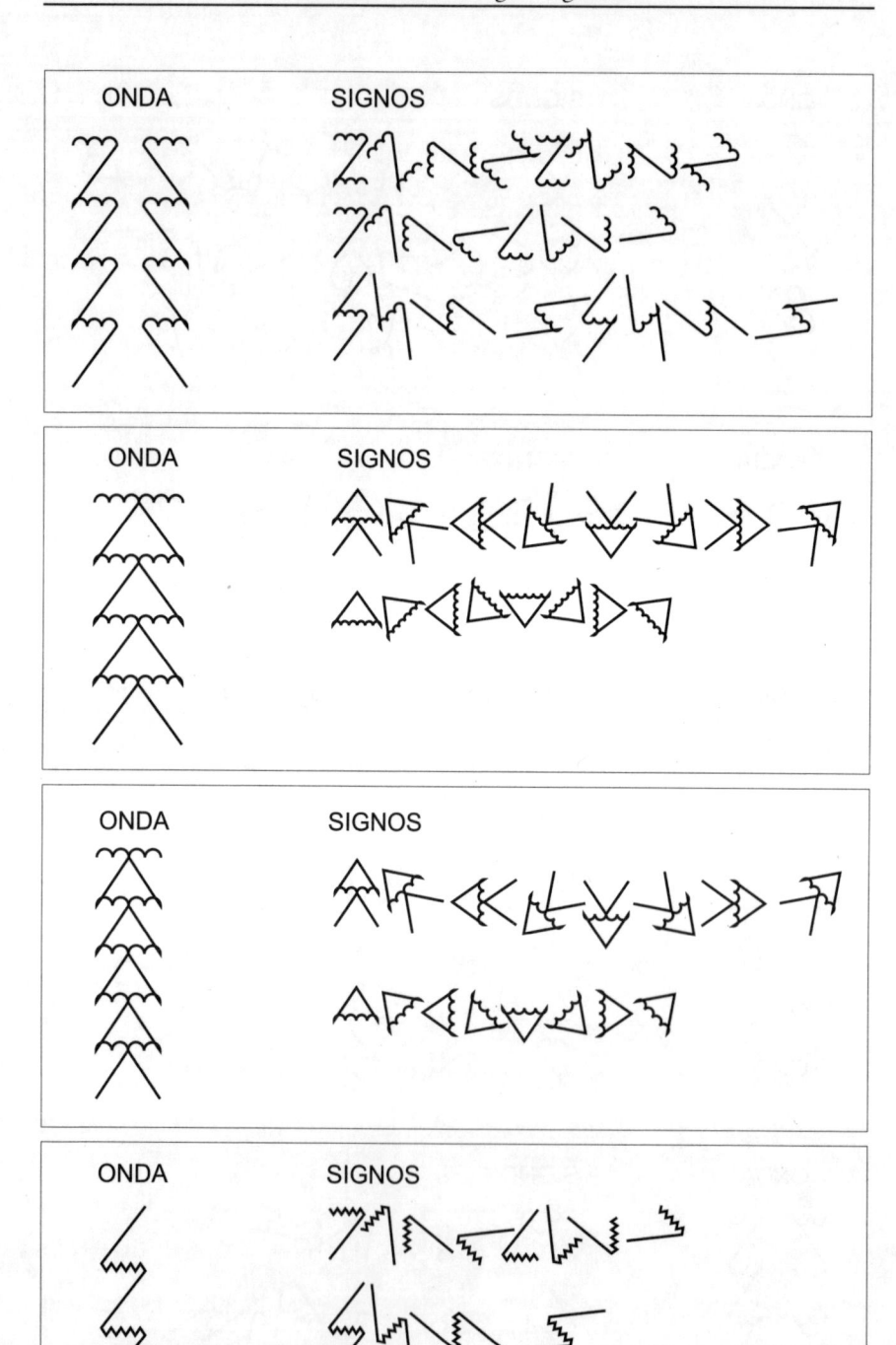

ONDA	SIGNOS

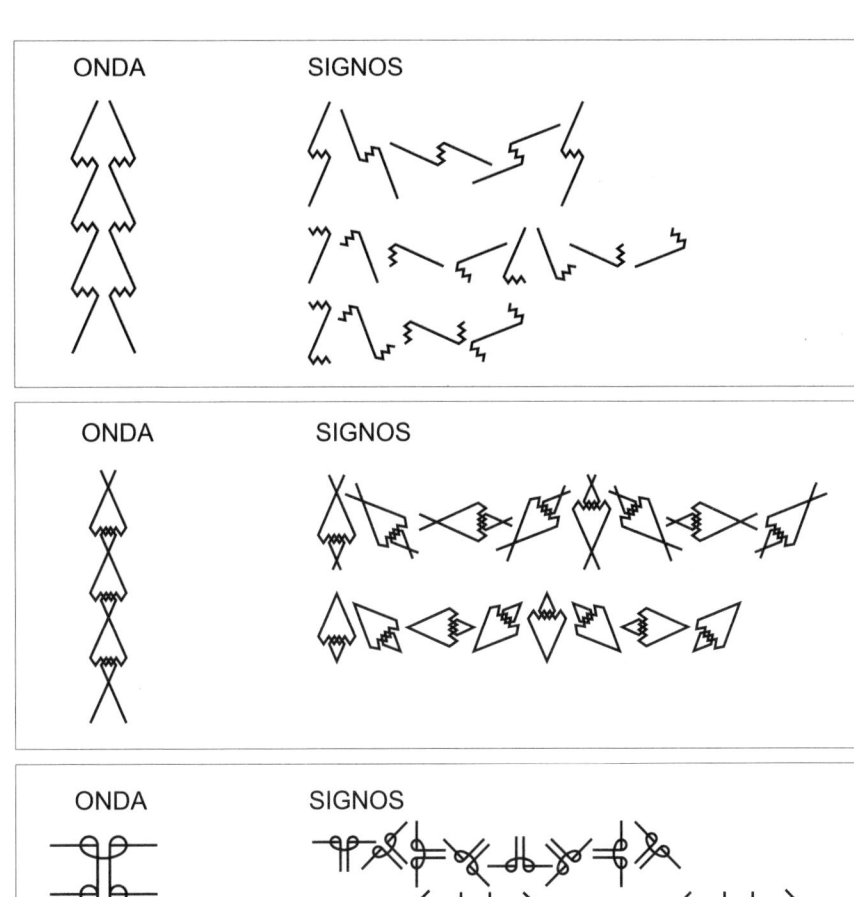

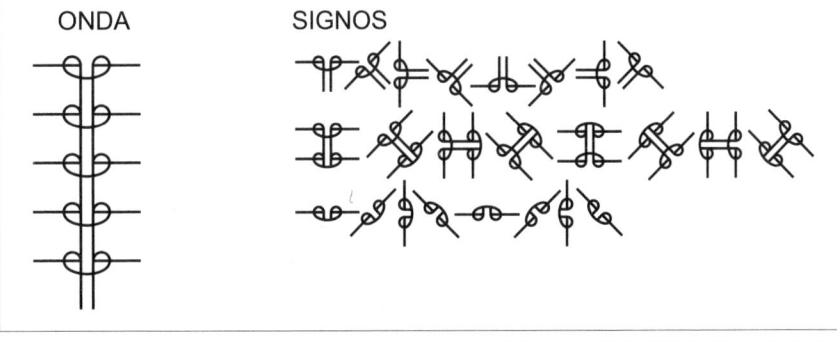

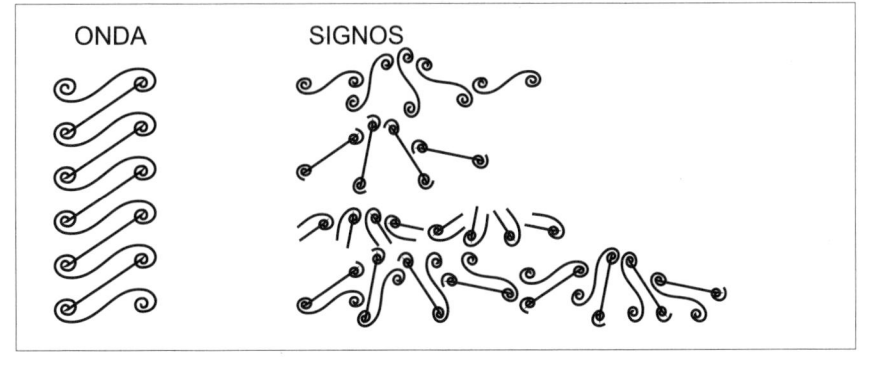

Tábuas de Ondas Vibratórias e Signos Mágicos 261

Tratado de Escrita Mágica Sagrada

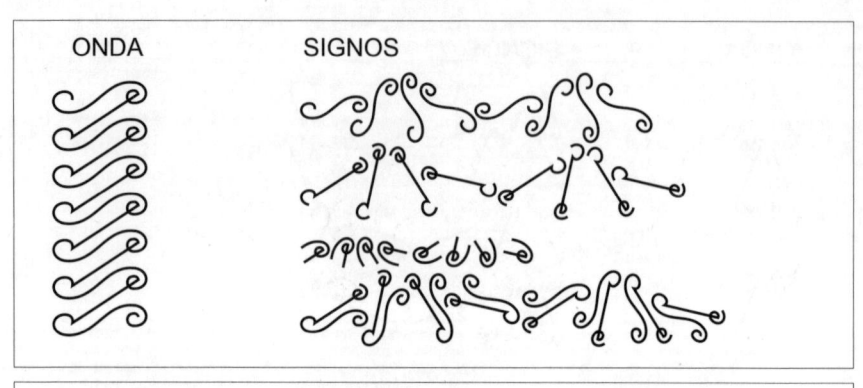

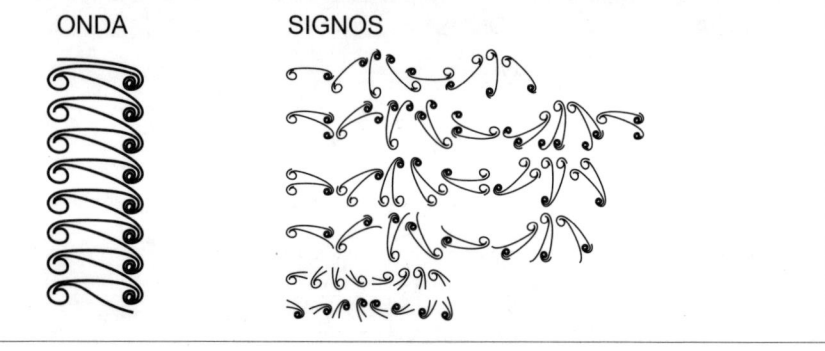

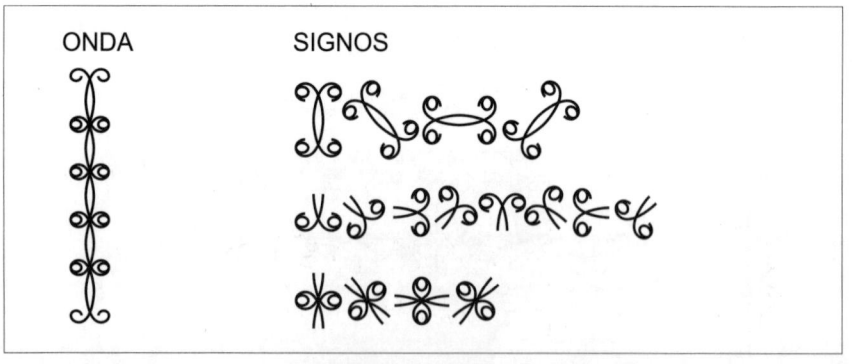

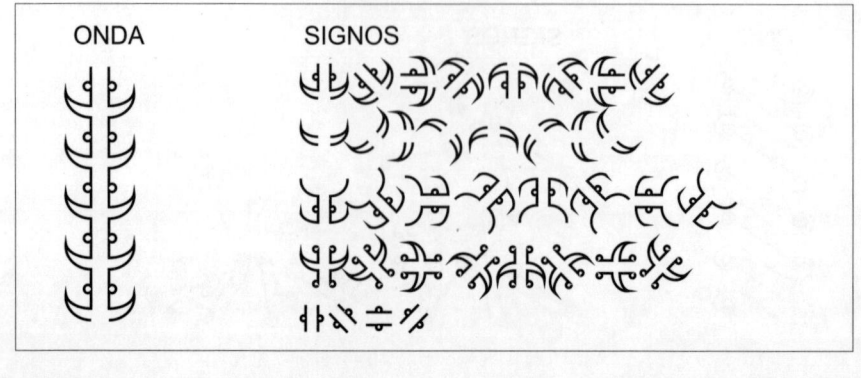

ONDA	SIGNOS
ONDA	SIGNOS
ONDA	SIGNOS
ONDA	SIGNOS

Tábuas de Ondas Vibratórias e Signos Mágicos

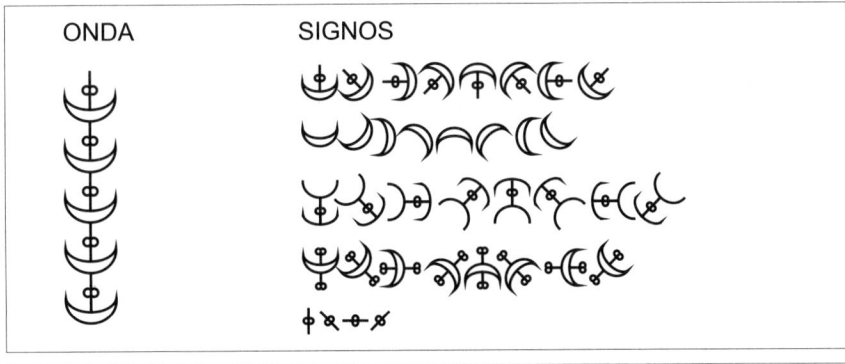

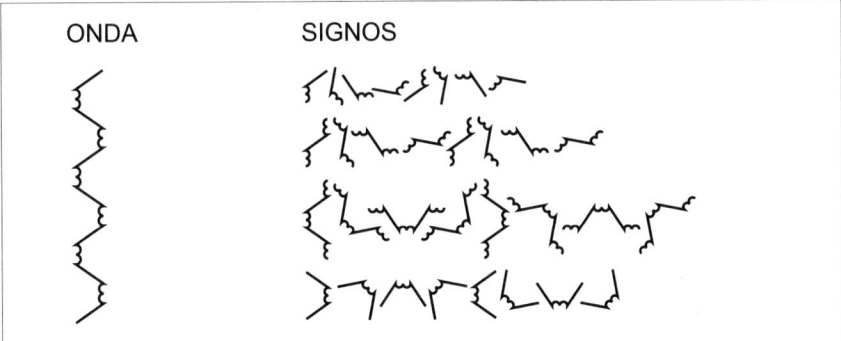

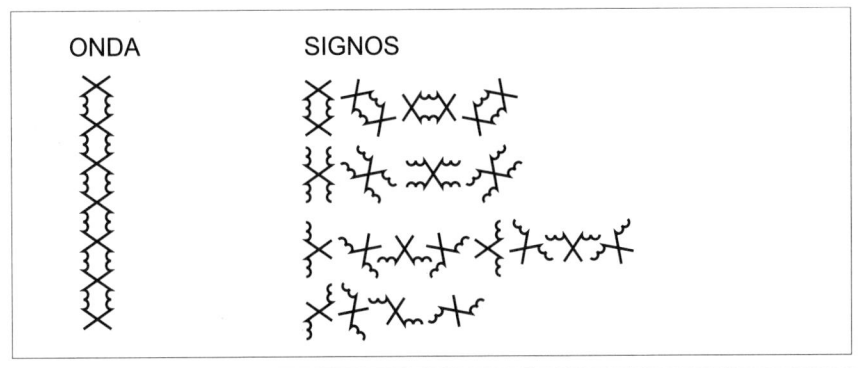

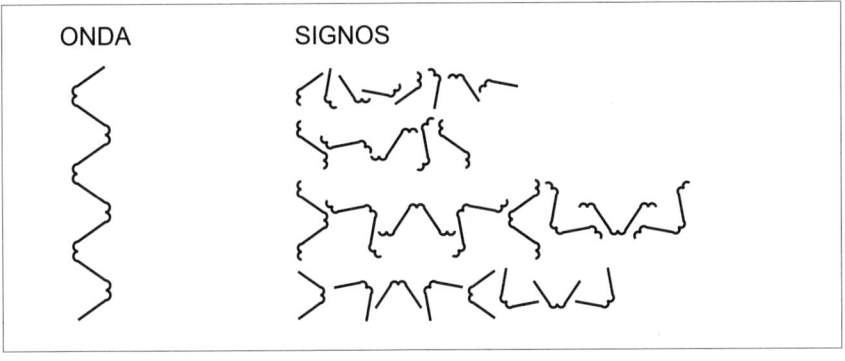

ONDA	SIGNOS

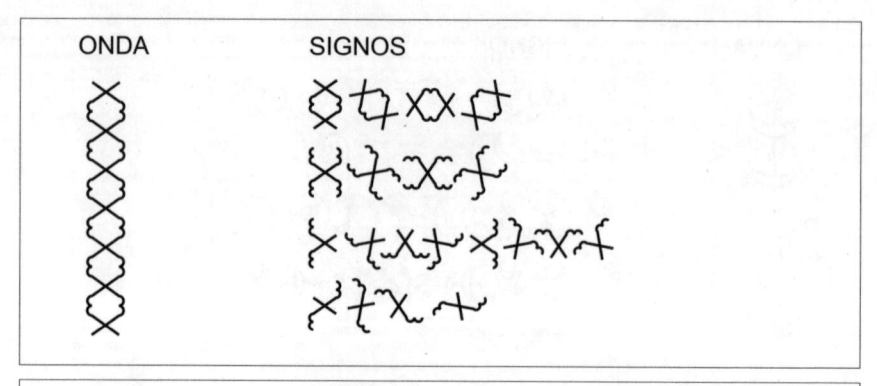

ONDA	SIGNOS

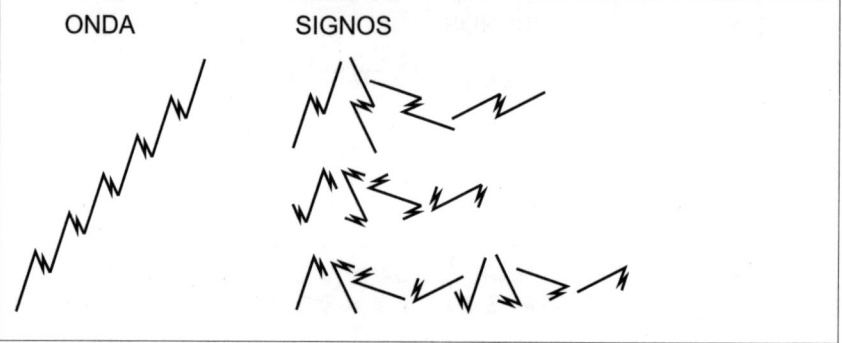

ONDA	SIGNOS

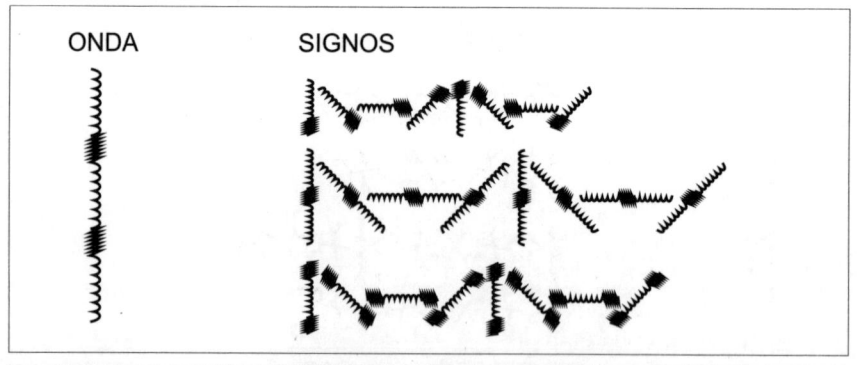 ONDA	SIGNOS

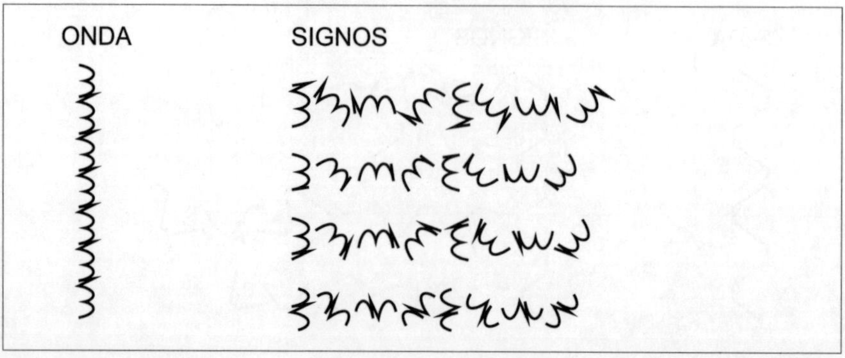

ONDA	SIGNOS

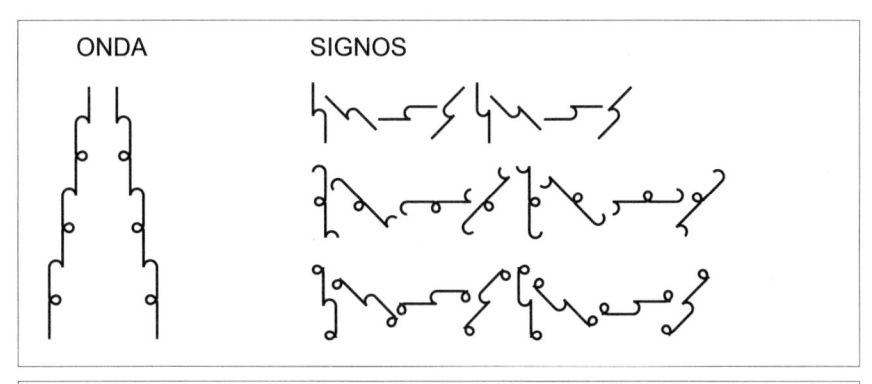

Tábuas de Ondas Vibratórias e Signos Mágicos 265

ONDA	SIGNOS

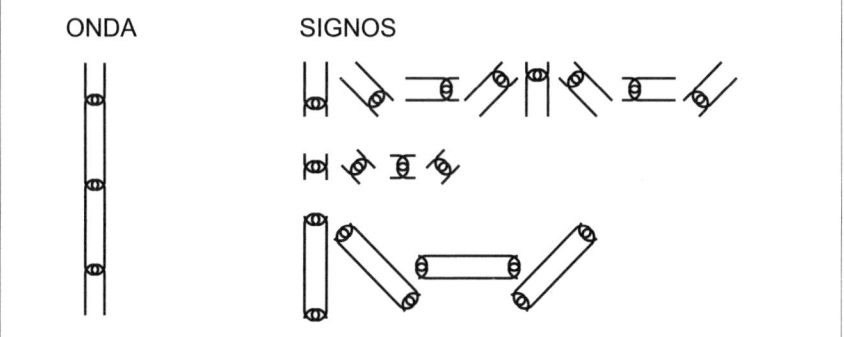

ONDA	SIGNOS

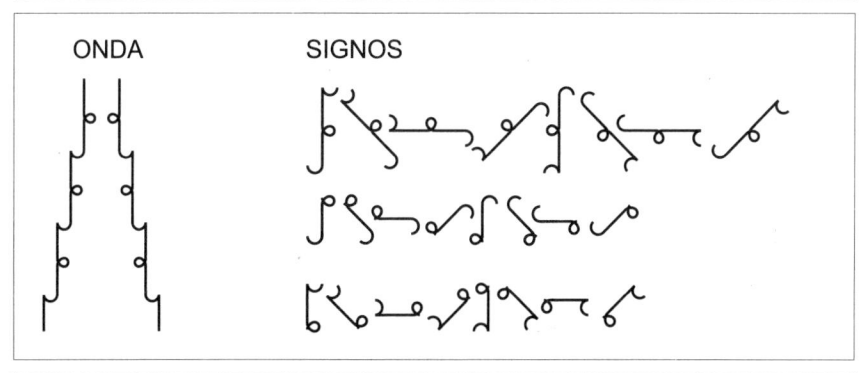 ONDA	SIGNOS

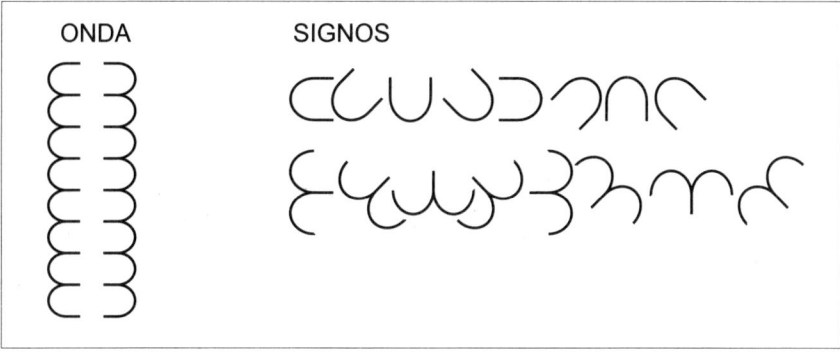

ONDA	SIGNOS

ONDA	SIGNOS

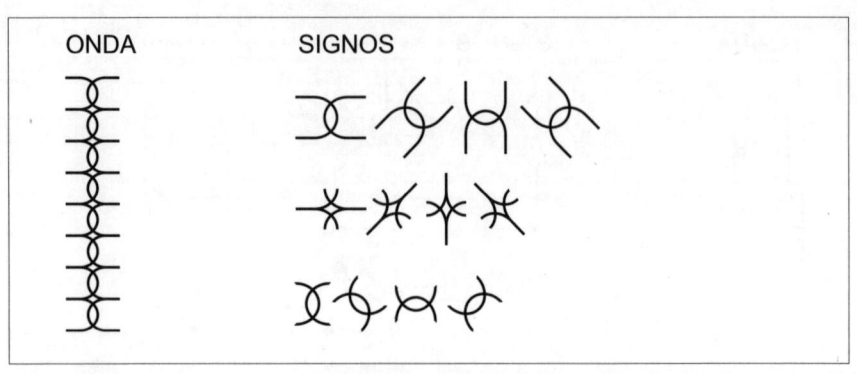

ONDA	SIGNOS

ONDA	SIGNOS

ONDA	SIGNOS

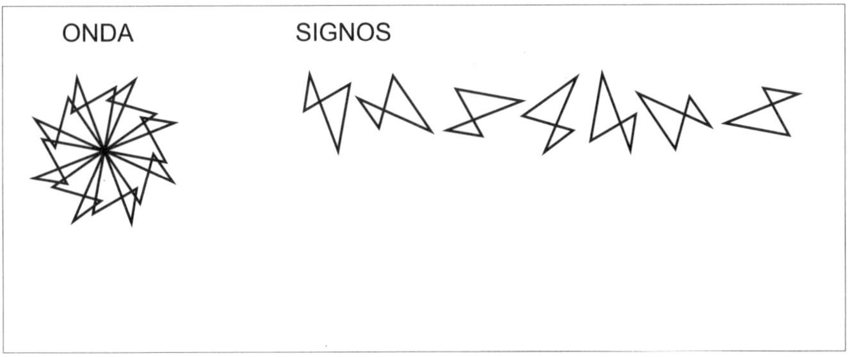

Tábuas de Ondas Vibratórias e Signos Mágicos 267

ONDA SIGNOS

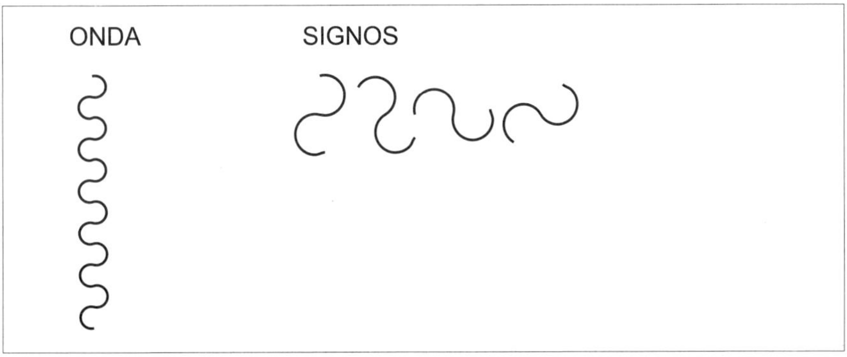

ONDA SIGNOS

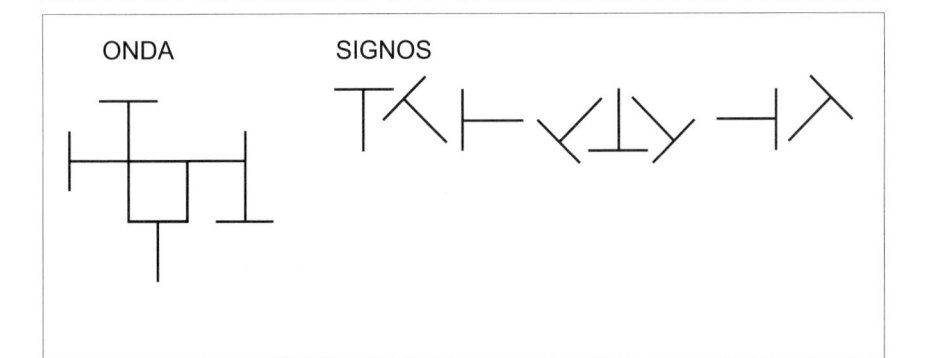

ONDA SIGNOS

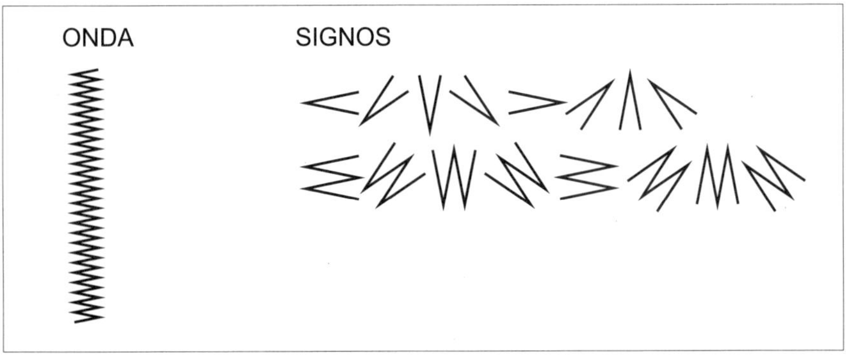

ONDA SIGNOS

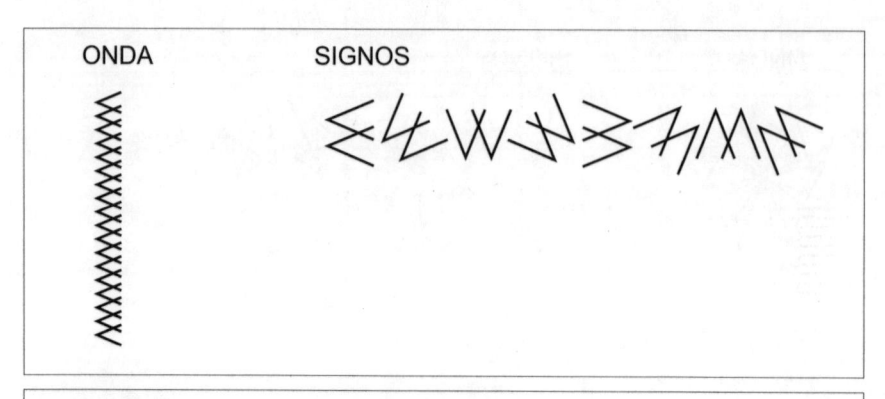

ONDA	SIGNOS

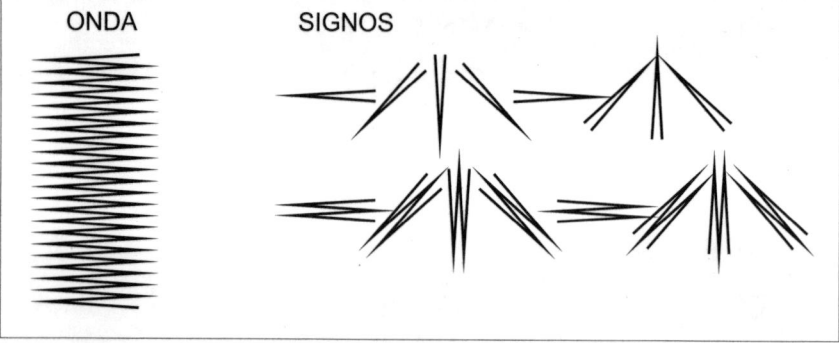

ONDA	SIGNOS

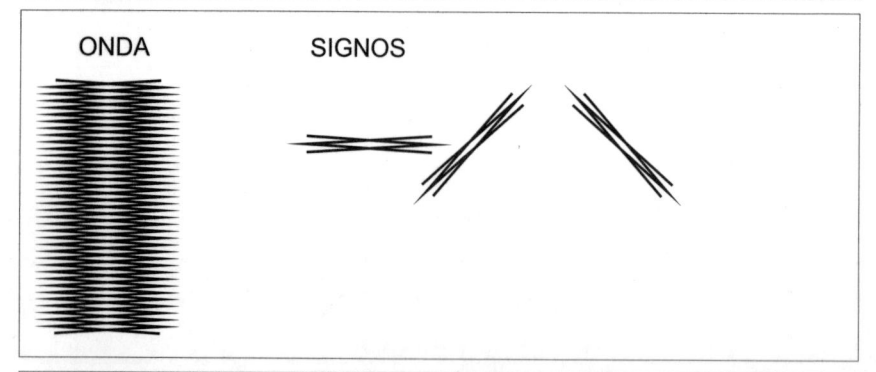 ONDA	SIGNOS

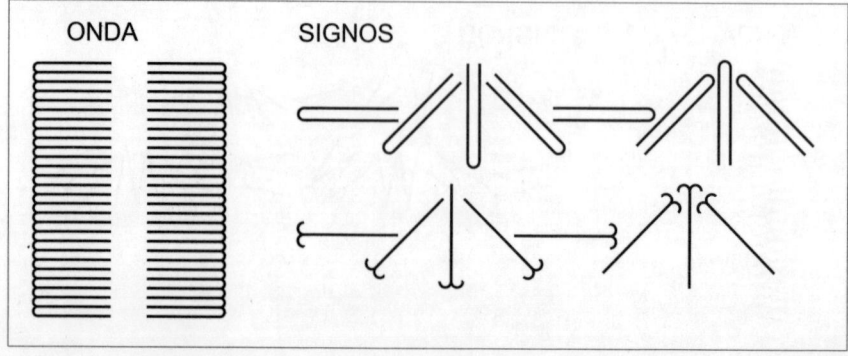

ONDA	SIGNOS

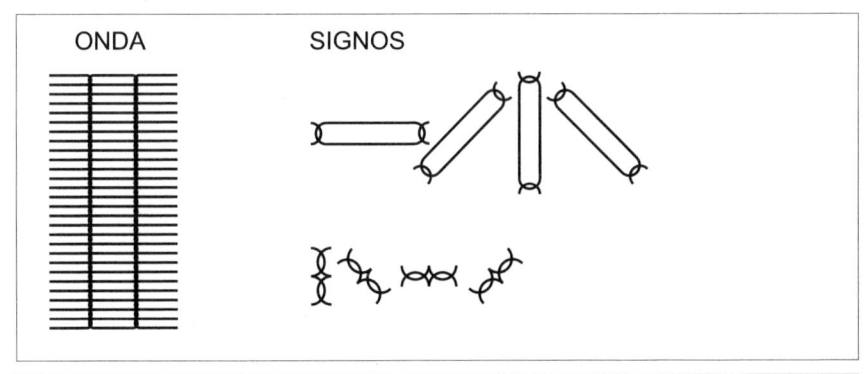

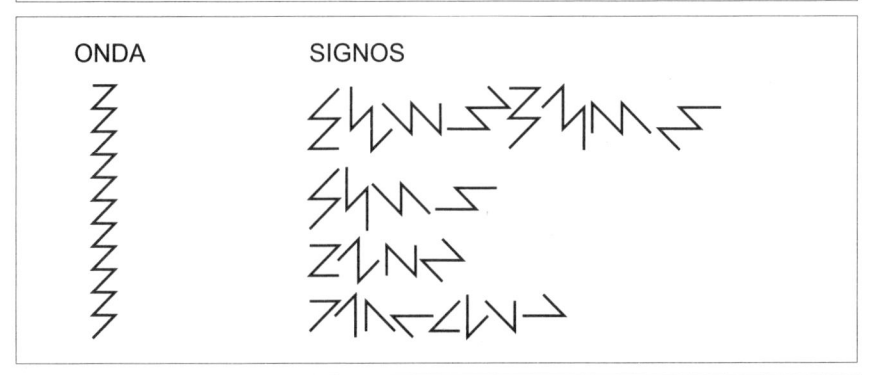

Tábuas de Ondas Vibratórias e Signos Mágicos

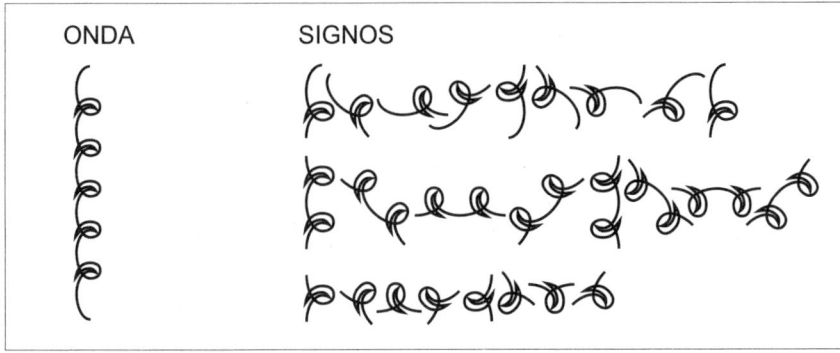

ONDA	SIGNOS

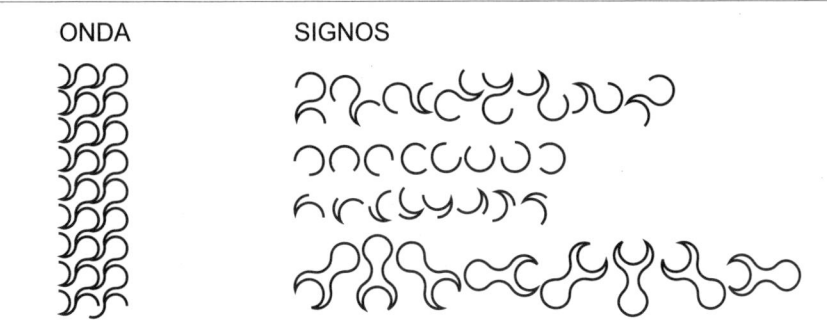

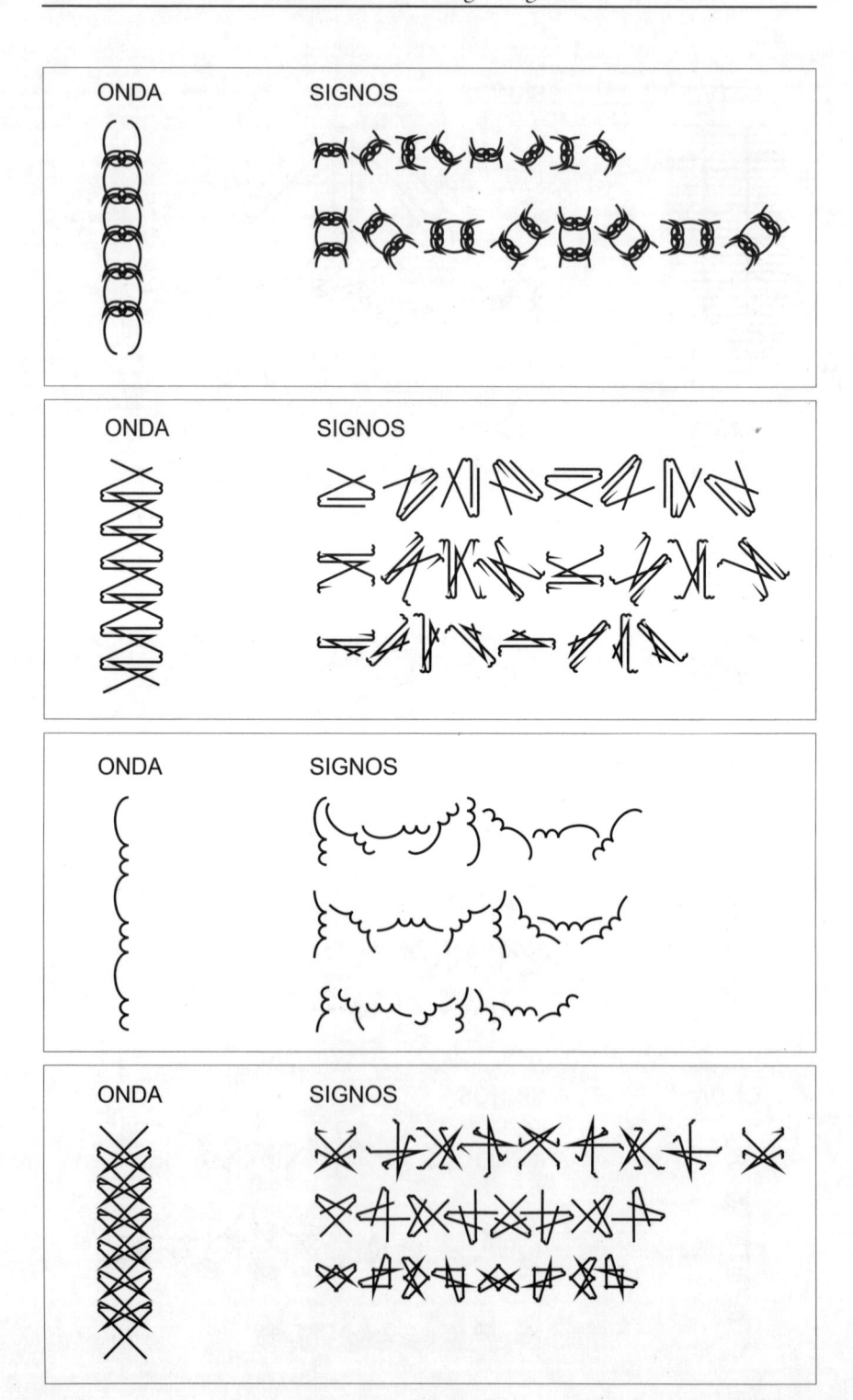

ONDA	SIGNOS

Tábuas de Ondas Vibratórias e Signos Mágicos   271

ONDA	SIGNOS

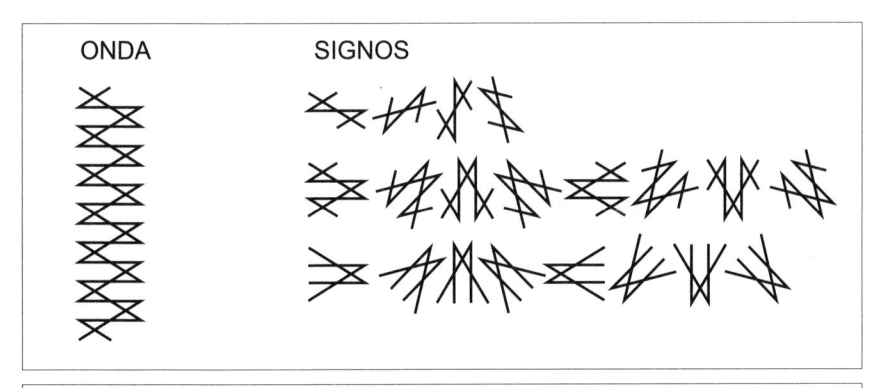

ONDA	SIGNOS

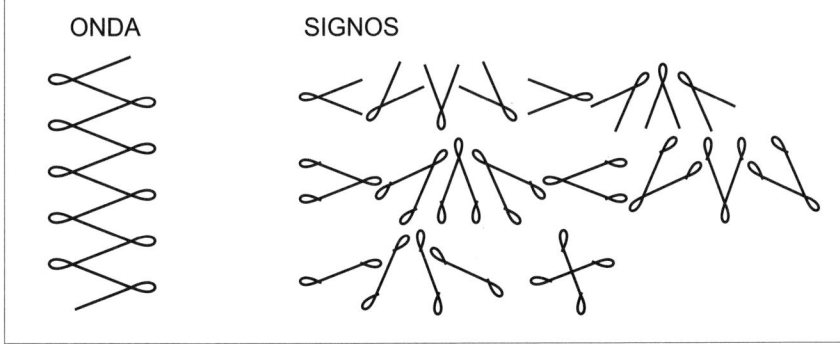

Considerações Finais

Amigos leitores da simbologia, eis que essas 528 ondas vibratórias que apresentamos sem suas telas vibratórias e só com alguns signos lhes fornecem tantas possibilidades de criação de espaços mágicos que nunca conseguirão esgotá-las.

Esperamos que se utilizem dessas ondas e dos seus signos mágicos para vosso benefício, pois este livro é um verdadeiro curso de escrita mágica simbólica, além de fundamentar tudo o que muitos outros autores importantes já desenvolveram no estudo da simbologia.

Sabemos que este livro poderia ter muito mais páginas, mas se o condensamos, foi para torná-lo acessível ao maior número possível de apreciadores da simbologia.

Cremos ter alcançado nosso objetivo e esperamos que recorram ao que nele foi colocado.

Bons usos da simbologia!

Rubens Saraceni